D1870277

15. KONFERENZ »TRIALOG DER KULTUREN«

Neue Autoritäten in der arabischen Welt?

Politik und Medien nach den revolutionären Aufbrüchen

HERAUSGEGEBEN IM AUFTRAG DER
HERBERT QUANDT-STIFTUNG
VON ROLAND LÖFFLER UND BERNADETTE SCHWARZ-BOENNEKE
UNTER MITARBEIT VON STEPHANIE HOHN

HERDER

FREIBURG · BASEL · WIEN

Inhalt

Zum Geleit

VON SUSANNE KLATTEN

»Neue Autoritäten in der arabischen Welt? Politik und Medien nach den revolutionären Aufbrüchen« – wie kommt die Herbert Quandt-Stiftung aus Bad Homburg dazu, sich mit der »Arabellion« und speziell mit Ägypten zu beschäftigen? Nicht gerade das klassische Arbeitsgebiet einer hessischen Stiftung. Doch ganz so fremd, wie es auf den ersten Blick erscheint, ist uns das Thema nicht. Unsere Stiftung kann nämlich leicht an drei Traditionsstränge anknüpfen.

Erstens ist die Stiftung dem Nahen Osten durch ein Stipendienaustauschprogramm für junge Journalisten aus Israel, Palästina, Ägypten und Deutschland seit 2002 verbunden.
Zweitens haben sich die Trialog-Konferenzen, aus der auch die meisten Artikel dieses Bandes erwachsen sind, stets aktuellen Fragen gewidmet, die in Deutschland intensiv diskutiert wurden: Wir haben die Reflexion der Integrationsthematik in den Medien bearbeitet – und dabei internationale Vergleiche gezogen: mit Kanada, mit den USA und mit Frankreich. Deshalb bot sich jetzt der Blick auf den Arabischen Frühling 2011 an, der die ganze Welt, aber besonders uns Europäer sehr bewegte.
Drittens schließt die Fragestellung dieses Buches an das Motto unserer anderen wichtigen Konferenzformate an, die Sinclair-Haus-Gespräche, deren Ergebnisse ebenfalls bei *Herder* verlegt werden. Dort beschäftigten wir uns im Rahmen unseres Drei-Jahres-Mottos »Worauf ist noch Verlass? Vertrauen – Autorität – Freiheit« mit dem Thema »Autorität heute – neue Formen, andere Akteure?«.
Das zeigt, dass wir in unserer Stiftung auch in Zukunft bestimmte Leitfragen konsequent über ein Jahr hin verfolgen wollen, um den gesellschaftlichen Diskurs zu befruchten.

Dieses Buch geht deshalb den Fragen nach, ob der *Wind of Change* sich wirklich in einer parlamentarischen Demokratie niederschlagen wird und die Entfaltungs-

Alltag in Zeiten der Unruhen: Hochzeitspaar in Ägypten

möglichkeiten des Individuums garantiert. Welche Rolle spielt die Religionspolitik? Wie sind die Muslimbrüder in Ägypten und Tunesien einzuschätzen? Welche Rolle spielten das Internet und die klassischen Medien während der Umstürze in der arabischen Welt?

Komplexe Fragen brauchen gründliche Antworten, solide Informationen und klare Thesen. Das alles bietet unser Buch – ich wünsche eine spannende Lektüre.

Einleitung

VON ROLAND LÖFFLER UND BERNADETTE SCHWARZ-BOENNEKE

Ein blühender Frühling der Hoffnung, ein kühler Herbst der Ernüchterung und nun ein heißer Sommer 2012: Die von manchem Experten bereits als welthistorisch beschriebene »Arabellion« des Winters 2010/2011 ist noch immer ein Prozess mit einem kaum genau zu bezeichnenden Ausgang. Wird sich die nach Verteilungsgerechtigkeit, Transparenz, sozialem Aufstieg, Meinungsvielfalt und einer wie auch immer gearteten Demokratie sehnsüchtige Revolutionsjugend durchsetzen können? Oder kommen durch die Hintertür doch die alten Eliten bzw. ihre jahrzehntelangen Opponenten der Muslimbruderschaft mit ihrer nur in Konturen erkennbaren Agenda an die Macht? Und wie werden sie diese gestalten?

Diesen Fragen will der vorliegende Band nachgehen, der aus der 15. Trialog der Kulturen-Konferenz der Herbert Quandt-Stiftung im November 2011 erwachsen ist.

Seit dem Herbst 2011 ist in der Region viel passiert. Dennoch sind die Analysen unserer Autoren frisch, thesenstark und valide, führen sie doch jenseits der Tagesaktualität in die komplexe Gesamtlage Ägyptens und Tunesiens ein. Ohne solide historische, religions- und politikwissenschaftliche Erläuterungen lassen sich die gegenwärtigen Entwicklungen in der arabischen Welt nicht verstehen.

Exemplarisch lässt sich der ungewisse Ausgang der revolutionären Aufbrüche an Ägypten als dem wichtigsten arabischen Land verfolgen: Am 2. Juni 2012 erhielt der langjährige ägyptische Präsident Hosni Mubarak in Kairo eine lebenslange Freiheitsstrafe. Er war nach Ansicht des Gerichts dafür verantwortlich, dass über achthundert friedliche Demonstranten auf Kairos Tahrir-Platz durch das brutale Eingreifen der staatlichen Sicherheitskräfte zu Tode kamen. Zudem hatte ihm die Staatsanwaltschaft Bestechlichkeit und Amtsmissbrauch vorgeworfen. Bislang ist der als »Pharao« titulierte Mubarak der einzige der gestürzten arabischen Potentaten, der sich vor Gericht verantworten muss. Mubaraks Rechtsanwälte wollen ebenso wie die Staatsanwaltschaft Einspruch gegen das Urteil erheben, in dessen Zusammenhang auch der ehemalige ägyptische Innenminister Habib el Adli verurteilt, aber sechs weitere hochrangige ehemalige Staatsvertreter freigesprochen wurden. Darunter waren auch zwei Söhne Mubaraks, die in hohen Ämtern Verantwortung trugen. Eine Konzessionsentscheidung des noch von Mubarak eingesetzten Richters? Die Proteste gegen das alte Regime brachen deshalb sofort wieder aus. Auf *tagesschau.de* kommentierte der *ARD*-Korrespondent Hans Michael Ehl: »Dieses Urteil ist ein Witz. Jeder Berufungsrichter überall auf der Welt wird die Begründung für die lebenslange Freiheitsstrafe für Mubarak in der Luft zerreißen. Es gibt keine Beweise dafür, dass Mubarak im Frühjahr 2011 selbst den Schießbefehl auf friedliche Demonstranten gab. Er trage die politische Verantwortung, sagt die Begründung – ja, aber ohne Beweise wird sich das Urteil nur schwer halten lassen. Dem Gericht kann man zugute halten, dass es trotz der Behinderungen durch den alten Mubarak-Sicherheitsapparat ein mutiges Urteil gefällt hat, lange halten wird es nicht. Der Verdacht liegt nahe, dass die Ägypter mit einem Schauprozess an der Nase herumgeführt wurden. Wie überhaupt die vergangenen 16 Monate den Anschein eines genial inszenierten Schauspiels tragen – mit dem Ziel, die Revolution zu diskreditieren und die Forderungen nach mehr Demokratie, nach Einhaltung der Menschenrechte, nach mehr Freiheit ins Leere laufen zu lassen.«

Seit März 2011 besteht eine Art Übergangsverfassung, die die alte Verfassung von 1971 zwar aussetzt, aber dennoch nicht alle Revolutionsforderungen eingelöst hat. Das Militär hatte dem Verfassungskomitee bei der Ausarbeitung der neuen Verfassung enge Grenzen gesetzt. Zudem erklärte das ägyptische Verfassungsgericht am 14. Juni 2012 die Parlamentswahlen von November 2011 und Januar 2012 für ungültig, weil Parteienvertreter Parlamentssitze erhalten hatten, die für unabhängige Bewerber reserviert worden waren. Immerhin wurde Ende Juni 2012 mit dem in den USA ausgebildeten Mohammed Mursi von der *Freiheits- und Gerechtigkeitspartei* ein Präsident gewählt, der dem islamistischen Lager entstammt, sich aber als von den Muslimbrüdern unabhängig präsentiert.

War die Revolution somit nicht mehr als eine Revolte? Hat sich nur an der Oberfläche etwas geändert, nicht aber in den Tiefenstrukturen, wo die alte Nomenklatura weiter an den Schalthebeln sitzt? Wird es in Kairo eine jenseits des Parlaments abgestimmte Machtteilung von Militär und Muslimbruderschaft geben? Sind die eigentlichen Verlierer der Aufbrüche die jungen Demonstranten – und kommen nun mit den Wahlerfolgen höchst zweifelhafte neue Autoritäten in die *corridors of power*? An die ausländischen Beobachter und Kommentatoren gerichtet stellt sich zugleich die Frage, welche Erwartungen sie mit diesen Aufbrüchen verbunden hatten: Projizierte man eigene Wunschvorstellungen vom westlichen Demokratieexport in die arabische Revolution? Wurde der gesellschaftliche und religiöse Hintergrund falsch eingeschätzt?

Projizierte man eigene Wunschvorstellungen vom westlichen Demokratieexport in die arabische Revolution?

Auch hierzu gibt der vorliegende Band klar, interdisziplinär und facettenreich Antworten. Der Schwerpunkt liegt – trotz allen Respekts vor den mutigen Revolutionären in Bahrain, Jemen, wo das Coverbild des Bandes entstanden ist, Libyen und dem derzeitig umkämpften Syrien – auf Ägypten und Tunesien als den Ausgangsländern der Revolution. Dem für die Region stets wegweisenden Land am Nil sind die meisten Aufsätze gewidmet. Dabei kommen deutsche und internationale Wissenschaftler, Diplomaten, Journalisten, Politiker und vor allem auch ägyptische Stimmen aus der Bloggerszene und der Zivilgesellschaft zu Wort. Neben das geschriebene Wort tritt in diesem Band die Fotografie: Einige von den in diesem Band erfassten Szenen haben sich auch dem Beobachter im Ausland eingeprägt; andere führen einen bisher unbekannten Alltag vor Augen und lassen die Vielfalt derer, die sich zu den Demonstrationen versammelt haben, anschaulich werden. Als ein eigenes Kapitel ziehen sich die großformatigen Fotografien durch das Buch. Alle diese Aufnahmen sind einer Ausstellung ägyptischer Künstler und Journalisten entnommen, die das Netzwerk *Mayadin-al-Tahrir* – Netzwerk für politische Bildung und freie Kunst in Ägypten e.V. im Frühjahr 2012 nach Deutschland und Österreich gebracht hat.

Den Anfang der Analysen macht *Henner Fürtig*. Der Direktor des *GIGA-Institutes (German Institute for Global and Area Studies)* für Nahost-Studien in Hamburg überprüft in seinem Beitrag »Ägypten, Tunesien, Libyen. Alte Wölfe in neuen Schafspelzen oder neue Autoritäten in der arabischen Welt?« die Erwartungen an die »Arabellion« und die damit einhergehenden Deutungen der Geschehnisse. Er entwickelt eine Typologie unterschiedlicher »Transformationsländer«. Der Fehler vieler Beobachter und der Grund für die vorschnellen und falschen Erwartungen, so seine These, würden darin liegen, dass man zwar die Gemeinsamkeiten dieser arabischen Länder sehe, dabei aber die noch größeren Unterschiede außer Acht lasse. Zudem werde – und diese Mahnung zieht sich als roter Faden durch alle Beiträge – eine simple politische Einteilung in Gut und Böse der politischen und gesellschaftlichen Situation nicht gerecht.

Für Europa, Amerika und Russland stellt sich auch die Frage, welche Stellung sie zu den Entwicklungen in Nordafrika und dem Nahen Osten einnehmen, um nun »auf der richtigen Seite der Geschichte zu stehen« und nicht wie bisher despotische Auto-

Demonstranten auf dem Tahrir-Platz

kraten zu stützen – um der Stabilität in der Region willen oder aus Rücksicht auf die geopolitische Sicherheit der eigenen Länder. *Eric Gujer*, Auslandsredakteur der *Neuen Zürcher Zeitung*, beschreibt das bisherige politische Agieren des Westens und skizziert neue politische Herausforderungen in der Region, z. B. für und gegenüber dem Iran. Angesichts der veränderten Machtverhältnisse und der Notwendigkeit, sich neu aufzustellen und neue strategische Optionen zu erarbeiten, votiert er für einen goldenen Mittelweg zwischen einer imperialistischen Politik à la George W. Bush und einer Rolle als Zaungast – wie im deutschen Falle bei der militärischen Intervention in Libyen.

Bewegt man sich von der internationalen Szenarien weg auf die Ebene der länderspezifischen Einzelfallanalysen, so fällt als erstes ins Auge, dass die Demonstranten des Tahrir-Platzes eben nicht nur junge Blogger und aufmüpfige Studenten waren, sondern aus allen politischen Lagern des Landes kamen – inklusive der Islamisten. Der kleinste Nenner der Demonstranten bestand in der Forderung nach dem Rückzug der bisherigen Machtinhaber, ohne aber ein gemeinsames »Wofür« benennen zu können. Die politischen Akteure, die aus den Wahlen als Sieger hervorgegangen sind, repräsentieren einen politischen Islam, der im In- und Ausland diffuse Ängste und heftige Diskussionen evoziert, obwohl doch – nüchtern betrachtet – sein Sieg

nicht überrascht. Die ägyptische Muslimbruderschaft genauso wie die islamistische tunesische *An-Nahdha* sind schon länger bestehende und vor allem gut organisierte politische Oppositionsbewegungen. Das zweite Kapitel stellt diese Parteien vor, analysiert ihr bisheriges Agieren, fragt nach der Rolle des politischen Islams und wagt Prognosen für ihr Handeln.
In Tunesien gehört die *An-Nahdha*-Partei zu den unerwarteten Siegern der Wahlen. In ihren Darlegungen zu den Hintergründen, der Agenda und den aktuellen Entwicklungen der Partei kommt die Frankfurter Politikwissenschaftlerin *Karima El Ouazghari* zu dem Urteil, in ihr eine pragmatische und kompromissfähige Partei zu sehen, deren islamisches Wertesystem nicht ein Bekenntnis zu pluralistischen und demokratischen Werten unmöglich macht. In seiner politischen und historischen Analyse zur Rolle der Muslimbrüderschaft in Ägypten entfaltet *Michael A. Lange*, langjähriger Leiter des Büros der Konrad-Adenauer-Stiftung in Kairo, die Vielfalt der Strömungen innerhalb des politischen Islams. Für ihn war der Wahlsieg der Muslimbrüder keine Überraschung, erwies sich doch ihre über Jahrzehnte gewachsene Organisationskraft, ihre Rolle als langjährige, unterdrückte Oppositionskraft gegen Mubarak als hilfreich, sich gegen eine zersplitterte und parteipolitisch weitgehend unbekannte neue Parteienlandschaft durchzusetzen. Zudem erklärt Lange, dass die Muslimbrüder zwischen unterschiedlich extremen Lagern des politischen Islams zu vermitteln in der Lage wären. Ob sie sich selbst in eine radikale Richtung entwickelten oder in eine moderate, bliebe eine offene Frage. Radikalisierungen seien jedoch nicht unwahrscheinlich.

Betrachtet man das Wechselspiel von Politik und Religion in Ägypten, so zeigt ein Blick in die Geschichte Folgendes: Unter den Autokraten des 20. Jahrhunderts wurde der Islam entweder unterdrückt oder instrumentalisiert. Welche Bedeutung werden die religiösen Kräfte aber in Zukunft spielen? Welche Rolle kommt der Minderheit der christlichen Kopten zu? Wird es eine gemeinsame Basis für die verschiedenen religiösen und die säkularen Bevölkerungsgruppen geben? Gerade die Situation der koptischen Minderheit ist in der deutschen Presse und Politik intensiv beleuchtet worden. *Atef Botros*, wissenschaftlicher Mitarbeiter des Zentrums für Nah- und Mitteloststudien Marburg und selbst Kopte, wirft einen kritischen Blick auf die Entwicklung der koptischen Kirche in der Mubarakzeit. Innen- und außenpolitisch hatte sich der koptische Klerus bewusst und auch aus Angst vor den Islamisten unter den Schutz der Machthaber gestellt und so die eigene Situation politisiert. Sie erlebten Diskriminierungen, sonderten sich aber auch bewusst vom ägyptischen Mainstream ab und betonten ihre eigene Identität. Durch die Anlehnung an das Mubarak-Regime garantierte dieses der kirchlichen Führung große Machtfülle nach innen. Liberale Eigenständigkeit fand innerhalb der koptischen

Kirche keinen Rückhalt. Botros warnt deshalb Kopten und andere Minderheiten davor, während der Revolution nicht nur für ihre eigene Sache zu kämpfen. Das wäre ein negativer Beitrag zur Bildung einer tragfähigen und alle integrierenden Zivilgesellschaft.
Kann es unter diesen Vorzeichen überhaupt ein säkulares Staatsmodell in Ägypten geben? *Ahmed Nagy*, Journalist und Stipendiat der Herbert Quandt-Stiftung, stellt eine solche Vorstellung nach europäischem Verständnis für Ägypten in Frage. Religion gehöre seit Jahrtausenden zur Identität Ägyptens und der Ägypter. Deshalb seien grundlegende Veränderungen unwahrscheinlich, ja inadäquat.

Das dritte Kapitel nimmt die zu Beginn der Umbrüche aufgekommene Formulierung der so genannten »*Facebook*-Revolution« auf – und prüft die tatsächliche Relevanz und Wirkkraft der sozialen Netzwerke für politische Veränderungen.
Symbole und Ikonen, Schrift und selbstständige Informationskommunikation habe durch die Zeiten hindurch oft gesellschaftliche Umbrüche hervorgerufen. Der Direktor des *International Digital-Institutes*, Berlin, *Jo Groebel*, blickt weit zurück in die Geschichte der menschlichen Kommunikation und beschreibt die Nutzung der Medien zum Positiven und zum Negativen. Über die neuen Medien sei eine digitale Öffentlichkeit geschaffen worden, in der viele mit vielen individuell, spontan und emotionalisiert kommunizierten. Dadurch entstünde aber noch kein tragfähiges demokratisches System. Dazu müsse anonymes in ein verantwortetes Handeln überführt werden. Allerdings entspricht die Vorstellung eines Bloggers, der seine Meinung nur innerhalb der eigenen vier Wände mittels der Tastatur seines Computers äußert, nicht der Realität der ägyptischen Blogger, zu deren prominentesten Protagonisten *Sandmonkey* und *Bigpharao* gehören. In ihrem Beitrag »Sandmonkey, Biopharao und das Bloggen in Ägypten. Zur Geschichte einer neuen publizistischen Gattung« stellt *Leonie Kircher*, Geschichts- und Kommunikationswissenschaftlerin, die beiden bekannten Blogger vor. Zu Zeiten des Regimes waren die Blogs die einzige Möglichkeit einer freien Meinungsäußerung, um sich so den üblichen politischen und sozialen Autoritäten zu entziehen. Von anderen als »Pyjama-Kämpfer« bezeichnet, verstehen sich die Blogger als »Keyboard-Kämpfer«, die als *NGO*-Mitarbeiter und Aktivisten für ihre Sache streiten. Der Blog ist dabei Plattform eines Gespräches mit seinen Lesern, schafft eine interaktive und dynamische Öffentlichkeit. Die Blogs werden zum Ort eines »mündigen Netzbürgers«, wie dies auch der Erfahrungsbericht des Kairoer Bloggers *Ahmad Badawy* zeigt. Politisch entfalten die Blogs allein im Zusammenspiel mit den gängigen Medien eine Breitenwirkung. In Tunesien wurden die Demonstrationen erst eine Massenbewegung als *Al-Dschasira* via *Facebook* berichtete und damit ein Millionenpublikum erreichte. Die quantitativen Grenzen von *Facebook*, von *Twitter* und von Blogs waren

schon kurz nach Ausbruch der Revolte benannt, erreichten die neuen Medien doch nur einen geringen Teil der Bevölkerung. Dem Großteil fehlt es an einem Zugang zum Medium sowie der dafür notwendigen Bildung. *Facebook* hat zwar nicht die Revolution ausgelöst, so der *Spiegel*-Redakteur *Mathieu von Rohr*, und Blogs sind nicht das Revolutionsmedium gewesen. Sehr wohl aber haben sie die Organisation der Proteste erleichtert. Sie sind Medium der Artikulation und der Diskussion, ein »Expressionsinstrument«, wie *Jo Groebel* es in der Diskussion benennt. *Mathieu von Rohr* entlarvt die ausländische Begeisterung für die »*Facebook*-Revolution« als eine Form der westlichen Selbstverliebtheit in den eigenen technischen Fortschritt.
Die Revolution geschah vor der Haustür Europas. Viele junge Menschen – vor allem Männer – aus Nordafrika flohen in den Revolutionsmonaten aus wirtschaftlichen und politischen Gründen nach Norden. Doch die europäische Tür blieb zu. Akuter Handlungsbedarf stellt sich deshalb für Europa und Deutschland in den Fragen der Flüchtlingsbetreuung, des *Resettlements*, einer europäischen Aufnahmepolitik. Doch Europa blieb unter seinen Möglichkeiten. Die Furcht vor einer Islamisierung sowie vor einem Strom an Flüchtlingen hatte die europäischen Staaten lange Jahre dazu bewogen, die Despoten zu schützen. Die tatsächlichen Zahlen der Flüchtlinge bestätigten auch 2011 die Furcht vor einem Massenansturm nicht, so *Michael Lindenbauer*, Repräsentant des *UNHCR* in Deutschland. Vorbildlich sei dagegen die tunesische Bevölkerung vorgegangen, die libysche Flüchtlinge aufgenommen habe. Kein Grund zur Beruhigung, findet die Präsidentin von *Amnesty International*, *Christine Weise*. Für sie besteht ein dringender Bedarf, ein gemeinsames europäisches Asylsystem einzuführen und sich an dem internationalen Instrument des *Resettlements* zu beteiligen. *Resettlement* – also Neuansiedlung mit vollem Flüchtlingsschutz in einem dafür bereiten Drittstaat – ist neben der freiwilligen Rückkehr, Asyl und Integration eine von drei Lösungsoptionen um Flüchtlingen zu helfen, sich ein neues Leben in Frieden und Würde aufzubauen. Lindenbauer kritisiert offen die schwache Beteiligung Deutschlands und Europas an dieser notwendigen Neuansiedlungspolitik. Flüchtlingsaufnahme und Flüchtlingsschutz betrifft vor allem die direkten Mittelmeernachbarn Tunesiens und Ägyptens – wie etwa Italien. Die kleine italienische Insel Lampedusa wurde in den Revolutionsmonaten zum Sinnbild einer unfreundlichen und unentschlossenen Aufnahmepolitik. Italiens Botschafter in Deutschland, *Michele Valensise,* nahm die Kritik an seinem Land zwar auf, machte aber zugleich deutlich, dass der Umgang mit der doch großen Zahl nordafrikanischer Flüchtlinge nicht die Aufgabe einzelner Staaten wie Italiens sei, sondern die gesamte Europäische Union beträfe.

Anlass zur Hoffnung für den Nahen Osten, so *ZEIT*-Journalist *Jörg Lau* in seinem Ausblick, gibt die Tatsache, dass die Revolten in den jeweiligen Gesellschaften von innen heraus entstanden sind. Der demokratische Geist sei aus der Flasche! Es bleibe die Erfahrung der eigenen Revolution. Aber – die Revolution sei noch nicht zu Ende. Die Schranken der Angst seien zwar überwunden, doch ein langer Atem sei notwendig, um neue Strukturen zu schaffen und durchzusetzen. Wie dies geschieht, ist heute eine noch offene Frage.

Alle Beiträge dieses Buches machen deutlich: Wer aus westlicher Perspektive von monolithischen Gesellschaften in der arabischen Welt ausgeht, der irrt. Es gibt gerade in Ägypten und Tunesien sicherlich noch kleine, aber immer stärker werdende Zivilgesellschaften, die mit- und gegeneinander einen intensiven Diskurs darüber führen, wie sie leben wollen: In einer säkularen oder einer religiösen Gesellschaft oder einem Mix aus beidem? In einer Umwelt, die Geschlechtertrennung fördert oder einebnet, die Minderheiten gleichbehandelt oder auch nicht, die eine freie Presse will oder doch eine politisch-kulturelle Zensur, die nach Gerechtigkeit ruft, nach Arbeitsplätzen für junge Menschen, nach gerechter Bezahlung, nach sozialer Gleichbehandlung? Es geht um Macht von Mehrheiten über Minderheiten (etwa Muslime über Christen) oder auch von Minderheiten über Mehrheiten (z. B. Männer über Frauen) oder auch um Macht in Minderheiten (die koptische Kirche über ihre Gläubigen). Die Gemengelage ist also heterogen und nicht mit einfachen Überschriften auf den Punkt zu bringen. Das gilt auch für die an die Macht strebende Muslimbruderschaft mit ihren diversen Flügeln. Diese Diskurse sind arabisch, sind ägyptisch oder tunesisch geprägt – und stehen doch in einem intensiven Austausch mit europäischen, amerikanischen oder anderen nahöstlichen Wertvorstellungen und Lebensentwürfen. Sie sind also sowohl national als auch transnational codiert. Der Blick richtet sich bei der Suche nach Vorbildern auf die arabischen Nachbarstaaten mit ihren unterschiedlichen Modellen – sei es Saudi-Arabien, sei es die Türkei, sei es der Iran. Er richtet sich aber auch auf Länder wie Israel, dessen Sonderstatus als – so diskutiert – einziges demokratisches Land in der Region aufweicht, das sich aber angesichts einer Stärkung des politischen Islams neu mit seinen Nachbarn verständigen muss. Die Zeit der Umbrüche und Neuorientierungen ist also keineswegs vorbei.

I. Die arabischen Revolutionen 2011 – erste Deutungsversuche

Ägypten, Tunesien, Libyen

Alte Wölfe in neuen Schafspelzen oder neue Autoritäten in der arabischen Welt?

VON HENNER FÜRTIG

1. Einleitung

Seit der Selbstverbrennung des tunesischen Gemüsehändlers Mohammad al-Bouazizi am 17.12.2011 ist die arabische Welt nicht mehr zur Ruhe gekommen. Eine bislang beispiellose Welle von Aufständen fegte nicht nur in Bouazizis Heimatland den Präsidenten aus seinem Amt, sondern auch in den benachbarten Staaten Ägypten und Libyen mussten die Machthaber Hosni Mubarak und Muammar al-Gaddafi ihre Positionen räumen. In anderen arabischen Staaten wie Syrien und Jemen halten die Unruhen an. Seitdem sich die Weltöffentlichkeit über Jahrzehnte daran gewöhnt hatte, Nordafrika und den Nahen Osten zwar als außergewöhnlich konfliktträchtige, ansonsten aber in tiefer sozialer, politischer und wirtschaftlicher Stagnation verharrende Regionen wahrzunehmen, lösten die Aufstände nun vielerorts extrem gegenteilige Erwartungen aus: Medien in aller Welt beschrieben die Umwälzungen als »Revolutionen« und apostrophierten einen Dominoeffekt, der binnen kurzer Zeit zu einer vollständigen politischen Neuordnung der politischen Landkarte von Marokko im Westen bis Irak im Osten führen würde. Der Hauptgrund für diese Erwartungen lag in den augenfälligen Gemeinsamkeiten aller arabischen Staaten.

In der Tat haben sie durchweg autokratische Herrschaftsstrukturen gemein. Zugleich zeigten sich die autoritär herrschenden Regimes aber auch in wachsendem Maße unfähig, mit den immer drückenderen Folgen einer verfehlten Wirtschaftspolitik umzugehen. Vor allem in den vergangenen zehn Jahren gelang es immer weniger, die ausbleibenden politischen Reformen zumindest mit wirtschaftlichen Erfolgen zu entschuldigen. Je offensichtlicher diese Unfähigkeit zutage trat, desto repressiver reagierten die Regimes. Eine besondere Zuspitzung erfuhr dieser Prozess durch das enorme Bevölkerungswachstum in den arabischen Ländern, das zu

einer überwiegend jugendlichen Einwohnerschaft führte. Per Saldo sind gegenwärtig etwa siebzig Prozent der Bevölkerung in den betreffenden Ländern unter dreißig Jahre alt.[1]
Damit trifft die allgemeine Misere aufgrund der numerischen Zahlenverhältnisse die Jugendlichen nicht nur überproportional, sondern sich aufstauende Missstände machen sich auch häufig zuerst bzw. besonders heftig im Segment der jugendlichen Bevölkerungsmehrheit bemerkbar. Mit einer Arbeitslosenrate von offiziell zehn Prozent liegen Nordafrika und Nahost weltweit an der Spitze aller Regionen, die Jugendarbeitslosigkeit übertrifft diese Rate sogar um das Vierfache![2] Auch gut ausgebildete Universitätsabsolventen finden immer seltener eine existenzsichernde Beschäftigung. Immer weniger Jugendliche sahen eine Lebensperspektive, die sie durch eigenes Zutun beeinflussen können. In so einer Situation erscheinen die sonstigen Begleiterscheinungen stagnierender autoritärer Regime besonders unerträglich: das Fehlen bürgerlicher Grundfreiheiten, unzureichende Bildungschancen, schwache zivilgesellschaftliche Strukturen, grassierende Korruption und Vetternwirtschaft usw. Gleichzeitig fehlten den Regimes zunehmend die Fähigkeiten und Fertigkeiten, die Jugendlichen von den Errungenschaften der modernen Kommunikationstechnologien abzuschneiden. So sollten beispielsweise die Wirkungen der *Wikileaks*-Dokumente, in denen die arabischen Regimes von dort stationierten ausländischen Diplomaten als »Mafias« und »Raubtier-Regierungen« bezeichnet wurden, nicht unterschätzt werden. Sie erhärteten nicht zuletzt die Erkenntnis, dass diese Regimes sich kaum jemals aus sich heraus reformieren würden.

Diese Gemeinsamkeiten bedingten zweifellos die gegenseitige Beeinflussung der Umbrüche in den einzelnen arabischen Staaten und die Affinität der Aufständischen zueinander. Sie zogen aus den Erfolgen der anderen Ermutigung für das Vorantreiben ihrer eigenen Anliegen, aber der apostrophierte Dominoeffekt trat nicht ein. Gegenwärtig ist noch nicht abschließend zu beantworten, ob in allen Fällen aus Revolten Revolutionen erwachsen bzw. ob die Revolutionen das Embryonalstadium überleben. Der optimistische Grundtenor der internationalen Medien, der sich neben den beschriebenen Ähnlichkeiten der nahöstlichen Despotien auch aus weiteren Gemeinsamkeiten der arabischen Staaten in Sprache, Kultur und Religion speiste, vernachlässigte jedoch eine Reihe fundamentaler Unterschiede zwischen

---

[1] Vgl. »The Future of the Global Muslim Population.« In: The Pew Forum on Religion and Public Life. URL: http://pewforum.org/future-of-the-global-muslim-population-main-factors-age-structure.aspx (31.10.2011).

[2] Vgl. Global Employment Trends 2011: »The challenge of a jobs recovery.« In: International Labor Organization (ILO). URL: http://www.ilo.org/global/publications/ilo-bookstore/order-online/books/WCMS_150440/lang--en/index.htm (31.10.2011).

den arabischen Staaten. Manche muten simpel an, andere komplexer, aber ungeachtet dessen bewirkten sie eine sehr unterschiedliche Reaktion auf die Veränderungsimpulse.

So finden sich neben flächenmäßig großen Staaten wie etwa Algerien (ca. 2,4 Mio. km^2) »winzige« Länder wie Bahrain (711 km^2), bevölkerungsreiche wie Ägypten (83 Mio. Einwohner) neben kaum besiedelten wie Katar (1,7 Mio. Einwohner). Reiche Staaten wie Katar (70.000 US-Dollar BIP/Kopf) existieren neben »bettelarmen« wie Jemen (1.100 US-Dollar BIP/Kopf), Republiken neben Monarchien. Ethnisch und konfessionell eher homogene Staaten wie Jordanien unterscheiden sich erheblich von Nachbarn wie Irak oder Libanon, die in dieser Hinsicht eher einem »Flickenteppich« gleichen. Staaten wie Saudi-Arabien, die nie kolonial unterdrückt waren, unterhalten ein anderes Verhältnis zum Westen als beispielsweise Libyen oder Syrien, die ihre staatliche Existenz kolonialen Erwägungen verdanken. Die Liste der Unterschiede ließe sich fortsetzen; in ihrer Gesamtheit führten sie zu einer außerordentlich differenzierten Entwicklung in der arabischen Welt seit dem Beginn der Umbrüche im Dezember 2010.

Ende 2011 zeichnen sich vor diesem Hintergrund »Fallgruppen« ab. In der ersten Gruppe verfügen Ägypten, Tunesien und Libyen – wenn auch in unterschiedlichem Maße – über Chancen auf einen erfolgreichen Transformationsprozess zu einer partizipativen, pluralistischen, auf lange Sicht auch demokratischen Gesellschaftsordnung. In der zweiten stehen Syrien und Jemen für anhaltende blutige Kämpfe zwischen den Herrschenden und Oppositionskräften mit ungewissem Ausgang. In der dritten Gruppe kann Bahrain als Beispiel für die gewaltsame Niederschlagung eines Aufstands und Jordanien für das Abebben des Wechselwillens gelten. In Ländern wie Marokko, Algerien, Saudi-Arabien, Irak oder Libanon, die die vierte Gruppe bilden, blieben die Gesellschaften von den sie umgebenden Umbrüchen zwar nicht unbeeindruckt, sie induzierten aber keine ähnlichen Entwicklungen wie in der Nachbarschaft. Im Folgenden soll anhand einer Analyse der erstgenannten »Fallgruppe« festgestellt werden, ob in diesen Ländern bereits substantielle Veränderungen stattgefunden haben, oder ob die Vertreter der alten Regimes nach kurzem Innehalten ihr Wirken in neuem Gewand fortsetzen.

2. Die Transformationsländer

2.1 Ägypten

Ägypten beherbergt als bevölkerungsreichstes arabisches Land mehr als 83 Millionen Menschen. Fast 60 Prozent seiner Einwohner sind jünger als 25 Jahre. Etwa ein Fünftel der Bevölkerung lebt unterhalb der Armutsgrenze, die offizielle Arbeitslosenquote beträgt 9,2 Prozent, die Inflation 11,7 Prozent. Es wird ein Bruttoinlandsprodukt von 6.200 US-Dollar pro Kopf erwirtschaftet.[3]

Das autokratische ägyptische Herrschaftssystem erwies sich in den knapp sechzig Jahren seines Bestehens als außerordentlich stabil. Faktisch herrscht seit dem Sturz der Monarchie 1952 ein nur durch den natürlichen Generationswechsel mit neuen Gesichtern versehenes, aber in der Substanz unverändertes Regime in einem dreiseitigen Koordinatensystem, das sich aus Militär und Sicherheitsdiensten, der jeweils »herrschenden« zivilen Partei und den Kommandostellen des öffentlichen Sektors bildete. Das Regime gehört somit zu den erfahrensten in der arabischen Welt und hat seine »Krisenhärte« mehrmals unter Beweis gestellt: Es überstand unter anderem drei Nahostkriege, drei Golfkriege, einen Präsidentenmord, ein Jahrzehnt nahezu kompletter innerarabischer Isolation und ein weiteres Jahrzehnt im faktischen Bürgerkrieg.
Als *ultima ratio* scheute sich das Regime in den Jahrzehnten seines Bestehens nicht, brutale Gewalt gegen tatsächliche oder vermeintliche Oppositionelle einzusetzen, aber in der Regel versuchte es, den Anschein einer offenen Diktatur zu vermeiden. Patronage und Kooptation wurden jedenfalls per Saldo Verfolgung und Ausgrenzung vorgezogen. Das führte nicht zuletzt dazu, dass die insgesamt 23 legalen Oppositionsparteien faktisch funktionaler Teil des Herrschaftssystems wurden. »Authentische« Opposition manifestierte sich entweder in diversen *grassroot*-Bewegungen (teilweise unter Einschluss von *NGOs*), oder – ungleich stärker – in Gestalt der halblegalen Muslimbruderschaft, die aber starken Repressalien ausgesetzt war. Ein umfassendes Gesetzsystem bildete ein weit verzweigtes legalistisches Gerüst der Herrschaft (*not rule of law, but rule by law*), wobei die seit 1981 geltenden Notstandsgesetze einen stets präsenten »Sicherungsanker« darstellten. Aufgrund des zentralisierten und stark personalisierten, »pharaonischen« Machtsystems in Ägypten, hing die Wirksamkeit der Herrschaftssicherungsinstrumente erheblich von der Performanz der Staatsspitze, sprich des Präsidenten ab. Hosni Mubarak entsprach in den letzten Jahren immer weniger den Anforderungen dieses spezifischen, pyramidalen Systems.

Vor allem im ökonomischen Bereich fand er keine wirksame Methode, das im Zuge der in den 1990er Jahren begonnenen ökonomischen Liberalisierung immer stärker gewordene liberale Unternehmertum in das bestehende Regime zu integrieren bzw. ein Arrangement mit dem regimetragenden öffentlichen Sektor herzustellen. Die wachsenden Widersprüche zwischen den beiden Wirtschaftssektoren ergriffen auch

[3] Vgl. The World Factbook, Central Intelligence Agency. URL: https://www.cia.gov/library/publications/the-world-factbook/ (31.10.2011).

Bürger in Aufruhr – Straßenszene in Kairo

die regierende *Nationaldemokratische Partei* (*NDP*), in der ein heftiger Richtungskampf zwischen den Spitzen des bürokratischen Sektors und den Vertretern der sich um Präsidentensohn Gamal Mubarak scharenden neuen Unternehmerschaft ausbrach. Letztere entwickelte zunehmend parasitäre Züge und begann damit auch die erheblichen Wirtschaftsinteressen des Militärs zu beeinträchtigen. Die Generäle argwöhnten weitere Nachteile bei einer Übernahme der Präsidentschaft durch Gamal Mubarak, eines Bankiers, der – im Gegensatz zu seinem Vater – nie einer der ihren gewesen war.

Darüber hinaus entglitt Hosni Mubarak peu à peu die Kunst des Reformtheaters. Aufgeschreckt durch den Achtungserfolg der Muslimbruderschaft bei den Parlamentswahlen 2005, verfolgte er einen rigiden Repressionskurs bei der Neuauflage der Wahlen 2010. Einschüchterung der Wähler und massive Fälschungen sicherten der *NDP* zwar 87 Prozent der Sitze und drückten den Anteil der Oppositionsmandate auf unter 3 Prozent (Rest Unabhängige)[4], nahmen den Wahlen aber auch den letzten legitimierenden Effekt; der Präsident hatte seinen Kredit verspielt.

[4] Vgl. Dunne, Michele/Hamzawy, Amr: »From Too Much Egyptian Opposition to Too Little – and Legal Worries Besides.« In: Carnegie Endowment for International Peace 2010, Commentary, 13.12. S. 2.

Der Sturz Hosni Mubaraks und seines Regimes stellt zweifellos einen tiefen Einschnitt in der jüngeren ägyptischen Geschichte dar. Trotzdem ist auch in Ägypten noch offen, ob die Revolte nur einen Personalwechsel oder doch einen Regimewechsel zustande bringen wird. Zwar wurde die Regierungspartei *NDP* am 06.04.2011 aufgelöst und ihr Vermögen eingezogen. Auch standen zahlreiche Nutznießer der vergangenen autokratischen Herrschaftsverhältnisse – einschließlich des Präsidenten – vor Gericht. Andere sind abgetaucht und verhalten sich still. Aber aus dem Konglomerat der alten Kräfte ragt das Militär nicht nur hervor, sondern es verfügt in Gestalt des »Obersten Rates der Streitkräfte« (engl. *SCAF*) bleibend faktisch über ein Machtmonopol. Getragen vom Druck der Straße hat der *SCAF* im März 2011 nach einem Referendum wichtige Verfassungsänderungen passieren lassen und Wahlen zu einem Parlament anberaumt, das eine neue Verfassung ausarbeiten und Präsidentschaftswahlen vorbereiten soll. Auch Mitte 2012 hat Ägypten noch keine neue Verfassung.[5]

Aber die mögliche Reaktion der Armeeführung auf aus allgemeinen und freien Wahlen hervorgehende »nicht genehme« Politiker bleibt weiterhin offen. Das Militär ist letztlich nur »Manager« nicht »Besitzer« der Revolution und hat daher kein intrinsisches Interesse an grundlegenden Veränderungen. Gerade deshalb trifft es Vorkehrungen, um diese Veränderungen möglichst zu vermeiden oder zumindest aufzuschieben. Schon die kurze Zeitspanne zwischen dem Sturz Mubaraks und den Wahlen zur verfassungsgebenden Versammlung kann als Versuch gewertet werden, die organisatorisch und programmatisch schwache Opposition daran zu hindern, bis dahin konkurrenzfähige Alternativstrukturen zum alten Regime aufzubauen. Eingedenk seines Verhaltens seit 1952 drängt sich kaum der Verdacht auf, das Militär wolle zukünftig – analog zu den berüchtigten früheren Militärjuntas in Lateinamerika – selbst regieren, aber es strebt zweifellos danach, Politiker zu lancieren, die in seinem Interesse handeln. In diesem Sinne war auch das Fallenlassen Mubaraks ein überfälliger Schritt der eigenen Machtsicherung. Geschickt platzierte Klauseln im Wahlgesetz favorisieren individuelle Kandidaten aus ärmeren ländlichen Gegenden und ermöglichen damit das Fortwirken alter Patronagenetzwerke bzw. die Reaktivierung alter *NDP*-Kader. So suggeriert die Situation des alten Regimes das Bild eines Eisbergs: zum größten Teil unsichtbar, aber gleichwohl vorhanden.

Es wird weiterer großer Anstrengungen der Aufständischen vom Januar/Februar 2011 bedürfen, um diesen Teil des alten Regimes nicht nur unsichtbar, sondern auch unwirksam zu halten. Unglücklicherweise hat sich ein Teil von ihnen bereits kurz nach dem erzwungenen Abdanken Mubaraks aus der aktiven Politik zurückgezo-

[5] Zum Ergebnis der Wahl vgl. den Beitrag von Michael A. Lange in diesem Band: S. 78.

gen bzw. wenig Neigung gezeigt, sich politisch zu organisieren. Damit überließen sie entweder den gut organisierten islamistischen Parteien, namentlich der Muslimbruderschaft, oder Berufspolitikern aller Couleur das Feld. Ein anderer Teil erkannte immerhin die Notwendigkeit, sich in modernen Parteien zu organisieren und klare programmatische Aussagen zu formulieren. Allerdings nehmen zwischen ihnen Spaltungen und Zerwürfnisse in dem Maße zu, je weiter der kleinste gemeinsame Nenner, der Sturz Mubaraks, in den Hintergrund rückt.

Diese Schwäche wurde bei den Parlamentswahlen von Ende 2011 augenscheinlich. Mit 47 Prozent Stimmenanteil gewann die Muslimbruderschaft die Wahlen. Ihr ärgster Verfolger war nicht etwa eine Koalition von Revolutionären des Tahrir-Platzes, sondern das salafistische Lager. In dieser Höhe immerhin überraschend, fuhren die ultrakonservativen Islamisten immerhin 24 Prozent der Stimmen ein.[6]

Für eine Vertiefung der Umgestaltungen spricht letztlich vor allem, dass die jugendliche Mehrheitsbevölkerung weiterhin den Regimewandel und damit die Unumkehrbarkeit der eingeleiteten Entwicklung anstrebt. Auch die befreiten Medien spielen eine wichtige flankierende Rolle bei dieser Entwicklung. Der Konsolidierungsprozess der Opposition ist jedenfalls unabdingbar, denn Revolutionen müssen auch verteidigt werden können, wie etwa die »orange« Revolution in der Ukraine beweist. Sie scheiterte vorerst trotz ähnlich hoher Massenbeteiligung.

2.2 Tunesien

Tunesien ist die Heimat von 10,6 Millionen Menschen. Knapp die Hälfte (44 Prozent) seiner Einwohner ist jünger als 25 Jahre. Offiziell leben nur 4 Prozent der Bevölkerung unterhalb der Armutsgrenze, aber die amtliche Arbeitslosenquote beträgt 13,2 Prozent und die Inflation 4,5 Prozent. Es wird ein bescheidenes Bruttoinlandsprodukt von 4.160 US-Dollar pro Kopf erwirtschaftet.[7]

Tunesien ist gemäß seiner Verfassung von 1956 eine Präsidialrepublik, hat seitdem aber nur zwei Personen in diesem Amt gesehen. Präsident Zine el-Abidine Ben Ali, der von 1987 bis zu seinem Sturz im Januar 2011 regierte, kopierte – bewusst oder unbewusst – zahlreiche Herrschaftsmethoden seines sechs Jahre früher zu Amtswürden gekommenen ägyptischen Kollegen Hosni Mubarak. So stützte er sich ebenso auf eine dominante Staatspartei, ließ aber »Blockparteien« zu, um ein

[6] El Amrani, Issandr: »Final Results for Egypt's Parliamentary Elections.« In: *The Arabist*, 22.01.2012 URL: http://www.arabist.net/ (22.01.2012).

[7] Vgl. The World Factbook, Central Intelligence Agency. URL: https://www.cia.gov/library/publications/the-world-factbook/ (31.10.2011).

Wahltheater aufführen zu können, wobei die Sitzverteilung schon vor dem ersten Akt festgelegt worden war. Auch Ben Ali baute ein weit verzweigtes Patronage- und Klientelnetzwerk auf. Er knebelte die Medien und beschränkte die Menschenrechte, belegte die Möglichkeiten der politischen Teilhabe und die Redefreiheit mit massiven Restriktionen. Allzu hartnäckige Gegner verschwanden – teilweise ohne Prozess – hinter Gittern. Vor allem in seinen letzten Regierungsjahren ergänzte er diese Herrschaftsmethoden noch durch einen obsessiven Kontrollanspruch, den ein aufgeblähter Sicherheitsapparat durchsetzte. Der Präsident und seine Familie galten als extrem korrupt.

Die eingangs genannten Kennzahlen verweisen aber auch auf Unterschiede zu Ägypten, die sich nicht nur in der Größe des Territoriums und der Zahl der Einwohner erschöpfen. Im Gegensatz zu hartnäckig verweigerten politischen Reformen, war der wirtschaftliche Kurs durch ein hohes Maß an Liberalität gekennzeichnet. Tunesien verfügt über eine relativ breite und gebildete Mittelschicht; die sozioökonomischen Rechte, die Frauen wahrnehmen, gelten als beispielhaft in Nordafrika. Der Anteil jugendlicher Einwohner ist nach wie vor hoch, nahm aber in den letzten Jahren ab. Mehr als eine Million Tunesier leben dauerhaft im Ausland, vor allem in Europa.[8]

Deshalb begannen die Unruhen in Tunesien auch nicht – wie in Ägypten – in den Großstädten, sondern im ländlichen Bereich. Hier war der Unmut über Ben Alis repressives und korruptes Regime durch die wirtschaftliche Perspektivlosigkeit potenziert worden. Während in den Küstenstädten, einschließlich der touristischen Zentren, zumindest noch Aussicht auf eine existenzsichernde Tätigkeit bestand, wurde der Agrarbereich zunehmend sich selbst überlassen. So brach sich der Aufstand zunächst in diesem Bereich Bahn, bevor er auf Angehörige der städtischen Unterschicht und unteren Mittelschicht übergriff. Eher gegen Ende schlossen sich dann die gebildeten Mittelschichten vor allem in der Hauptstadt Tunis an.

Ben Alis Rücktritt und Flucht am 14.01.2011 stellte die siegreiche Opposition trotz der erwähnten Unterschiede im Kern vor ähnliche Probleme wie in Ägypten, nur wenige Wochen früher. Die jugendlichen Demonstranten waren unorganisiert, ihre programmatischen Vorstellungen reichten kaum über den Sturz des verhassten Diktators hinaus, Führungspersönlichkeiten mit integrativen Fähigkeiten nationalen Formats zeichneten sich noch nicht ab. Aber im Unterschied zu Ägypten, wo sich politisch gestaltungswillige Teilnehmer der Demonstrationen binnen kurzem mit etablierten Parteien und Bewegungen in »Wahlblöcken« zusammenschlossen, um

[8] Vgl. Arieff, Alexis: Political Transition in Tunisia. Washington D.C. 2011. S. 2.

ihre Chancen zu vermehren, ging das Protestpotenzial in Tunesien »in die Breite«. Mehr als einhundert Parteien wurden seit Januar 2011 zugelassen, etwa 1.700 Listen traten in den 33 Wahlkreisen zu den Oktoberwahlen an. Die sich im ersten Halbjahr 2011 schärfer konturierenden Interessenunterschiede zwischen städtischer Elite der Küstenregion und marginalisierten Bewohnern des Binnenlands, die zunehmenden Spannungen zwischen Islamisten und Säkularisten sowie zwischen Aktivisten des Umsturzes und den Vertretern der Übergangsregierung hätten durchaus das Potenzial besessen, um in Programmen organisiert zu werden und den Wählern wirkliche Alternativen an den Urnen zu bieten. Durch die unüberschaubare Vielzahl verwechselbarer Parteien wurde diese Chance aber vertan.[9] Gleichzeitig wuchsen die Erfolgsaussichten einer einzelnen Partei, auf die diese Schwächen nicht in gleichem Umfang zutrafen: der *An-Nahdha* (Wiedererweckungs-)Partei.[10]

Die in der Tradition der ägyptischen Muslimbruderschaft stehende, moderate islamistische *An-Nahdha*-Partei unter ihrem charismatischen Führer Rashid Ghannouchi, war vom Regime Ben Alis massiv unterdrückt worden; ihr Führer musste schon 1989 ins Exil fliehen. Nach seiner Rückkehr im März 2011 wurde Ghannouchi nicht

Jugendliche Demonstranten in Tunis

[9] Vgl. Asma, Nouira: »Obstacles on the Path of Tunisia's Democratic Transformation.« In: Arab Reform Bulletin, March 30/2011. S. 7 ff.

[10] Zu Hintergründen der Partei und zur Diskussion des Wahlergebnisses vgl. den Beitrag von Karima El Ouazghari in diesem Band: S. 63.

müde zu betonen, dass er seine Partei und sich als Teil einer demokratischen Ordnung sehe, die Staat und Moschee trenne. Er sei auch keinesfalls angetreten, die Frauenrechte zu beschneiden. Immer wieder verwies er auf die türkische Regierungspartei *AKP* als politisches Leitbild. Seine säkularen Gegner warfen ihm reine Wahltaktik bzw. Lippenbekenntnisse vor, die innen- und nicht zuletzt außenpolitische Skeptiker beruhigen sollten. Kaum in Regierungsverantwortung, würde *An-Nahdha* für einen deutlich islamisch geprägten Kurswechsel sorgen. Der eigenen organisatorischen Schwäche durchaus bewusst, gestanden Ghannouchis Kritiker ihm durchaus ein Wählervolumen von etwa zwanzig Prozent zu, das die *An-Nahdha* zwar zur stärksten Einzelpartei gemacht hätte, sie aber aufgrund der säkularen Traditionen Tunesiens nicht übermächtig hätte werden lassen.[11] Große Hoffnungen ruhten in dieser Hinsicht auch auf den Gewerkschaften, die in Tunesien durchaus über eine Massenbasis verfügen. So bewarben sich vor den Wahlen am 23. Oktober im Kern Islamisten und gewerkschaftsnahe Verbände, Myriaden von Kleinparteien, in denen sich sowohl die Aktivisten des Umsturzes, als auch die Vertreter des alten Regimes organisiert hatten und drei größere säkulare Oppositionsparteien, die schon unter Ben Ali legal aber unbedeutend gewesen waren.

Zur großen Überraschung aller Beobachter gewann *An-Nahdha* am 23.10.2011 nicht 20 Prozent, sondern 41 Prozent der Wählerstimmen, womit sie 90 der 217 Parlamentssitze belegen wird. Zweitplatzierte wurde der moderat links einzuordnende *Kongress für die Republik (CPR)*, der 30 Sitze erwarb und die sozialdemokratische Partei *At-Takatul* auf den dritten Platz (21 Sitze) verwies. Ghannouchis Kritiker hatten nicht bedacht, dass die Urheber der Massenunruhen eben nicht aus ihren Reihen, sondern aus dem konservativen ländlichen Hinterland stammten. Aber nicht nur diese hatten mehrheitlich *An-Nahdha* gewählt, sondern auch die städtischen Bevölkerungsschichten, denen angesichts der programmatischen Schwäche der Konkurrenzangebote die erwiesene Ferne der Partei zum Ben-Ali-Regime Grund genug war. Sie stand als Gegenmodell zu allem, wogegen sich das Volk erhoben hatte: Sie galt als vertrauenswürdig, nicht korrupt, sozial orientiert und moralisch untadelig. Ihr demonstratives Bewahren von »alten Werten« wie »harter Arbeit« und »Ehrenhaftigkeit« goutierten selbst Wähler, die nicht islamistisch eingestellt sind.[12] Obwohl *An-Nahdha* auf einen Koalitionspartner angewiesen sein wird, bedeutet ihr Wahlerfolg bisher den signifikantesten Ausdruck der »neuen Zeit« in Tunesien.[13]

---

[11] Lynch, Marc: »Tunisia's New al-Nahda.« In: Foreign Policy, June 29/2011.

[12] Vgl. Churchill, Erik: Tunisia's Electoral Lesson: The Importance of Campaign Strategy. URL: http://carnegieendowment.org/sada/index.cfm?fa=show&article=45841 (01.11.2011).

[13] Vgl. hierzu den Beitrag von Karima El Ouazghari in diesem Band: S. 63.

2.3 Libyen

Bei nur 6,4 Millionen Einwohnern auf einem Territorium von 1,8 Millionen Quadratkilometern zählt Libyen zu den sehr dünn besiedelten Ländern der arabischen Welt. Mit einem Anteil von sechzig Prozent an der Gesamtbevölkerung stellen aber auch hier junge Menschen das Gros der Einwohnerschaft. Zwar wird in unterschiedlichen Quellen von einer Arbeitslosenquote von bis zu dreißig Prozent ausgegangen, aber hier ist – im Gegensatz zu amtlichen Statistiken bisheriger arabischer Autokratien – die verdeckte Arbeitslosigkeit eingerechnet. Aufgrund seines enormen Erdölreichtums und der geringen Bevölkerungszahl erwirtschaftet Libyen ein Bruttoinlandsprodukt von 12.062 US-Dollar pro Kopf.[14] Damit führten, anders als in Tunesien und Ägypten, nicht primär sozioökonomische Probleme zum Ausbruch der Aufstände, sondern sie entzündeten sich – ermutigt durch die Erfolge in ebenjenen Nachbarländern – an der Diktatur Muammar al-Gaddafis.

Zwar lassen sich auch in Gaddafis Arsenal zur Machtsicherung viele Parallelen zu Ägypten und Tunesien finden, aber die Besonderheiten der Revolte in Libyen erschließen sich nur, wenn die Unterschiede zu Ägypten und Tunesien in den Vordergrund gestellt werden. In krassem Gegensatz zu Ägypten (weniger zu Tunesien) mit seiner jahrtausendealten Geschichte als Staat, handelt es sich bei Libyen um eine exemplarische koloniale Gründung aus den ehemaligen osmanischen Provinzen Tripolitanien, Cyrenaika und Fezzan (Sirte), die ab 1911 in der italienischen Kolonie Libyen zusammengefasst wurden. Durch das faktische Fehlen einer *libyschen* Nationalgeschichte zeigt sich der nationale Zusammenhalt viel geringer ausgeprägt als etwa in Ägypten. Hinzu kommt das struktur- und identitätsstiftende Wirken fester Familien- und Stammesbeziehungen, die zugleich das Zugehörigkeitsgefühl zu den genannten ehemaligen osmanischen Provinzen perpetuieren. Fast 140 Stämme, davon 30 größere, bestimmen die Basisstruktur der libyschen Gesellschaft. So beruhte Gaddafis Herrschaft letztlich auf der Unterstützung durch die *Gaddafa*, *Maqarha* und *Warfalla*, denen etwa eine Million Menschen angehören und die mehrheitlich in den Provinzen Tripolitanien und Fezzan siedeln. Gaddafi hat diesen Primat der Stammesherkunft während seiner 42-jährigen Herrschaft kultiviert und beispielsweise schon 1972 die Gründung von Parteien bei Androhung der Todesstrafe verboten.

Fairerweise muss an dieser Stelle angeführt werden, dass auch der von Gaddafi 1969 gestürzte König Idris seine Herrschaft auf der Unterstützung durch maßgebliche

[14] Vgl. The World Factbook, Central Intelligence Agency. URL: https://www.cia.gov/library/publications/the-world-factbook/ (02.11.2011).

Stämme aufbaute; diese kamen allerdings mehrheitlich aus der Cyrenaika. Um der machtvollen zentrifugalen Tendenzen in einem derartigen Konglomerat Herr zu werden, bedurfte es sowohl unter der Monarchie, als auch in der Republik (später *Volksjamahiriya*) eines einigenden geistig-ideologischen Bandes. Idris fand es in der Religion, wobei ihm seine Funktion als Führer des machtvollen Senussi-Ordens als wirkungsvoller »Türöffner« diente.[15] Immerhin reichte der Einfluss des Ordens in seinen Hochzeiten von Senegal bis Indonesien. Idris wurde 1969 nicht zuletzt seine starke Westbindung zum Verhängnis, aber auch Gaddafi bemühte bei seinem Putsch gegen Idris eine Ideologie – den Ende der 1960er Jahre nach wie vor außerordentlich populären *Panarabismus*. Das demonstrative Einschwenken auf das arabische Vereinigungskonzept des ägyptischen Präsidenten Nasser ließ Idris' Ordensprojekt obsolet erscheinen und kaschierte zudem das Fehlen eines libyschen Nationalgedankens. Die Kenntnis dieses Hintergrunds rückt die Ereignisse in Libyen seit Februar 2011 in ein facettenreicheres Licht:

- Stammes- und Familienzugehörigkeiten spielten einmal mehr eine herausragende Rolle. Nicht die Abkehr einzelner Personen vom Regime Gaddafis war der Internet-Plattform *Libya al-youm* (Libyen heute) in ihrer täglichen Berichterstattung ab Februar 2011 eine Meldung wert, sondern der Lagerwechsel von Stammesformationen und Clans.
- Nicht von ungefähr brach der Aufstand in der seit 1969 marginalisierten Cyrenaika aus. Regimenahe, aber auch neutrale Beobachter gaben deshalb mehrfach zu bedenken, dass der durch die Resolution 1973 des UNO-Sicherheitsrats legitimierte NATO-Einsatz in der Quintessenz die Revanche der seit 1969 an den Rand Gedrängten über die damaligen Sieger ermöglicht habe.
- In ähnlicher Weise wuchs auch die Rolle des islamischen Faktors bei der Neuordnung der politischen Verhältnisse in Libyen seit Februar auf überproportionale Weise.

Aus diesem Zwischenresümee lässt sich zum einen ableiten, dass auch der seit Beginn des Aufstands Regierungsaufgaben wahrnehmende Nationale Übergangsrat (engl. *NTC*) stark von Stammeseinflüssen und -verhalten geprägt ist. Die westlichen Stämme, die entscheidend zum Sturz Gaddafis und der Eroberung von Tripolis bei-

---

[15] Die islamische Ordensgemeinschaft der *Senussi* (im Arabischen *Sanusiya* (Sanusi)) geht zurück auf den Ordensgründer und arabisch-islamischen Theologen Sayyid Muhammad ibn Ali as-Senussi, geboren 1787 in al-Wasita bei Mustaganim im heutigen Algerien, gestorben 1859 in der Cyrenaika, Libyen. Muhammad ibn Ali as-Senussi erhielt seine geistliche Ausbildung in Fès in Marokko und ließ sich in einer Vielzahl von islamischen Ordensgemeinschaften initiieren. Über Kairo führte ihn eine Wallfahrt nach Mekka. Dort gründete er 1837 eine eigene Ordensgemeinschaft – die *Senussi*. Das erklärte Ziel des Ordens war die Erneuerung des Islams und die Vertreibung der europäischen Kolonialmächte aus Nordafrika.

getragen haben, sehen sich aufgrund ihrer inadäquaten Beteiligung im *NTC* massiv benachteiligt. So geriet der *NTC* seit der Eroberung von Tripolis am 03.08.2011 als Institution immer heftiger in die Kritik tatsächlicher oder vermeintlicher Benachteiligter, aber auch innerhalb des Rates kam es zu vermehrten Konflikten zwischen Islamisten und Säkularen, zwischen ehemaligen Mitstreitern Gaddafis bzw. Übergelaufenen und »jungen« Rebellen.[16] Dieser interne Zwist konnte kaum verwundern, denn im *NTC* finden sich übergelaufene Militärs und Regierungsmitglieder, Juristen, Monarchisten, langjährige Oppositionelle, Islamisten und Intellektuelle wie der als neoliberal geltende Ali Tarhouni, lange Jahre Wirtschaftsprofessor in den USA. Zum anderen muss man sich auf ein andauernd hohes politisches Potenzial des islamischen Faktors einstellen. Dessen Bewertung kann aber nur bei Berücksichtigung seiner großen Bandbreite gelingen. Innerhalb und außerhalb des *NTC* ist eine massive Rückbesinnung auf die – immerhin moderate – Senussi-Tradition Libyens zu beobachten. Das manifestiert sich nicht nur in der quasi Wiedereinführung der alten Senussi-Fahne als Staatsflagge, sondern auch in dem populären Bestreben, in der Wertschätzung dieses Erbes einen besonders klaren Bruch zum Gaddafi-Regime zum Ausdruck zu bringen.[17] Auf der anderen Seite des islamischen Spektrums steht die *Libysche Islamische Kampfgruppe* (engl. *LIFG*), eine unter dem Verdacht der Nähe zur *Al-Qa'ida* stehende Untergrundorganisation, die sich in den 1990er Jahren durch mehrere Attentatsversuche auf Gaddafi einen Namen gemacht hatte. Die *LIFG* ist keinesfalls eine »versprengte Truppe«, sondern sie stellte – nach Kämpfern aus Saudi-Arabien – das numerisch zweitstärkste arabische Kontingent im Afghanistankrieg gegen die Sowjetunion. Vor allem in der frühen Phase des Aufstands sorgten ihre Erfahrungen für die Vermittlung von zumindest embryonalen militärischen Fertigkeiten an die Aufständischen. Seit dem Sturz Gaddafis fungiert *LIFG*-Chef Abd al-Hakim Belhajj als Militärkommandeur von Tripolis.[18]

Entsprechend der Anfang August verabschiedeten *roadmap* für den Übergang übersiedelt der *NTC* nach Tripolis und bildet binnen dreißig Tagen eine Übergangsregierung. Diese organisiert innerhalb von acht Monaten Wahlen für eine zweihundertköpfige Übergangsnationalversammlung, deren Hauptaufgabe die Erarbeitung einer Verfassung ist. In Ermangelung der von Gaddafi für illegal erklärten Parteien spielen lokale Räte eine wesentliche Rolle bei der Umsetzung dieser Pläne. Aufgrund der erwähnten Konflikte ließ sich die dreißigtägige Frist für die Bildung der

[16] Vgl. Barkawi, Tarak: Peace may be war in post-war Libya. URL: http://english.aljazeera.net/indepth/opinion/2011/10/20111021412582958.html (05.11.2011).

[17] Vgl. Grenier, Robert: Gaddafi: Death of an era, dawn of an era. URL: http://english.aljazeera.net/indepth/opinion/2011/10/2011102151443683876.html (05.11.2011).

[18] Black, Ian: The Libyan Islamic Fighting Group – from al-Qaida to the Arab spring. URL: http://www.guardian.co.uk/world/2011/sep/05/libyan-islamic-fighting-group-leaders (05.11.2011).

Übergangsregierung nicht einhalten. Erst am 31.10.2011, dem Tag der Beendigung der NATO-Mission, wurde mit Abdalrahim al-Kib der Ministerpräsident der avisierten Übergangsregierung gewählt;[19] ergo läuft auch erst seit diesem Tag die Frist für die Wahlen der verfassungsgebenden Versammlung.

In der Zeitspanne bis dahin wird es vor allem darauf ankommen, dass die beschriebenen Konflikte, wenn schon nicht gelöst, dann doch mit friedlichen Mitteln ausgetragen werden. Der hohe Bewaffnungsgrad der Bevölkerung und das Bestehen diverser Milizen mindern diese Hoffnung. Zum anderen könnte der relativ rasche Sturz des alten Regimes die libysche Bevölkerung zu der Erwartung verleiten, das Land werde schnell zur Normalität zurückkehren; das heißt, Grundbedürfnisse werden befriedigt, Sicherheit ist gewährleistet, die Wirtschaft erholt sich. Diese Erwartungen haben grundsätzlich nur bei Bewahrung des friedlichen Charakters des Übergangs eine Chance auf Erfüllung. Immerhin gibt es auch begünstigende Faktoren: Trotz der geringen Einwohnerzahl erbringt Libyen zwei Prozent der weltweiten Erdöl- und Erdgasproduktion.[20] Wenn der prospektive Reichtum also klug investiert und fair verteilt wird, kann Libyen auch langfristig den Übergang schaffen.

Libyscher Freiheitskämpfer bewacht Ölterminal in Al-Sweitina

[19]Vgl. El Moussaoi, Naima: Übergangsrat wählt neuen Regierungschef. URL: http://www.dw-world.de/popups/popup_printcontent/0,,15501513 (04.11.2011).

[20]Vgl. Wolff, Stefan: Libyen nach dem Ende der Gaddafi-Diktatur, Herausforderungen und Möglichkeiten. URL: http://de.qantara.de/Herausforderungen-und-Moeglichkeiten/1708c18190i1p83/index (04.11.2011).

3. Fazit

Sollte die Transformation in den drei Beispielländern gelingen, wäre auch die Frage, ob die Umstürze nur eine Revolte oder doch eine Revolution waren, beantwortet. Eine derartig tiefgreifende Veränderung der gesellschaftlichen Verhältnisse, wie sie der Wechsel von einer Autokratie zu einer Demokratie wäre, würde auf jeden Fall das definitorische Kriterium einer (politischen) Revolution erfüllen. Allerdings schließt der Revolutionsbegriff allein noch keine moralische Wertung ein. In diesem Sinne wäre es wohl fraglich, welcher Prozentsatz von Kubanern oder Iranern ihre Revolution nach fünfzig respektive dreißig Jahren noch als Erfolg beschreiben würde. Ungeachtet der moralischen Bewertung kann auch die Erfüllung der funktionalen Kriterien einer Revolution in der Regel erst nach einigen Jahrzehnten festgestellt werden. Insofern hält auch die Analyse des bisher vollzogenen Elitenwechsels in Ägypten, Tunesien und Libyen nur eine Momentaufnahme fest.
Über die beschriebenen Unterschiede hinaus, ist für Ägypten festzuhalten, dass die Umstände des Präsidentensturzes, insbesondere die bestimmende Rolle des Militärs bei gleichzeitiger Schwäche der Opposition die politischen Überlebensbedingungen für – allerdings weniger exponierte – Vertreter des alten Regimes erleichtert haben. Die 2011/12 anberaumten Parlaments- und Präsidentschaftswahlen werden demzufolge diesen Politikern noch größere Chancen gewähren als ihren jugendlichen Konkurrenten vom Tahrir-Platz; zumal, wenn sie das Vertrauen des Militärs genießen. Die wichtige Ausnahme in diesem Szenario stellt die Muslimbruderschaft dar, deren politisches Gewicht sich trotz zunehmender interner Spannungen erheblich erhöht hat. Trotzdem sind für Ägypten weniger die kommenden, sondern vielmehr die darauffolgenden Wahlen der Lackmustest für die Fortsetzung des Transitionsprozesses.

Im Gegensatz zu Ägypten fehlt in Tunesien die weiterhin prägende Rolle einer Institution, die zu den Stützpfeilern des alten Systems gehört hatte. Bei vergleichbarer Schwäche der oppositionellen Kräfte, die den eigentlichen Umsturz bewerkstelligt hatten und der ähnlichen Popularität gemäßigter islamistischer Kräfte wie der *An-Nahdha*, steht in Tunesien ein – zumindest rascherer – politischer Elitenwechsel als in Ägypten an. Im neuen Parlament sind jedenfalls nur vereinzelt Politiker mit einer bekannten Karriere unter Ben Ali zu finden.
Libyen teilt mit Ägypten und Tunesien zumindest das tendenziell erheblich zunehmende Gewicht des politischen Islams. Darüber hinaus zeigt sich die Zahl strukturbestimmender Gemeinsamkeiten begrenzt. In Libyen stehen die Zeichen auf einen gravierenden Wechsel im Machtgefüge der Stämme und Clans, die den von Gaddafi eingeleiteten Prozess der Bevorzugung von Stämmen aus dem Westen des Landes stoppen und zugunsten der seit 1969 benachteiligten Familienverbände aus

dem Osten bzw. der Cyrenaika gestalten wird. Insofern ist mit neuen Personen in den libyschen Regierungsinstitutionen zu rechnen, nicht jedoch mit einem dadurch eingeleiteten Wandel der sozialen Komposition des Staates.

Aus dieser Gegenüberstellung der Beispiele schält sich somit die deutliche Zunahme der politischen Bedeutung des Islams als eine Gemeinsamkeit heraus. Damit waren all jene Kommentatoren etwas voreilig, die aus der eher peripheren und individualisierten Rolle der Religion bei den Demonstrationen zum Jahresanfang 2011 den Schluss gezogen hatten, dass der politische Islam seine Gestaltungskraft verloren habe. In der Tat, im Gegensatz zu weit verbreiteten Annahmen, waren die Umstürze ideologisch von einem Diskurs des friedlichen, demokratischen und zivilen Wandels geprägt und nicht etwa, wie bei früheren Protesten, von Antipathien gegen den Westen, die USA, oder Israel. Die Demonstranten skandierten keine islamistischen oder nationalistischen Losungen, sondern gaben zu verstehen, dass sie konkrete Anliegen, wie etwa die Gewährung von Meinungsfreiheit, das Wirken rechenschaftspflichtiger Politiker, eine gerechte Gesellschaft und eine vernünftige Wirtschaftspolitik auf die Straße gebracht hatten. Gegenwärtig bestimmen diese Protestierenden aber nicht das politische Alltagsgeschäft; nicht zuletzt deshalb, weil sie kein kohärentes politisches Programm vorlegen konnten. Damit schlug die Stunde der Islamisten, die nicht nur über ebenjene Programmatik verfügen, sondern diese Konzepte seit Jahren bzw. Jahrzehnten als konsequente Alternative zu den Vorstellungen der gestürzten Regimes angelegt haben. Selbst im besten Fall wird sich die internationale Staatengemeinschaft auf Demokratien in Nordafrika einstellen müssen, in denen der religiöse Faktor eine erhebliche Rolle spielt.

Die internationale Staatengemeinschaft wird sich im besten Fall auf Demokratien in Nordafrika einstellen müssen, in denen der religiöse Faktor eine erhebliche Rolle spielt.

Eine weitere Gemeinsamkeit ergibt sich aus der Beobachtung, dass mit Ägypten, Tunesien und Libyen republikanische Regimes »gefallen« sind, deren Legitimitätsanspruch noch aus den Tagen des antikolonialen Unabhängigkeitskampfes Mitte des zwanzigsten Jahrhunderts stammte. Diese Republiken waren auch als Kontrastprogramm zu den unter dem Verdacht der Kollaboration mit dem Kolonialregime stehenden arabischen Monarchien entstanden. Sollte sich dieser Trend verfestigen (Ausnahmen bestätigen die Regel), könnte sich eine neue Spaltung in der arabischen Welt entlang einer Trennlinie zwischen »neuen« Transitionsrepubliken vornehmlich in Nordafrika und »alten« Monarchien auf der arabischen Halbinsel auftun. Die Kluft könnte sich dadurch vertiefen, dass Letztere auch wirtschaftlich immer stärker eine Orientierung auf Fernost favorisieren, während für die neuen Republiken der Nachbar Europa immer wichtiger würde. Europa hätte hier eine große Chance, auch durch die zunächst zögerliche Haltung während der Umbrüche abhanden gekommenes Vertrauen zurückzugewinnen und zu einem strategischen Partner zu werden. Dazu bedarf es von Seiten der EU Zuversicht und Durchhaltevermögen. Nicht nur, dass der Ausgang der Transition gegenwärtig noch völlig offen ist; selbst ihr Fortgang wäre mit Sicherheit von Rückschlägen und zunehmender Instabilität begleitet. Hier gilt es, taktische Niederlagen zu verschmerzen, um das strategische Ziel partnerschaftlicher, friedlicher und stabiler Beziehungen zu Demokratien auf der südlichen Seite des Mittelmeeres nicht aus den Augen zu verlieren.

Auf der richtigen Seite der Geschichte

Der Arabische Frühling als Prüfstein für die transatlantische Allianz

VON ERIC GUJER

Die einfachsten Ratschläge lassen sich manchmal am schwersten umsetzen. Auf die Frage, was der Westen für die Syrer tun könne, antwortete Iman Bughaigis, die frühere Sprecherin des libyschen Übergangsrates, dieser müsse nur auf der richtigen Seite der Geschichte stehen. Europa und die USA glaubten zu Beginn der Aufstände in der arabischen Welt, sich auf der falschen Seite befunden zu haben. Die Erkenntnis, zu lange dem süßen Gift der Stabilität verfallen gewesen zu sein, mündete in Katzenjammer: Vor allem die Europäer sahen die eigenen demokratischen Werte kompromittiert, weil sie Autokraten vom Schlage Mubaraks und Ben Alis als Garanten des Status quo unterstützt hatten. Doch das Urteil darüber, was in der Außenpolitik richtig und was falsch ist, hat neben der moralischen auch eine realpolitische Seite. So strafte die Intervention der NATO in Libyen alle diejenigen Lügen, die behauptet hatten, wegen der Parteinahme für orientalische Despoten werde der Westen im Aufbruch der Völker an die Seite gedrängt und marginalisiert. Mit Luftschlägen und einer Portion Kriegsglück wahrte die transatlantische Allianz nicht nur ihren Einfluss in der Region, sondern wurde zu einer wichtigen Kraft des Neuanfangs in Libyen. Die Operation zeigte auch, dass sich Moral und Macht nicht ausschließen müssen. Ein Libyen ohne Muammar al-Gaddafi war den Blutzoll wert, was eine Mehrheit der Bevölkerung offenkundig ebenso sieht.

1. Doppelte Eindämmung Irans

Der Militäreinsatz fand zudem die Billigung der *Arabischen Liga*. Diese Zusammenarbeit bewährt sich auch dort, wo die Anwendung von Gewalt faktisch ausgeschlossen ist: in Syrien. Sosehr das baldige Ende dieses Schurken-Regimes wünschenswert ist, verbietet sich doch ein direktes Eingreifen angesichts der Unterstützung durch Russland, China und Iran. Immerhin haben die EU und Amerika vor diesem seit Beginn der Proteste in Syrien offenkundigen Dilemma nicht kapituliert. Ihr Spiel über die Bande erweist sich im Rahmen des Möglichen als wirkungsvoll. Die *Arabische Liga* hat Präsident Assad kritisiert und Sanktionen verhängt. Sie handelt im Eigeninteresse ihrer am Golf gelegenen Mitglieder, die via Damaskus einen Stellvertreterkrieg mit Iran ausfechten. Die Koinzidenz der Ziele mit Amerika und Westeuropa ist indes unverkennbar. Zwar kommen diese auch auf dem Umweg über Irans engsten Verbündeten ihrem Hauptanliegen – dem Ende des Atomprogramms – nicht näher, doch Teheran reagiert nervös. Das Muskelspiel, das Mordkomplott in Washington[1] und die Erstürmung der britischen Botschaft[2] lassen sich als Zeichen der Schwäche lesen. Iran ist zunehmend isoliert und bekommt dies zu spüren. Das ist mehr, als man nach der Niederschlagung des Jugendaufstandes 2009 erwarten konnte, als das Regime fester denn je im Sattel zu sitzen schien.

Europa und Amerika haben im Arabischen Frühling nicht an Einfluss verloren. Schwierige Entscheidungen, etwa zum Umgang mit den Islamisten und zur Migration, stehen aber noch bevor.

Atombomben sind psychologische Waffen. Ob die künftige Atommacht Iran aus einer Position der Stärke handelt oder nicht, ob sie also ihre Sprengköpfe nur benutzen kann, um wie Nordkorea einige Konzessionen zu erpressen, oder ob sie damit eine Vormachtstellung aufbaut, hängt auch von ihrem Gewicht in der Region ab. Jetzt ist die Zeit, Bündnisse zu schmieden, um den iranischen Spielraum einzuengen und eine geschlossene Front zu schaffen. Ein Machtwechsel in Damaskus beraubte Teheran eines wichtigen Partners und unterbräche den Landweg zum schiitischen Verbündeten in Libanon, dem *Hizbullah*. Die Exilführung der *Hamas*, der Speerspitze der islamistischen Revolution in Palästina, hat sich bereits aus Damaskus und damit aus dem iranischen Einflussbereich abgesetzt. Sie ist nach Kairo und Katar ausgewichen und befindet sich damit unter der Ägide des iranischen Erzfeindes Saudi-Arabien. Die Machtbalance am Golf verschiebt sich vom schiitischen Iran hin zum sunnitischen Saudi-Arabien und den prowestlichen Golfmonarchien.

Ein solchermaßen isolierter Iran ist auch dann erheblich weniger furchteinflößend, wenn die Sanktionen nichts fruchten und Teheran in den Besitz von Atombomben gelangt. Da auch Russland und China nichts von Drohungen mit der atomaren Keule halten und erst recht keinen Nuklearkrieg am Golf wollen, wäre Iran völlig isoliert, sollte es mit dem Feuer spielen. Weil Israel über Atomwaffen mit der Fähigkeit zum Zweitschlag verfügt und die amerikanisch-europäische Raketenab-

---

[1] Im Herbst 2011 erhob die amerikanische Regierung schwere Vorwürfe gegen den Iran: Mutmaßliche iranische Agenten sollen nach Angaben des amerikanischen Justizministeriums einen Bombenanschlag auf den saudi-arabischen Botschafter in den USA geplant haben.

[2] Aus Protest gegen Sanktionen Großbritanniens im Atomstreit mit Iran haben iranische Demonstranten am 29.11.2011 die britische Botschaft und eine weitere diplomatische Einrichtung Großbritanniens gestürmt.

wehr allmählich Gestalt annimmt, ist die Abschreckungskulisse intakt, sollte Iran eines Tages Nuklearwaffen besitzen. Während Israel zu suggerieren versucht, dass nur noch ein schmales Zeitfenster existiert, um das iranische Atomprogramm mit Gewalt auszuschalten, haben Washington und seine europäischen Verbündeten ein breites Spektrum an politischen Instrumenten. Der Westen hat nicht nur die Wahl zwischen schwarz und weiß.

Zur Eindämmung von Damaskus und Teheran trägt bei, dass die Türkei auf Distanz zu Syrien gegangen ist. Türkische Vertreter unterstreichen, dies finde in enger Abstimmung mit Washington statt. Ankara schien wegen des Konflikts mit Israel in ein neutralistisches Niemandsland abzudriften, bindet sich jetzt aber wieder stärker an das euroatlantische Lager. Es nimmt dafür in Kauf, dass seine mit viel Wirbel propagierte »Null-Problem-Politik« gegenüber seinen Nachbarn in Trümmern liegt. Zwar macht die Türkei auf dem Gebiet des früheren Osmanischen Reichs Politik auf eigene Faust und empfiehlt sich als Vorbild für gemäßigt islamische Staaten, doch der Neo-Osmanismus ist nicht mehr als eine Worthülse. Was zählt, ist die Einbettung ins angestammte Bündnis, in die NATO.

Was zählt, ist die Einbettung ins angestammte Bündnis, in die NATO.

2. Bedeutungsverlust für Russland

Um beurteilen zu können, wie sich die Stellung des Westens in der Region verändert hat, lohnt sich auch ein Vergleich mit anderen Akteuren, die von außen einwirken. Russland beispielsweise musste seit dem Zusammenbruch der Sowjetunion einen gewaltigen Bedeutungsverlust hinnehmen – im Nahen Osten, aber natürlich auch weltweit. Einst war Moskau ein wichtiger Player in der arabischen Welt; es unterhielt im Mittelmeer eine eigene Flotte und ein Netz von Marinebasen. Geblieben ist davon ein kümmerlicher Versorgungshafen in Syrien. Auch Nadelstiche wie die Vetopolitik im UNO-Sicherheitsrat zu Syrien können über diesen Bedeutungsverlust nicht hinwegtäuschen. Einst hatte die Sowjetunion Partner in Ägypten, Libyen, Südjemen, Äthiopien und Somalia. Diverse palästinensische und andere arabische Terrororganisationen konnten ebenfalls auf sowjetische Unterstützung bauen und ließen sich deshalb im Interesse Moskaus instrumentalisieren. Der Wüstensand hat dieses »rote Imperium« längst verweht. Von den Verbündeten in der Region sind dem postsowjetischen Russland nur noch zwei geblieben – Damaskus und Teheran –, vor die sich Moskau schützend stellt. Diese Schützenhilfe für bedrängte Bundesgenossen verbindet sich mit einer traditionell antiwestlichen Haltung. Wenn man den USA im Sicherheitsrat eins auswischen kann, ist man zufrieden.

Doch eine eigentlich aktive und kreative russische Politik ist dies noch lange nicht. Sie ist defensiv und im Wesentlichen darauf ausgerichtet, das wenige Terrain, das noch geblieben ist, mit allen Mitteln zu verteidigen. Die russische Politik orientiert sich dabei an den machiavellistischen Nützlichkeitserwägungen einer Großmacht – auch wenn diese im Fall Syriens recht borniert wirken, weil sie Russlands Interessen in der arabischen Welt langfristig schaden und Moskau in eine Ecke stellen mit den Parias der Region, mit Syrien und Iran.

In der Auseinandersetzung um Syrien prallt die klassische Kabinettspolitik des 18. und 19. Jahrhunderts auf eine moderne Außenpolitik für eine globalisierte Welt. Auf der einen Seite befinden sich Mächte wie Russland und China, die den althergebrachten Grundsätzen des Wiener Kongresses und des Gleichgewichts der Großen folgen. Sie betreiben Außenpolitik noch so, als verteilten Metternich und Talleyrand die Konkursmasse von Napoleons Imperium. Auf der anderen Seite stehen Länder, die bei aller unvermeidlichen Realpolitik Prinzipien wie Demokratie, Pluralismus und Menschenrechte nicht außer Acht lassen. Zu diesem Lager gehören die USA und ihre europäischen Verbündeten – ein Zusammenschluss von Staaten, der den leicht obsoleten Übernamen »der Westen« trägt, obwohl ihm längst zahlreiche Vertreter Asiens und des ehemaligen Ostblocks angehören.

Diese Länder haben nicht nur ihre eigenen Interessen im Blick, etwa die Versorgung mit Erdöl und die Sicherheit der Seewege, sondern sie nehmen Rücksicht auf die Bedürfnisse der regionalen Partner, mit denen sie kooperieren. So ist es kein Zufall, dass sich der Westen und die *Arabische Liga* in einem Boot befinden, während sich Russland isoliert hat. Und Syrien ist kein Einzelfall. Moskau lehnt auch wirksame Sanktionen gegen Iran ab und es hielt lange an Muammar al-Gaddafi fest.

3. Handlungsfähige westliche Allianz

Der »Zusammenprall der Werte« relativiert auch die Diskussion über die Entfremdung der USA von Europa. Amerika reduziert zwar auf dem alten und weitgehend befriedeten Kontinent seine Truppen und fokussiert seine Militärstrategie auf die Konfliktzonen des 21. Jahrhunderts. Die NATO wird nicht mehr zusammengehalten durch die Bedrohung Sowjetunion; alle Verbündeten suchen in einer Welt ohne klare Spielregeln ihren eigenen, nicht zuletzt wirtschaftlichen Vorteil. Dabei kann es gewaltig krachen, wenn etwa Amerikaner und Europäer über die richtige Bekämpfung der Schuldenkrise oder die Verteilung der finanziellen Lasten in der NATO streiten. Doch wenn Konflikte eskalieren wie im Falle Syriens, Irans oder Libyens, dann finden sich auch heute diejenigen zusam-

Alle Verbündeten suchen in einer Welt ohne klare Spielregeln ihren eigenen, nicht zuletzt wirtschaftlichen Vorteil.

men, die sich in ihrer Innen- wie Außenpolitik den Werten der Aufklärung verpflichtet fühlen.

Trotz des unschönen deutschen Ausreißers bei der Libyen-Intervention zeigt der Arabische Frühling, dass die NATO und andere transatlantische Organisationen nicht an Handlungsfähigkeit eingebüßt haben – oder mindestens um einiges handlungsfähiger sind als andere »geopolitische Wettbewerber«. Dies gilt auch dann, wenn realpolitische Vernunft es angeraten sein lässt, sich nicht zu engagieren und sich mit der auch moralisch zweifelhaften Rolle des Beobachters und Mahners zufriedenzugeben. In Syrien vermögen es die USA und ihre europäischen Partner nicht, die Werte, für die sie einstehen, auch durchzusetzen. Sie lassen das Morden an der syrischen Zivilbevölkerung geschehen.

Für diese Position sprechen einige praktische Überlegungen: Man müsste ohne Rückendeckung der Vereinten Nationen agieren, was mit erheblich größeren politischen Auseinandersetzungen verbunden wäre als der Luftkrieg gegen Serbien im Frühjahr 1999. Rebellen und Regierungstruppen sind nicht räumlich getrennt wie vor einem Jahr in Libyen, was eine klare Zielansprache erschwert. Der Widerstand ist überdies so zersplittert, dass man kaum weiß, wem man da hülfe. Außerdem ist nach Irak, Afghanistan und Libyen der Appetit der NATO auf weitere Militärinterventionen deutlich gesunken. Doch ändern alle diese rationalen Erwägungen nichts an dem moralischen Dilemma.

Revolutionäre Wandmalerei in Tripolis

Die Luftoperation über Libyen ist als Durchbruch für das neue völkerrechtliche Prinzip der *Responsibility to protect* (Schutzverantwortung) zu sehen. Demnach kann sich die internationale Gemeinschaft nicht hinter dem Prinzip der Nichteinmischung in die inneren Angelegenheiten eines Staates verschanzen, sondern hat die Pflicht, ein Volk gegen seinen Diktator zu schützen. Ein Jahr später mag niemand mehr etwas von dieser Schutzpflicht hören. Der Arabische Frühling zeigt indes nur, dass es keine widerspruchsfreie Außenpolitik gibt, dass auch die NATO kein weißer Ritter ist, dessen Ziele und Handlungen höchsten moralischen Ansprüchen genügen. Doch dies zu akzeptieren und offen damit umzugehen, ist ein erheblicher Fortschritt gegenüber der hermetischen Außenpolitik russischer Prägung, in der es nur schwarz und weiß gibt, und eine Fehlerdiskussion nicht zugelassen wird.

Der Umbruch in der arabischen Welt ist ein Prüfstein für die Außenpolitik der transatlantischen Allianz und zugleich ein Nachhall zu den Debatten wegen des amerikanischen Irakkriegs von 2003. Pochte die Administration Bush damals darauf, Demokratie und Freiheit mit militärischer Gewalt zu erzwingen, plädierte das unter deutscher Führung stehende Lager der Kriegsgegner faktisch für Nichtstun. Beide Positionen waren in ihrer Ausschließlichkeit unbefriedigend. Der amerikanische Ansatz, Menschen mit vorgehaltener Waffe zu ihrem Glück zu zwingen, war anmaßend und imperialistisch. Er hinterließ neben unzähligen Toten überdies einen Irak, in dem der Nachbar Iran an Einfluss gewonnen hat. Der europäische Ansatz, die Hände in den Schoss zu legen und sich auf eine Rolle als Zaungast zu beschränken, war hingegen mutlos. Er reflektierte die Haltung der EU insgesamt gegenüber ihrer mediterranen Nachbarschaft. Im letzten Jahrzehnt nahmen die Warnungen des *United Nations Development Programme* vor der explosiven Mischung in der arabischen Welt aus politischer wie wirtschaftlicher Stagnation und Bevölkerungswachstum zu, doch die EU war nie in der Lage, eine kohärente Strategie zu formulieren. Es fehlte nicht an Instrumenten, es fehlten vielmehr politischer Wille und Interesse.

Der Arabische Frühling demonstriert, dass amerikanischer und europäischer Außenpolitik ein ganzer Instrumentenkasten zur Verfügung steht. Im Falle Ägyptens half diplomatischer Druck, um Hosni Mubarak zum Rückzug zu bewegen. In Libyen kam es zu einer militärischen Intervention, gegen Iran sind Sanktionen verhängt. Die apodiktische Entweder-oder-Position, in der Amerikaner und Europäer im Nahen Osten während des irakischen Abenteuers gefangen waren, ist einer rationaleren und flexibleren Politik gewichen. Auch wenn diese, wie das Beispiel Syrien belegt, Niederlagen hinnehmen muss, bringt sie insgesamt keine schlechten Ergebnisse. Daran gelegentlich zu erinnern ist nötig, weil der Nahe Osten zu einer manichäischen Weltsicht einlädt: Juden versus Palästinenser, Islamisten versus Säkulare, Sunniten versus Schiiten – die Liste der Schwarz-Weiß-Gegensätze ließe sich beliebig verlängern. Die externen Akteure dürfen sich diesen Blick nicht zu eigen machen.

4. Eine Rolle für das ägyptische Militär

Die Gegner einer »westlichen Einmischung« im Nahen Osten frohlockten, mit dem Ende der Autokraten schwinde der Einfluss ihrer ausländischen Mentoren. Diese These erweist sich als ebenso falsch wie die Furcht, im Mahlstrom des Umsturzes treibe die Region unweigerlich aufs Chaos zu. Mit den Revolutionen haben sich neue Konstellationen und Koalitionen ergeben und damit neue Chancen, amerikanische und europäische Interessen zur Geltung zu bringen. Das »arabische Erwachen« ist im Gegenteil ein Beispiel dafür, dass Anrainer aktive Regionalpolitik betreiben müssen. Dabei werden vor allem angesichts des ungewissen Schicksals Ägyptens unangenehme Entscheidungen nötig. Einerseits kann man die Islamisten als Gewinner der Wahlen in Tunesien und Ägypten nicht ignorieren. Anderseits ist auch nach der Implosion vorgeblich stabiler, in Wirklichkeit nur verknöcherter Regimes der Wunsch nach Stabilität legitim. Man landet nicht auf der falschen Seite der Geschichte, wenn man dafür plädiert, dass die Armee in Kairo eine politische Rolle behält. Dies gilt auch dann, obwohl die Armeeführung innenpolitisch eine zweifelhafte Rolle spielt, mit Islamisten paktiert und den Respekt für rechtsstaatli-

Interventionen des ägyptischen Militärs

che Normen vermissen lässt. Aber immerhin ist die Junta für westliche Kritik noch erreichbar, wie die nach langer Hängepartie gütliche Lösung der Affäre um amerikanische Nichtregierungsorganisationen und die Konrad-Adenauer-Stiftung zeigt.[3] Am Schluss gab die ägyptische Regierung klein bei und ließ die ausländischen Mitarbeiter der Stiftungen ziehen, denen man eine illegale Einmischung in die inneren Angelegenheiten des Landes vorgeworfen hatte.

Die Militärs wirken vor allem mäßigend in den israelisch-ägyptischen Beziehungen, die nicht nur für die unmittelbar Beteiligten von zentraler Bedeutung sind. Israel wird für die USA und andere Staaten der wichtigste Verbündete in der Region bleiben, zugleich muss man sich darauf einstellen, dass der Aufschwung des Islamismus den Dialog auch mit der zu Teilen terroristischen *Hamas* erzwingt – spätestens, wenn Kairo die Grenze zum Gazastreifen aufmacht. Nicht nur Deutschland, für das Israels Sicherheit Staatsräson ist, wird an dem Brocken schwer schlucken.

Am schwersten wird den Europäern aber fallen, eine gemeinsame Idee für die Weltgegend zu finden, die sie einmal *Mare nostrum* nannten. Nach 1989 herrschte Konsens, dass der Eiserne Vorhang schnell beseitigt und der Kontinent geeinigt werden sollte. Nach der Zäsur von 2011 gibt es noch keine Vorstellung davon, wie weit sich Europa für seine arabischen Nachbarn öffnen muss. Früher konnte die EU endlos über die Einfuhr von Dosentomaten aus dem Maghreb streiten. Jetzt muss sie Wichtigeres regeln, etwa welche Einwanderung sie aus den arabischen Mittelmeerstaaten zulässt. Eine dosierte Migration löst nicht die wirtschaftlichen Probleme der Länder, kann jene aber mildern. Ob das von der Schuldenkrise geschwächte Europa sich seiner Verantwortung bewusst wird und die Kraft zu mutigen Entscheidungen findet, hat nicht nur Auswirkungen auf seine eigene Sicherheit und die Stabilität der Region. Welchen Weg es wählt – Abschottung oder Öffnung –, wird zeigen, auf welcher Seite Europa wirklich steht.

[3] Die ägyptische Justiz hatte Ende Dezember 2011 in Kairo die Büros von 17 Organisationen durchsucht, darunter auch die deutsche Konrad-Adenauer-Stiftung. Den Mitarbeitern wurde vorgeworfen, »nicht offiziell zugelassene Zweigstellen internationaler Organisationen errichtet zu haben« und diese mit Mitteln aus dem Ausland finanziert zu haben und damit gegen »die Souveränität des ägyptischen Staates« verstoßen zu haben. Der Leiter des Büros der Konrad-Adenauer-Stiftung in Kairo und eine Mitarbeiterin konnten Anfang März 2012 nach Zahlung einer Kaution ausreisen. Das Büro in Ägypten musste seine Arbeit einstellen. Der Prozess gegen die beiden KAS-Mitarbeiter und 41 weitere Vertreter internationaler Nichtregierungsorganisationen läuft weiter.

ارحل
Leave

SEL
LIVING

II. Kampf um Bürgerrechte – Kampf um religiöse Vorherrschaft?

Die Kopten nach der ägyptischen Revolution

Immer noch Minderheitenangehörige oder endlich gleichberechtigte Bürger?

VON ATEF BOTROS

Am Ende wird die Revolution trotz ihrer defizitären Organisation siegen, denn ihre Feinde sind und bleiben historisch pleite, ihre Waffen sind Terror, Repression und Lügen.[1]

1. Einleitung

Masr al-Qadima – das alte Ägypten, Alt-Kairo oder die koptische Altstadt: Hier befindet sich einer der ältesten historischen Stadtteile der Hauptstadt. In dem alten Viertel mit engen Gassen und vielen Touristen befindet sich die alte *Ben Ezra*-Synagoge, die älteste Moschee Ägyptens sowie eine große Anzahl christlicher Kirchen: Alles dicht nebeneinander. Dieses Viertel sollte die erste Station des deutschen Außenministers Guido Westerwelle (FDP) bei seinem Ägypten-Besuch Ende Januar 2012 sein. »Die Christen stehen für uns an erster Stelle«,[2] so die politische Botschaft des Ministers, der »die ägyptische Führung zum Schutz der koptischen Christen im Land« aufrief. »Die Kopten seien Teil der ägyptischen Gesellschaft«, fügte er während seines Ägypten-Besuchs hinzu.[3] Nicht nur die christlichen Ägypter verdienen deutsche Aufmerksamkeit; auch die »bedrängten« Christen aus dem Irak wurden 2008 durch die Unterstützung des damaligen Bundesinnenministers Wolfgang Schäuble in Deutschland aufgenommen. Nach dem gewaltsamen Angriff der ägyptischen Armee auf koptische Demonstranten im Oktober 2011, bei dem 26 Christen umkamen, sagte CDU-Generalsekretär Hermann Gröhe in einem Interview mit der Zeitung *Die Welt*: »Deutschland muss der Übergangsregierung klarmachen, dass sie sich nicht einerseits den erfolgreichen Kampf für die Freiheit auf die Fahnen schreiben kann, wenn sie andererseits nicht dafür sorgt, dass Minder-

[1] Younis, Sherif: Pfade der Revolution. Kairo 2011, Klappentext.
[2] Brehmer, Marian: »Deutsche Außenpolitik und Christen im Orient.« In: Zenit, 31.01.2012.
[3] »Westerwelle fordert Schutz für die Kopten.« In: Welt Online, 31.01.2012. URL: http://www.welt.de/print/welt_kompakt/print_politik/article13842853/Westerwelle-fordert-Schutz-fuer-Kopten.html (10.07.2012).

heiten in Freiheit leben können.« Geht es den deutschen Politikern hier um Minderheiten und diskriminierte Gruppen im Allgemeinen oder machen sie sich eher Sorgen um die christlichen Schwestern und Brüder im arabisch-islamischen Raum? Steht diese Politik nicht im Widerspruch zu der Politik eines aufgeklärten säkularen Staates? Im selben Interview sagt nämlich Gröhe Folgendes: »Die Union fühlt sich als Partei mit einem C im Namen bedrängten Christen weltweit in besonderer Weise verbunden.«[4]

Warum ist die Lage der Kopten im neuen Kontext eines umfassenden gesellschaftspolitischen Wandels in Ägypten zu einem Thema der deutschen Öffentlichkeit und Außenpolitik geworden? Können Deutschland und andere westliche Staaten die Situation der Kopten durch politischen Druck verbessern oder korrespondieren solche Bemühungen vielmehr mit einer *dschihadistischen* Islamvorstellung, nach der die Welt in eine islamische und eine gottlose geteilt wird? Wie wird die Frage der Kopten in Ägypten diskutiert? Werden sie diskriminiert und verfolgt? Kommen auf sie jetzt schwierigere Zeiten zu, nachdem die islamistischen Parteien an die Macht gekommen sind und das Sagen haben? Sind sie ein Teil der Revolution? Gehören sie zu den Verlierern? Warum ist das Thema nach dem Umbruch populärer geworden? Kann man auch von Wandel, Um- oder Aufbruch innerhalb koptischer Kreise oder kirchlicher Institutionen sprechen?

Wenn in Ägypten Kirchen von Fanatikern niedergebrannt und Christen religiös motivierter Gewalt ausgesetzt sind, werden die Hilferufe in der koptischen Diaspora lauter. Der offizielle Vertreter der Kopten in Deutschland, Bischof Damian, versteht das Leiden der Kopten sogar als essenziellen Bestandteil ihrer Tradition. »Wir Kopten [...] sind eine Märtyrer-Kirche. Unsere Vorväter sind Märtyrer; ihr Blut, ihr Tod hat viele Menschen zum Glauben gebracht. Verfolgung und Diskriminierung haben die Kopten im Laufe der Geschichte stärker gemacht, sie sind das Bindeglied zwischen den Gläubigen weltweit.«[5] Als »Bindeglied« zwischen Christen, aber auch als Vermittler zwischen der islamischen und der christlichen Sphäre, will er die Kopten definieren. Die Rolle als »Bindeglied zwischen Gläubigen« ist sowohl angesichts des kirchengeschichtlichen Hintergrundes als auch angesichts der geringen internationalen Rolle in der Gegenwart als problematische Zuschreibung anzusehen. Die koptische Kirche war seit dem Dogmenstreit in der frühen Kirchengeschichte in den Augen des orthodoxen Mainstreams als ketzerischer Anhänger monophysischer Christologie bis vor wenigen Jahrzehnten völlig isoliert. Die Selbst-

[4] Interview mit Hermann Gröhe: »Bedrängte Christen sind willkommen.« In: *Die Welt*, 15.10.2011.
[5] Vgl. Interview bei news.de vom 04.01.2011.

wahrnehmung als friedensstiftender Vermittler überzeugt noch weniger, wenn man die Reden des Bischofs verfolgt. In einem Interview mit dem Bischof, veröffentlicht auf einer rechtsradikalen islamophobischen Internetseite (Initiative 1683),[6] warnt er die Christen in Deutschland davor, eines Tages im eigenem Land verfolgt zu werden, wenn sich der Islam durch eine ungleichmäßige demografische Entwicklung zwischen der muslimischen und christlichen Bevölkerung verbreitet. Dies sei genau das Schicksal der Kopten, im eigenen Land verfolgt zu werden:

»Ich versichere Ihnen, wenn man wegschaut, und wenn man nichts tut, wird das, was uns in Ägypten geschieht, eines Tages in diesem Heimatland der Fall sein [...]. Wir waren die Herren im unseren Vaterland, in unserem Heimatland, heute kämpfen wir, um leben und überleben zu können [...].«[7]

Die Aussagen des Bischofs bieten geeignetes Material für einen antimuslimischen Rassismus in Deutschland und liefern der deutschen Integrations- bzw. Islamdebatte Argumente gegen die Gleichberechtigung muslimischer Migranten in Deutschland. Gleichzeitig bieten sie vor allem Nährstoff für ein rechtsradikales Islamverständnis. Auf radikalen islamistischen Seiten wird der Bischof als die Verkörperung christlicher Islamfeindlichkeit mit Ton und Bild propagiert. Eine kurze Suche in *Youtube* führt zu den Reden des Bischofs mit arabischen Untertiteln, die bestens geeignet sind für die multimediale Ausbildung antichristlicher *Dschihadisten* in Ägypten. Nach den blutigen Ereignissen in Ägypten im Oktober 2011 gab es ebenfalls Aufrufe des Bischofs zu einer direkten Einmischung des Westens zum Schutz der Christen in Ägypten.

2. Die Kopten nach der Wahl

Seit Januar 2011 befindet sich Ägypten in einem historischen Moment der Umwälzung politischer und gesellschaftlicher Strukturen. Dieses revolutionäre Moment ist Teil eines langen Transformationsprozesses, der die Welt noch lange beschäftigen wird. Zu diesem Prozess gehören gewisse Konsequenzen, wie die Bildung eines Rechtsstaats und der Aufbau einer demokratischen Kultur, in deren Zentrum Bürgerrechte stehen. Fragen der Geschlechterdemokratie, Minderheitenrechte und religiöse Freiheit können erst beantwortet werden, wenn Bürgerrechte etabliert sind.[8]

[6] Das Jahr 1683 markiert die Schlacht am Kahlenberg, als die Habsburger Truppen die osmanischen Heere vor Wien besiegten und somit die zweite Wiener Türkenbelagerung beendeten. Die Zahl 1683 steht symbolisch für »die Gefahr durch den Islam« und für die »Rettung« der christlichen Welt.

[7] Unter dem Titel »Bischof Damian warnt die deutschen Christen vor einer Verfolgung im eigenen Land durch den Islam« findet man die Rede sowie weiteren Reden mit ähnlichen Inhalten.

[8] Vgl. dazu die Haltung des Gründers der islamischen *Wasat*-Partei, Madi, Abo al-'Illa: Die koptische Frage, die Scharia und die islamische Überwachung. Kairo 2007. S. 76 f.

Nur in diesem komplexen und dynamischen Prozess kann die Situation der Christen in Ägypten richtig eingeordnet werden. Irreführend ist die simple Erwartung einer linearen, positiven und schnellen postrevolutionären Entwicklung in Bezug auf Frauen- und Minderheitenrechte, Demokratieverständnis und soziale Gerechtigkeit. Bei den Minoritätenrechten führen partikularistische Lösungsansätze, wie Schutz aus dem Ausland, Auswanderung, Identitätsdiskurse und Separationsversuche eher zu mehr Isolation und Selbstausschluss aus dem politischen Leben als zu mehr Partizipation. Begreift sich jeder als aktiver Teil des schwierigen Transformationsprozesses zur Verwirklichung der Forderungen der Revolution (»Brot, Freiheit, soziale Gerechtigkeit und Würde«), so können diese gesellschaftlichen Veränderungen beschleunigt werden.

Fragen der Geschlechterdemokratie, Minderheitenrechte und religiöse Freiheit können erst beantwortet werden, wenn Bürgerrechte etabliert werden.

Bleibt man auf der staatlichen, der institutionellen Ebene und betrachtet die Wahlergebnisse bzw. die Zusammensetzung des neuen Parlaments, so gelangt man zu einem negativen Urteil über die Auswirkungen der Revolution: Denn diese demokratisch gewählte Volksvertretung besteht aus einer Dreiviertelmehrheit islamistischer Parteien. Gewählt wurde eine verschwindend geringe Anzahl von Frauen (1,6 Prozent), Kopten (etwa 1 Prozent), die vermutlich 10 bis 15 Prozent der Gesellschaft ausmachen, und jungen Menschen, die die Mehrheit der Gesellschaft bilden. Als erste Volksvertretung und als eine unmittelbare Wahl nach einer Revolution, von der man dachte, dass sie nicht von religiösen Ideologien, sondern von Freiheit, sozialer Gerechtigkeit, Demokratie und Menschenwürde handele, ist dieses Ergebnis widersprüchlich. War die Angst vor einer islamistischen Herrschaft im Falle des Sturzes des alten Regimes doch real? War die schweigende Mehrheit, die nicht gewählt hat oder undemokratische Kräfte gewählt hat, so groß?

Wenn man die Transformation als einen historisch-dynamischen Prozess betrachtet, der auch Verschiebungen, Brüche und Rückschläge zulässt und nicht linear verläuft, dann kann man auch diese aktuelle Phase begreifen. Dazu gehört auch die Einsicht, dass die islamistisch orientierten politischen Kräfte mit all ihrer Vielfalt und ihren Differenzen den einzig organisierten, gut finanzierten und über Jahrzehnte erfahrenen Politikzweig darstellen und den bedeutendsten Teil der Opposition des Mubarak-Regimes ausmachten. So wird verständlicher, warum sie jetzt ins Machtzentrum rücken und nicht etwa die jungen unerfahrenen Parteien, die man vereinfachend als den revolutionären Block bezeichnet. Durch die Wahl wurde die größte, einst oppositionelle politische Kraft legitimiert und tritt somit als Hauptgewinner nach dem Sturz des Regimes hervor. Das ist eine Folge der Demokratiebewegung, die von den Islamisten keineswegs initiiert worden war. In diesem komplexen Zusammenhang liegt die Paradoxie der Situation. Der erste Motor der Revolution war eine liberale, gebildete Minderheit aus der durch das Mubarak-Regime blockierten Mittelschicht, einige Arbeiterbewegungen sowie soziale und politische Protestbewegungen. Weitere Teile der Bevölkerung wie die Bewohner der »armen« Viertel, Straßenkinder und Jugend sowie die Ultras (organisierte Fußballfans, die Straßenschlachten und Konfrontationen mit der Polizei gewohnt waren) wurden auf einem anderen Niveau punktuell politisiert und haben zum schnellen Fall des Regimes mit seinem brutalen Sicherheitsapparat beigetragen. Nach dem Zusammenbruch stellte das Militär die einzige organisierte politische und physische Macht im Land. Es war jedoch auch Teil des alten Regimes und regierte de facto Ägypten seit dem Putsch von 1952 mit. Das politische Machtvakuum nach dem Zusammenbruch des Staats wurde nicht durch revolutionäre Kräfte gefüllt, sondern durch die Generäle des Militärs.

Der Oberste Rat der Streitkräfte *(SCAF)* behauptet in seiner offiziellen Rede, die Revolution zu schützen, versucht aber faktisch während der sogenannten Übergangszeit das alte Regime wiederherzustellen und sich im Hintergrund als eine über dem Staat stehende Machtinstanz darzustellen. Gegen den *SCAF* leisten heute die revolutionären Kräfte, die gestern Mubarak stürzten, heftigen Widerstand. Männer und Militärs prägen die politische Landschaft. Weder Frauen noch junge Menschen oder Nichtmuslime sind ausreichend präsentiert. Als Folge dieser Machtkonstellation und der mangelhaften politischen Repräsentation dieser Gruppen ist eine Benachteiligung nicht verwunderlich. Doch es ist abzusehen, dass sie für ihre Rechte kämpfen und ins politische Machtzentrum rücken wollen. Junge, progressive Parteien werden vielleicht deshalb in Zukunft mehr Chancen haben. Am Ende wird es wieder um »Brot, Freiheit und soziale Gerechtigkeit und Würde« gehen. Wenn diese Forderungen durch die Machtkonstellation zwischen dem Militär und den islamistischen Parteien nicht erfüllt werden, werden neue politischen Kämpfe auf unterschiedlichen Ebenen entstehen.

Die Wahlerfolge islamischer Parteien haben ihren Grund darin, dass die revolutionären Blöcke bzw. die junge Demokratiebewegung Ägyptens zwar auf der zivilgesellschaftlichen Ebene gut organisiert und in den Medien präsent, in der politischen Landschaft aber bei weitem noch nicht etabliert ist. Dazu gehören auch emanzipierte Kopten, die Teil der Revolution waren und nun Teil der Widerstandsbewegung gegen das Militär sind. Islamistische Parteien blicken auf eine lange Tradition karitativer und gesellschaftlicher Arbeit, die der Staat nicht übernahm. Sie unterhalten Schulen und Krankenhäuser und helfen armen Familien. Diese Nähe zu den Menschen, vor allem in ländlichen Regionen, verhalf ihnen zu diesem Sieg. Außerdem verfügen diese Parteien über immense Finanzierungsmöglichkeiten durch die

Gebet auf dem Tahrir-Platz

Golfländer. Mit dieser wirtschaftlichen Macht konnten sie ihren Wahlkampf bezahlen. Registriert wurden von den jungen Revolutionären und Wahlbeobachtern im Zusammenhang mit der Wahl Bestechungen, Unregelmäßigkeiten, Fälschungen und Missbrauch religiöser Gefühle nicht alphabetisierter Bürger, die über vierzig Prozent der Bevölkerung ausmachen. Dennoch scheinen die Wahlergebnisse im Großen und Ganzen dem politischen Willen der Wähler zu entsprechen. Der Wahlerfolg ist die Umsetzung der politischen Realität einer seit Jahrzehnten islamisierten, aber auch sehr verarmten »Straße«, begünstigt durch die Allianz mit der militärischen Macht sowie die finanzielle Unterstützung aus reichen Öllländern, die nicht gerade an demokratischer Veränderung in der Region interessiert sind.

Wie kommt es aber, dass die größte christliche Minderheit im Nahen Osten, die etwa 10 bis 15 Prozent der ägyptischen Bevölkerung ausmacht, nur mit einem Prozent im post-revolutionären Parlament vertreten ist? Wann und wie begann ihre gesellschaftliche Marginalisierung und ihr Ausschluss aus dem politischen Leben?

3. Gesellschaftspolitische Marginalisierung der Kopten

The strength of the secular Coptic elite was weakened both by Gamal Abdul Nasser's nationalization policies and by pope Shenouda's control of the church.[9]

In der ägyptischen Unabhängigkeitsbewegung von 1919 – bekannt als die »Revolution 1919« – partizipierten zum ersten Mal in der modernen Geschichte Ägyptens Frauen und Kopten in großer Zahl. Öffentliche politische Reden für ein freies Ägypten wurden damals sowohl von Frauen als auch von koptischen Priestern in Moscheen und muslimischen Imamen in Kirchen gehalten. Die Fahne der nationalen Einheit mit Kreuz und Halbmond wurde damals bei Demonstrationen geschwenkt.[10] Diese Bilder wurden 2011 wieder ins Gedächtnis gerufen, als Muslime Christen bei Sonntagsgottesdiensten auf dem Tahrir-Platz und umgekehrt Christen Muslime beim Freitagsgebet schützten. Die erste ägyptische Verfassung von 1923 als Folge der Aufstände von 1919 garantierte die politischen Rechte von Frauen und Kopten. Der gemeinsame patriotische antikoloniale Kampf und die neue Verfassung verhalfen den Kopten zu einer höheren Präsenz im politischen Leben. Viele von ihnen bekleideten staatliche Ämter als Minister, Ministerpräsidenten und Parlamentspräsidenten und waren vor allem in der liberalen *Wafd*-Partei sehr aktiv.[11] Mit dem Aufstieg der Muslimbrüder-Bewegung[12] in den 1940er Jahren und spätestens nach dem militärischen Putsch von Nasser 1952 wurde dieser pluralistischen Tradition ein endgültiges Ende gesetzt.[13]

Es war die monolitische Zeit: ein politischer Führer, ein Projekt, eine Partei, ein Traum.

Kopten verloren somit sowohl ihre politische Präsenz als auch ihre führende Rolle in der freien Wirtschaft, die im Zuge der panarabischen sozialistischen Ideologie Nassers verstaatlicht wurde. Kein einziges Mitglied der freien Offiziere war ein Kopte. Einflussreiche Geschäftsleute, Großgrundbesitzer und öffentliche Persönlichkeiten bildeten in der ersten Hälfte des zwanzigsten Jahrhunderts eine säkulare Vertretung der koptischen Gemeinschaft in der Öffentlichkeit bzw. dem Staat gegenüber. Diese säkulare Elite ging nach dem Umbruch der 1950er Jahre ins Ausland oder zog sich aus dem öffentlichen Leben zurück. Infolgedessen wurde die pluralistische säkulare Repräsentation durch die Institution der Kirche – bis dahin war sie von der wirtschaftlichen Elite der Kopten abhängig – mit ihrer hierarchischen Füh-

[9] Scott, Rachel M. : The Challenge of Political Islam. Stanford CA 2010. S. 169.

[10] Ausführlich zur Partizipation der Frauen und der Kopten bei der Revolution von 1919 vgl. Hanna, Milad: Ja, Kopten, aber Ägypter. Kairo 1980. S. 76-81.

[11] Ebd. S. 81-84.

[12] Zur allgemeinen Haltung der Muslimbrüderschaft vgl. Madi: Die koptische Frage, die Scharia und die islamische Überwachung. S. 64-67.

[13] Sinno, Abdel-Raouf: »Christliche Existenz im arabischen Mashriq.« In: al-Liwa', Beirut, 02.05.2011.

rung (Patriarch, Bischöfe, Klerus) ersetzt. Der Rückzug der Kopten aus der Öffentlichkeit, ihre Benachteiligung sowie die Zunahme kirchlichen Einflusses gingen mit dieser Entwicklung einher. In der Nasser-Zeit war man allerdings durch das große panarabische sozialistische Projekt abgelenkt. Es war die monolitische Zeit: ein politischer Führer, ein Projekt, eine Partei, ein Traum und auch ein einziger Vertreter der Kopten, ein Oberhaupt. Die koptischen Patriarchen bzw. die Kirchenführung waren allerdings bis dahin politisch nicht interessiert.[14]

Wenige Monate nach dem Tod von Nasser (1918-1970) starb auch der koptische Patriarch Kyrillos VI. (1902-1971). Nassers Nachfolger Anwar al-Sadat schaffte dem politischen Islam mehr Raum und verstand sich als »muslimischer Präsident eines muslimischen Staats«. Damit instrumentalisierte er die Islamisten, um die linke Opposition zu schwächen.[15] Auf der anderen Seite begann mit der neuen Kirchenführung durch den Patriarchen Shenouda III. seit dem 14.11.1971 für die koptische Kirche auch eine neue Epoche. Im Gegensatz zu seinem Vorgänger war Shenouda bereits vorher politisiert. Er war Reserveoffizier und hatte vor allem ein kulturpolitisches Projekt, dessen Ziel es war, eine koptische Identität durch kirchliche Erziehung aufzubauen. Bereits vor seinem Amtsantritt war er für die kirchlichen Sonntagsschulen verantwortlich und neigte dazu, eine dominante Führerfigur abzugeben.[16] Sadats Politik dem politischen Islam gegenüber und das Aufkommen des vom saudischen *Wahabismus*[17] inspirierten und von Öldollars finanzierten Islamismus begünstigte das Projekt des neuen Patriarchen. Seine Expansionsstrategie finanzierten vor allem Spenden aus den koptischen Gemeinden im Westen, zu denen er besonders enge Kontakte pflegte.[18] Alles zusammen führte zu einer weiteren gesellschaftlichen Isolation der Kopten. Der Konflikt zwischen Sadat und Shenouda verschärfte sich mit islamistischen Übergriffen auf Kopten Ende der 1970er Jahre und endete mit der von Sadat veranlassten Verbannung des Patriarchen in ein ägyptisches Kloster im September 1981. Sadat wurde von militarisierten Islamisten am 06.10.1981 ermordet. Nachfolger im Präsidentenamt wurde sein Vizepräsident Hosni Mubarak.

---

[14] Vgl. dazu das Interview mit dem koptischen Intellektuellen Milad Hanna. In: Abdel Sami', Amr : Al-Nasara, die Christen, Diskussionen um die Zukunft. Kairo 1992. S. 77-90, hier 77 ff. und 83 ff. Vgl. auch das Interview mit Younanne Labib Rizq im selben Sammelband. S. 33-49.

[15] Vgl. Hanna, Milad: Ägypten für alle Ägypter. Kairo 1993. S. 53-71.

[16] Abdel Malak, Gamal Assad: Wer repräsentiert die Kopten? Der Staat oder der Papst? Kairo 1993. S. 89-96.

[17] Eine strenge salafitische Bewegung bzw. Auslegung des Islams innerhalb des sunnitischen Islams. Sie entstand im 18. Jahrhundert in Saudi-Arabien und ist dort bis heute einflussreich.

[18] Vgl. Ismail, Amro: »Der elende koptische rechte Diskurs«. In: al-Bosla, 12/2010. URL: http://elbosla.org/?p=1854 01.03.2012). S. 1 f.

Nach diesen dramatischen Ereignissen und mit der Zunahme islamistisch motivierter Übergriffe und Diskriminierungen der Kopten waren diese bis Anfang der 1980er Jahre einer massiven Marginalisierung ausgesetzt. Die Verbreitung islamistischer Ideologie führte zur Entstehung einer minderheiten- sowie frauenfeindlichen Atmosphäre. Mubarak instrumentalisierte die Kopten für die Legitimation des eigenen autoritären, antidemokratischen und auf einem permanenten Ausnahmezustand beruhenden Regimes, indem er Gewalt gegen sie regulierend unterstützte und keine ernsthafte antikonfessionalistische Politik betrieb. Die dominante Haltung des Präsidenten, die sowohl das Regime als auch die Kirche propagierte, war geprägt durch die Angst vor dem politischen Islam, der im Falle einer Demokratisierung ins Zentrum rücken würde. Die Folge war ein weiterer Ausschluss der Kopten aus dem politischen oppositionellen Leben sowie eine blinde Loyalität der Kirchenführung dem Regime gegenüber, welches im Gegenzug ihr als Institution – nicht den Kopten – Schutz und Legitimation garantierte. Die Kopten entschieden sich in Folge dieser Staatsstrategie und Kirchenpolitik für das repressive Regime, das seine Existenz durch Folter, Menschenrechtsverletzungen, politische Inhaftierungen, Wahlfälschungen und Korruption im großen Stil sicherte. Denn eine Demokratisierung hätte ja zur Herrschaft der Islamisten und somit zu mehr Diskriminierung führen können. Das pragmatische Kalkül der Kirche und die entsprechende Taktik des Mubarak-Regimes waren sowohl in der Gemeinschaft der Kopten als auch im Westen erfolgreich. Auch westlichen Staaten waren repressive Regimes, die westliche Interessen südlich des Mittelmeers schützten, sogenannte Flüchtlingsströme nach Norden vermieden, Ölquellen sicherten und für die Sicherheit Israels garantieren, lieber als eine Demokratisierung, die islamistische Regierungen nach dem iranischen bzw. talibanischen Vorbild hervorzubringen drohte. Insofern funktionierte diese Konstellation »erfolgreich« für alle Seiten: für das Regime, für die Kirche und für den Westen.

Mubarak schützte die Kopten vor den Islamisten – und erhielt dafür die uneingeschränkte Loyalität der Kirche.

Das ahnte man auch bereits vor etwa zwanzig Jahren:
»Es geht um das politische Kalkül des Regimes: Solange die Drohung des Fundamentalismus andauert, solange der Westen gezwungen wird, den ägyptischen Staat weiterhin zu finanzieren bzw. zu unterstützen, bleiben Machtwechsel und Pluralismus dementsprechend aus, damit das Regime seinen Kampf gegen den Fundamentalismus führt.«[19]

[19]Hanna: Interview 1992. S. 88 f.

Nicht nur das Regime legitimierte sich dadurch, sondern auch die Institution Kirche profitierte von dieser Politik. Als Antwort auf die fortschreitende Islamisierung der ägyptischen Öffentlichkeit wurden die Kopten im Interesse der Kirche aktiviert, aber gleichzeitig gesellschaftlich und kulturell isoliert. Aus Sicht der koptischen Kirche wird diese Entwicklung als Renaissance gefeiert. Gesellschaftlich gesehen handelt es sich aber vielmehr um das »Todesurteil« für den Zusammenhalt zwischen Muslimen und Christen in einer pluralistischen Gesellschaft.[20] Sport, Musik, Nachhilfeunterricht sowie karitative Arbeiten wurden nunmehr innerhalb der Kirche betrieben. Die Kopten versenkten sich im Kontext der von der Kirche propagierten und aufgelebten Märtyrertradition in die Opferrolle der ewig diskriminierten Christen. Mit zunehmender Tendenz wurde die koptische Identität betont und somit die Kopten kulturell und gesellschaftlich isoliert. Dies geschah zum Beispiel durch exotisch wirkende westliche Namen (Michael, Peter, John, Carol, Monika etc.) oder alte griechisch-koptische Vornamen. Einerseits beschweren sich koptische Menschenrechtler über die programmatische Diskriminierung durch die Pflichtangabe der Religionszugehörigkeit im Personalausweis und in offiziellen Dokumenten, andererseits wählt man fast ausschließlich Vornamen, die die christliche Identität hervorheben und die arabische Sprache und Kultur ausklammern.[21] Zwischen dem Druck einer zunehmend islamisierten Straße und dieser Kirchenpolitik wuchs das Gefühl der gesellschaftlichen Nichtzugehörigkeit der Kopten. Sie gingen ins innere oder ins westliche Exil.[22]

Die Macht der Kirche und die Kontrolle des Klerus auf die Kopten zeigte sich ebenso bei der Haltung der Kirche gegenüber dem zivilen Familiengesetz. In den 1970er Jahren erließ Patriarch Shenouda ein Kirchendekret, das die Scheidung fast unmöglich machte. Kopten könnten sich dann zwar in einem zivilen Gerichtsverfahren scheiden lassen, bekamen aber keine kirchliche Genehmigung zur Wiederverheiratung. 2006 kam es zu einem Urteil des obersten Verwaltungsgerichts, nach dem der Staat die Kirche auffordert, eine zweite Heirat zu erlauben, da die Verfassung den Bürgern das Recht auf Familiengründung garantiert. Shenouda lehnte es ab und es kam zu einer heftigen Krise zwischen Kirche und Staat. Aufgrund dieser Haltung der Kirche demonstrierten viele Kopten gegen den Staat, der sich in Lehre

[20] Vgl. Abdel Malak: Wer repräsentiert die Kopten? S. 78-112.

[21] Die Kirche selbst war gegen die Abschaffung der Pflichtangabe der religiösen Angehörigkeit, damit sie die Kontrolle bei Eheschließungen weiterhin behält und es nicht zur Heirat zwischen Christen und Moslems kommt. Dazu vgl. Scott: The Challenge of Political Islam. S. 175 f.

[22] In seinem Buch: Die Christen Gasse. Kairo 2010, versucht Shamei Assad die komplexen Gefühle der Kopten in dieser Atmosphäre zum Ausdruck zu bringen. Als Kopte berichtet er über Alltagssituationen und versucht mit großer Offenheit, Missverständnisse zu klären. Allerdings bleibt er in der engen defensiven Minderheitsperspektive gefangen.

und Glauben der Kopten einmischte. Am Ende konnte sich die Kirche gegen das staatliche säkulare und bürgerrechtliche Urteil durchsetzen und behielt weiterhin die Macht über ihre Angehörige, ehe das ägyptische Verfassungsgericht das erste Urteil in 2010 aufhob, um Konflikte zu vermeiden.[23]

Die Kirchenführung war in erster Linie regimetreu, weil sie von der beschriebenen Konstellation profitierte. Sie betonte eine patriotische Heimatliebe der Kopten, setzte diese allerdings politisch in Regimetreue um. Sie behauptete, sich nicht in die Politik einzumischen,[24] berief sich aber auf die Märtyrertradition und machte die Kopten zu politisch impotenten Bürgern, die sich als allzeit leidende, zu Opfern gemachte Christen verstanden. Bis heute predigt die koptische Kirche diese für die Bildung einer politisch engagierten Bürgergesellschaft passive, wenn nicht destruktive Doktrin eines leidvollen Lebens nach Vorbild des leidenden Jesus. Außerdem versuchte die Kirche, Geschichtsbilder zu verbreiten, die ein ursprüngliches christliches Ägypten propagieren, welches von arabischen Stämmen islamisiert wurde.[25] Damit trug die Kirchenführung zur Polarisierung der ägyptischen Gesellschaft und zur steigernden Isolierung der Kopten entscheidend bei. Zu dieser Strategie gehören auch die Reden des koptischen Bischofs Damian in Deutschland sowie von Bischof Anba Bishoy, der der zweite Mann in der koptischen Kathedrale in Kairo ist und dessen Aussagen 2010 große Diskussionen in Ägypten auslösten. Er behauptete, die Kopten seien die eigentlichen Urheber Ägyptens, Muslime seien eigentlich nur Gäste im Lande und stellte die »Echtheit« koranischer Inhalte in Frage.[26] Beide Kirchenmänner vertreten diesen rechten, islamfeindlichen Identitätsdiskurs. Der prominenteste Vertreter dieses Diskurses ist vielleicht der im Ausland lebende koptische Priester Zakrya Botrous, der durch einen Fernsehsender geradezu mittelalterliche, missionarische Hetzkampagnen gegen den Islam als Urübel aller Gesellschaften und als unwahre Religion propagiert. Seine Reden korrespondieren mit

---

[23] Vgl. dazu Scott: The Challenge of Political Islam. S. 171 ff.

[24] Zu der politischen Einmischung der Kirche und ihrer Machtausübung vgl. Habib, Samuel: Interview. In: Abdel Sami', Amro: Die Kopten und die schwierige Zahl. Kairo 2001. S. 181-196, hier 186-190, und al-Kharat, Edward: Interview. In: Abdel Sami', Amro: Die Kopten und die schwierige Zahl. S. 197-209.

[25] Durch die Kirchenerziehung wurde ein kollektives Gedächtnis aufgebaut, das eine auf das Koptisch-Sein reduzierte Identität stiftet. Nach dieser dominanten Erinnerungspolitik der Kirche sei die Religion des vorislamischen Ägyptens christlich, Sprache und Kultur koptisch, Ethnie oder »Rasse« altägyptisch, bis die arabisch-islamischen Heere 641 alles vandalisiert hatten. Nach dieser Konstruktion seien die heutigen Kopten die »echten« Ägypter. Dabei war die Zeit, in der Staat und Einwohner koptisch-orthodox waren, ziemlich kurz: weniger als 140 Jahre liegen zwischen dem Mailänder Edikt 313 und dem Konzil von Chalcedon 451. Zu der Problematik von koptischer Geschichtsauffassung, kollektivem Gedächtnis und Identität vergleiche die Artikelreihe des Autors dieses Beitrags, veröffentlicht in drei Teilen. In: al-Hayat Tagszeitung, London, 11.12.2005/01.01.2006/12.02.2006.

[26] Vgl. Ismail: Der elende koptische rechte Diskurs. S. 1.

den islamistischen Hetzkampagnen gegen Christen und sind innerhalb koptischer Kreise sehr populär.[27]

4. Zwischen Tahrir und Maspero

Die »heimliche Allianz« zwischen Kirche und Staat in der Ära Mubaraks zeigte sich vor allem auch zum Zeitpunkt des Ausbruchs der großen Proteste im Januar 2011. Die Kirche änderte ihren Kurs nicht, unterstützte Mubarak explizit und rief die Kopten auf, nicht an den Demonstrationen teilzunehmen. Diese Haltung war bei islamisch orientierten politischen Kräften wie der Muslimbruderschaft oder Einrichtungen wie *al-Azhar* nicht sehr unterschiedlich. Nach der *wahabitischen* Auslegung der *Salafiyyah*-Bewegung sei es im Islam verboten, gegen einen muslimischen Herrscher Widerstand zu leisten. In den letzten Jahren entstand eine junge Generation von progressiven Kopten, die sich gegen den Willen der Kirche politisch positionierten und für ihre Rechte auf die Straße gingen. Vor allem bei den großen Demonstrationen während der 18 Tage auf dem Tahrir-Platz waren die Kopten sehr präsent, ohne dabei religiöse Symbole mitzuführen oder auch nur konfessionelle Forderungen zu erheben. Vielmehr haben sie Seite an Seite neben Muslimen für einen egalitären zivilen Rechtsstaat gekämpft.

Kurze Zeit nach dem Sturz von Mubarak, nach der Freilassung und der Rückkehr von zahlreichen radikalen Islamisten aus dem Ausland und nach dem Zusammenbruch des brutalen Sicherheitsapparates kam es jedoch wiederholt zu islamistisch motivierten Gewalttaten gegen Christen – manche Kritiker betrachten dies als Teil einer Art »Konterrevolution«. Dies verursachte als Gegenreaktion wiederum große Demonstrationen von Kopten vor dem Fernsehgebäude auf der Nilpromenade, auch »Maspero« bekannt. Während dieser Demonstrationen kam es dann auch zu einer verstärkten Nutzung christlicher Motive und insbesondere wieder zu reduktionistischen konfessionellen Forderungen, die exzessiv die koptische Opferrolle betonten, anstatt grundlegende Bürgerrechte einzufordern. Die symbolische Verschiebung vom Tahrir-Platz zum Maspero-Distrikt gibt genau die Ambivalenz der Kopten zwischen dem links-universalistischen und rechts-partikularistischen Diskurs wieder. Das Bild von koptischen Demonstranten aus dem Stadtteil Shoubra mit mehrheitlich christlicher Bevölkerung, die mit Kreuzen und christlichen Bildern nach Maspero marschieren, ersetzte das zur Ikone gewordene Bild von koptischen Priestern, die Hand in Hand mit muslimischen Imamen auf dem Tahrir-Platz stehen, welches wiederum an die Bewegung von 1919 erinnert.

[27] Vgl. dazu: al-Ba'ly, Mohamad: »Grenzen der religiösen Diskussionen im konfessionalistischen Ägypten.« In: Al-Bosla, Kairo, 6.11.2010. URL: http://elbosla.org/?p=1743 (01.03.2012).

Christliche und islamische Symbole

Nach einer Zeit der Ruhe nach dem Sturz von Mubarak begann eine Reihe von Übergriffen auf christliche Einrichtungen, mehrere Kirchen wurden niedergebrannt. Die genaue Rolle bzw. die Verantwortung des Militärrats ist unklar. Fakt ist aber, dass der Staat unter der *SCAF*-Führung, die als eine Fortsetzung des Mubarak-Regimes zu begreifen ist, scheiterte, seine Bürger zu schützen. Aus diesem Grund demonstrierten koptische Demonstranten immer wieder vor dem Fernsehgebäude in Maspero. Diese Proteste erreichten ihren dramatischen Höhepunkt am 11.10.2011, nachdem eine fanatische Gruppe eine Kirche in Asswan niederbrannte, ohne dass lokale Sicherheitskräfte sie wirksam daran hinderten. Die Armee ging gegen Demonstranten in Maspero brutal vor. Gepanzerte Militärfahrzeuge fuhren in die Masse und überrollten koptische Demonstranten.[28] Das Ergebnis waren 28 Tote, darunter 26 Kopten und etwa 321 Verletzte. Viele Hinweise deuten darauf hin, dass die Militärführung nicht nur für das Massaker verantwortlich war, sondern auch durch staatliche Medien versuchte, die muslimische Bevölkerung gegen die koptischen Demonstranten aufzuhetzen. Einer der Ermordeten in Maspero ist Mina Danial, ein junger Aktivist, der in den revolutionären Kreisen von Tahrir bekannt war. Mina wurde zu einer Ikone des Widerstands gegen *SCAF*, ähnlich wie Khalid Said, der als

[28] Bericht der Untersuchungskommission des ägyptischen Nationalrats für Menschenrechte. In: al-Shorouk Tagszeitung Kairo, 02.11.2011.

Ikone gegen das Mubarak-Regime in die Revolutionsgeschichte einging. Er starb am 06.06.2010 im Gefängnis von Alexandria nach einer Verhaftung durch die Polizei. Eine *Facebook*-Seite zu seinem Gedenken katalysierte die Revolution.

»Das ist ein Kriegsverbrechen [...] verantwortlich ist der Feldmarschall Tantawi und die Gruppe des Obermilitärrats, ein Verbrechen gegen die Menschheit. Die Verantwortlichen müssen vor Gericht kommen und die Befehlsgeber müssen gerichtet werden [...] das ist doch eine Vorbereitung für einen Bürgerkrieg.«[29]

Mit dieser hohen Opferzahl war Maspero seit dem Sturz Mubaraks die bis dahin gewaltsamste Auseinandersetzung zwischen Demonstranten und Staatsmacht, zugleich das größte Attentat auf Christen seit dem blutigem Silvesterabend am 01.01.2011, bei dem etwa 21 Kopten durch die Explosion einer Autobombe bei einer Kirche in Alexandria umkamen. Im Falle des Attentats vom Januar 2011 gab es Hinweise auf die Verwicklung des Mubarak-Regimes. Im Fall Maspero ist es eindeutig, dass das Militär direkt verantwortlich war. In beiden Fällen, so scheint es, versuchte die politische Führung einen interreligiösen Konflikt zu schüren, um den Notzustand zu rechtfertigen und ihre illegale Herrschaft zu legitimieren. Vor dem Hintergrund des Attentats in Alexandria kam es zu vielen Protestdemonstrationen von Kopten und Muslimen kurz vor der Revolution im Januar 2011. Am koptischen Weihnachtsabend am 6. Januar bildeten Muslime in einem symbolischen Akt Menschenketten um Kirchen. Nach Maspero kam es auch zu gemeinsamen Demonstrationen, bei denen Parolen gegen das Militär skandiert wurden und die Toten als Märtyrer der Revolution geehrt wurden. Die koptischen Proteste nach Maspero scheinen säkularer geworden zu sein, mit weniger religiösen und mehr nationalen Symbolen und zivilen Forderungen.

In seinem Buch »Pfade der Revolution« erklärt der ägyptische Historiker Sherif Younis die Ereignisse von Maspero im Kontext des Kampfes zwischen dem »Sicherheitsstaat und dem Projekt eines demokratischen Staates«. Die seit sechzig Jahren herrschende Ideologie des Sicherheitsstaats, verkörpert in der Führung des Militärs, zielt auf die Schaffung eines Zustands der Unsicherheit, damit sich die Sicherheitskräfte als Garant der Stabilität in der Bevölkerung profilieren können.[30] In erster Linie ist das Militär für das Verbrechen von Maspero verantwortlich, hinzu kommt aber sicherlich die allgemeine Spannung zwischen Christen und Muslimen in Ägypten, die vom Mubarak-Regime gestärkt, durch die *wahabitische* Ideologie genährt

---

[29] So beschrieb Emad Gad, Politikwissenschaftler und Journalist, die Ereignisse in einem telefonischen Interview mit dem Nachrichtensender al-Nil. Zitiert nach al-Safir. Beirut 10.10.2011.

[30] Younis: Pfade der Revolution. S. 189-196.

wurde, aber auf koptischer Seite durch den rechten identitären Diskurs um Opfer und Märtyrer und durch die Kirchenpolitik Unterstützung fand. Neben der üblichen Auseinandersetzung zwischen Protestlern und Sicherheitskräften entsteht hier eine zusätzliche Dimension konfessioneller Gewalt. Fanatische Amtsträger, die immer für Übergriffe auf Christen mitverantwortlich sind, haben in Alexandria, Omraniyyah, Imbabah, Asswan und Maspero ihren Beitrag geleistet. Die Kirche als Institution, deren Ideologie zur Isolierung und Radikalisierung der Kopten führte, trägt eine Mitverantwortung für Maspero. Manche koptische Demonstranten in Maspero hatten den Slogan »Wir sind Märtyrer auf Bestellung« skandiert.

5. Ausblick

Die Kopten verhalten sich ambivalent zwischen Maspero und Tahrir. Einerseits zeigen sie sich als Nachkommen der Märtyrer und Träger ihrer Kreuze, andererseits gehören sie zu den Kämpfern für Gleichberechtigung, Bürgerrechte und einen modernen zivilen Staat. Gleichwohl: Der Midan al-Tahrir, Platz der Befreiung, könnte für sie auch eine Befreiung von den konfessionellen Mauern der Kirche sein. Auf dem Tahrir-Platz ist mehr Platz als in Maspero: Platz für alle, auch für die Frauen, die Nubier, Beduinen, Jugend, Straßenkinder und die Bewohner der »informellen« Viertel. Alle, die sonst marginalisiert sind und die sich aus ihren eigenen Identitätskäfigen zu befreien versuchen, finden Platz auf dem Tahrir. Ebenfalls direkt am Tahrir befindet sich die Hauptkirche der evangelischen Gemeinde Ägyptens, die Kirche von Qasr ad-Dobarah. Sie wurde zwischenzeitlich zu einer Straßen-Klinik für die Verletzten der Proteste Ende 2011 umfunktioniert. Als die Klinik in der Moschee von Omar Makram geschlossen wurde, sind die muslimischen Ärzte in die Kirche eingezogen und haben dort zusammen mit den christlichen Kollegen tagelang gearbeitet. Die orthodoxe Kathedrale der Kopten liegt hingegen nicht am Tahrir, sondern auf dem Abasiyya-Platz, wo die Pro-Mubarak-Demonstrationen stattfinden, nicht weit entfernt vom Verteidigungsministerium.

Diese Raumsymbolik ist sicherlich ein Zufall, aber das Verhalten der evangelischen Kirche am Tahrir im Vergleich zur orthodoxen Kirche an Abasiyyah passt zu dieser Topographie. Während die evangelische Kirche am Tahrir auf ihrer Weihnachtsfeier symbolische Figuren der Revolution in ihre ersten Reihen aufnahm und Lieder für Ägypten sang, blieb die Märtyrer-Kirche am Abasiyya-Platz bei ihren alten Liedern und hieß die für den Massenmord in Maspero verantwortlichen Generäle willkommen. Als der koptische Papst Shenouda deren Anwesenheit würdigte, erhoben sich allerdings junge Stimmen der hinteren Reihen der Kathedrale und riefen laut: »Nieder mit der Herrschaft des Militärs!« Diese jungen koptischen Aktivisten brachten ohne Zweifel den Papst und die Institution der Kirche in eine peinliche

Situation. Es waren die Stimmen vom Tahrir gegen das Militär, aber auch gegen die erstarrte Tradition der Kirche, die immer noch und um jeden Preis den Schutz und die Allianz mit den Mächtigen zu ihren Gunsten sucht. Anfang des Jahres 2012 rief die revolutionäre Widerstandsbewegung für den 11. Februar zu einem flächendeckenden Tag des zivilen Ungehorsams auf – genau ein Jahr nach dem Sturz des Regimes, weil die Forderungen der Revolution seitens des Militärs noch nicht umgesetzt wurden. Als die Gläubigen während des wöchentlichen Abendvortrags in der koptischen Kathedrale das Oberhaupt der Kirche nach seiner Meinung dazu fragten, erwiderte der Patriarch:

»Ziviler Ungehorsam wird weder von der Religion noch vom Staat akzeptiert. Die Bibelstellen, welche die Gehorsamkeit dem Herrscher gegenüber vorschreiben, sind zahlreich. Ich glaube nicht, dass so ziviler Gehorsam in Ägypten Erfolg hat [...] Gott hüte uns und unser Land vor solchen Dingen.«[31]

Diese eine Stimme des alten Kirchenoberhauptes, das die Kopten seit dreißig Jahren repräsentiert und ihnen alles vorschreibt, wird auch in der jüngeren Generation nicht mehr akzeptiert. Zu den kritischen Stimmen gehören einige christliche progressive Bewegungen, die außerhalb der Kirche Proteste und zivilgesellschaftliche Aktivitäten organisieren.[32] Eine ähnliche Spaltung passierte auch bei der Muslimbruderschaft, als junge progressivere Muslimbrüder gegen den Willen der Führung im Januar 2011 auf den Tahrir-Platz demonstrierten. Die Hoffnung auf ein neues besseres Ägypten liegt in den beiden jungen Bewegungen, in der großen Protestbewegung von Tahrir und in der nach der Revolution gewachsenen Zivilgesellschaft für Freiheit, demokratische Transformation, soziale Gerechtigkeit, Geschlechterdemokratie und Würde für alle Bürger liegt. Die Lösung der Minderheitenprobleme ist in einem größeren menschen- bzw. bürgerrechtlichen Zusammenhang zu suchen. In einem Rechtsstaat ziviler Natur soll eine moderne Verfassung Bürgerrechte, Freiheit und Gerechtigkeit für alle Bürger garantieren. Dementsprechend sollen alle Formen der Diskriminierung gesellschaftlich geächtet und strafrechtlich verfolgt werden.[33] Wer für diese Sache kämpft, baut ein neues Haus mit viel Raum und Sicherheit für alle. Wer nur für die eigene Sache kämpft, versucht vergeblich seinen eigenen engen Raum in einem von Zerfall bedrohten Haus zu sichern. Nur aus dem Tahrir-Geist,

Eine starke zivilgesellschaftliche Bewegung kann die Prozesse der demokratischen Transformation beschleunigen.

[31] Wörtlich zitiert nach einer Tonaufnahme in *Youtube* unter »Papst Shenouda zur zivilen Ungehorsamkeit.« Vgl. die Zitate des Patriarchen unter: »Papst Shenouda: Ziviler Ungehorsam«. In: Al-masry al-Youm Tageszeitung, Kairo, 09.02.2012. URL: http://www.almasryalyoum.com/node/646766 (02.03.2012).

[32] Z. B.: »Junge Koalition Maspero«, »Wir sind alle Mina Danial«.

[33] Vgl. Rabbat, Nasser: »Die arabischen Christen, Bürger statt Schutzbefohlene.« In: Jadaliyya, 13.10.2011. URL: http://www.jadaliyya.com/pages/index/2867 (01.03.2012).

dem emanzipatorischen Moment, dem Zusammenhalt für eine große Sache kann ein Bewusstsein jenseits der vorbelasteten exklusiven reduktionistischen Identitäten entstehen. Eine starke zivilgesellschaftliche Bewegung, in deren Mitte Frauen, Kopten, Jugend sowie weitere marginalisierte Gruppen stehen, kann die Prozesse der demokratischen Transformation beschleunigen.

Für die Kopten besteht kein anderer Weg zur Erlangung ihrer Rechte als die zivile Emanzipation sowie der Kampf gegen Diskriminierung und für die Befreiung, auch von den eigenen Identitätsmauern, die die Kirche zu ihrem Eigennutz gebaut hat. Der einzige Ort der Befreiung ist der Tahrir-Platz, der Platz der Befreiung. Weder der Märtyrer-Weg nach Maspero noch die Lobbyarbeit der koptischen Diaspora werden die Diskriminierung der Kopten beenden. Im Gegenteil: Die nicht gerade friedensstiftenden Reden der Bischöfe sind für die Gleichberechtigung der Kopten nicht förderlich und scheinen auch in Deutschland politisch instrumentalisiert zu werden. Die Reaktionen des deutschen Außenministers auf Maspero und sein Plädoyer für die »christlichen Schwestern und Brüder« – nicht viel anders als das von US-Politikern – verursachen mehr Schaden für das Bestreben nach Gleichberechtigung der Kopten und bestätigen meistens die fragwürdige Konstruktion einer gegen die »Gefahr des Islams« verbündeten christlichen Welt.[34] Die Bemühungen der koptischen Diaspora für den Schutz der Kopten in Ägypten ist problematisch. Die Kopten sollen ihre Unterstützung im Inneren des Landes suchen, ihre Gesprächspartner sind die Partner in der Heimat, nicht im Westen.[35]

Die Lage der nahöstlichen Christen, die tendenziell in höheren Zahlen auswandern, ist äußerst kritisch. Aber jede Form der westlichen Einmischung stellt einen negativen Beitrag zur Bildung einer zusammenhaltenden Bürgergesellschaft dar. In Ägypten gibt es zahlreiche benachteiligte Gruppen: Kopten, Nubier, Beduinen, Frauen sowie weitere religiöse oder ethnische Minderheiten. Für einen Rechtsstaat mit vollständigen Bürgerrechten für alle Ägypter kämpfen viele Intellektuelle, zivilgesellschaftliche Institutionen, aber auch liberale Parteien und Politiker. Diese lokalen Kräfte müssen gestärkt werden und nicht die Institution der koptischen Kirche, die die koptische Gemeinschaft gestern vor dem Regime von Mubarak vertrat und heute vor dem Militärrat vertritt. Den progressiven bürgerrechtlichen Argumenten sollte anstelle rassistischer islamfeindlicher Argumente der Vorzug gegeben werden. Der »Tahrir-Spirit« muss am Leben gehalten werden, nicht die konfessionelle Märtyrer-Haltung.

---

[34] Zur Rolle der koptischen Diaspora in den USA vgl. Makari, Peter E.: Conflict & Cooperation, Christian Muslim Relations in Contemporary Egypt. Syracuse 2007. S. 169-186.

[35] Soltan, Mahmoud: Die Kopten und die Politik, Gedanken über die Isolationszeit. Kairo 2008. S. 78.

Die Ruhe nach dem Sturm in Tunesien

Hintergründe und Einschätzungen zur An-Nahdha-Partei

VON KARIMA EL OUAZGHARI

1. Die doppelte Überraschung Tunesien: Revolution und Wahlsieg der *An-Nahdha*-Bewegung

Tunesien zählt bei weitem nicht zu denjenigen arabischen Ländern, die in der Vergangenheit häufig für internationale Schlagzeilen gesorgt haben. Die islamistische *An-Nahdha*-Bewegung, die nun als Wahlsieger aus den ersten Wahlen des Arabischen Frühlings hervorgegangen ist, kannte außerhalb Tunesiens kaum jemand. Auch aufgrund des mangelnden öffentlichen Interesses an dem kleinsten Land Nordafrikas haben die Entwicklungen in Tunesien in zweifacher Hinsicht viele Beobachter überrascht: Die erste Überraschung betrifft die Tatsache, dass ausgerechnet in Tunesien derart historische Entwicklungen in der arabischen Region beginnen konnten. Als ein sehr kleines Land mit einer ethnisch und religiös überaus homogenen Bevölkerung (98 Prozent der Tunesier sind sunnitische Araber) galt Tunesien im regionalen Vergleich als ein sehr stabiles Land. Die Gründe für das Aufkommen der Unruhen, die letztendlich zum Sturz des langjährigen Diktators Zine el-Abidine Ben Ali (Präsident Tunesiens von 1987 bis 2011) führten, sind sehr vielfältig und umfassen insbesondere sozioökonomische und politische Faktoren (unter anderem hohe Arbeitslosigkeit unter jungen Akademikern sowie der hohe Repressionsgrad); doch sie sollen nicht Fokus dieses Beitrages sein. Vielmehr beschäftigt sich dieser Aufsatz mit der zweiten Überraschung, die der »tunesische Frühling« zu bieten hatte, namentlich dem Wahlsieg der *An-Nahdha*-Bewegung. Sowohl unter Akademikern als auch unter Politikern schien es bis vor kurzem zu einer unumstößlichen Wahrheit geworden zu sein, dass die *An-Nahdha* Bewegung durch jahrzehntelange Repression zerschlagen wurde und für Tunesien keine relevante Rolle mehr spielen wird. »In Tunesien sind Islamisten von der öffentlichen Bildfläche komplett verschwunden,« schrieb noch 2006 die Politikwissenschaftlerin Dr. Isabel Werenfels von der Stiftung Wissenschaft und Politik in Ber-

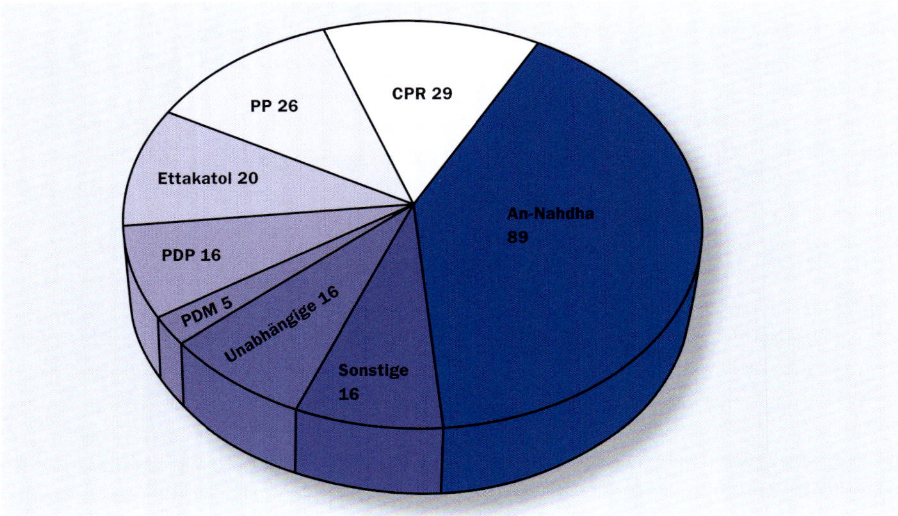

Abbildung 1: Sitzverteilung der verfassungsgebenden Versammlung nach den Wahlen vom 23. Oktober 2011, die Wahlbeteiligung lag bei 51,7%
(Eigene Zusammenstellung)

lin.[1] Auch noch in den Anfängen der Proteste Ende 2010 und Anfang 2011 war die Bewegung kaum präsent. Mit der Rückkehr ihres bekanntesten Gründungsmitgliedes Rashed Ghannouchi aus seinem Londoner Exil schien sich diese Wahrnehmung allmählich zu ändern. Die einst für tot erklärte Organisation erlebte eine überraschende »Auferstehung«. In den Monaten vor der verfassungsgebenden Versammlung am 23. Oktober 2011 kündigte sich zunehmend ihr Wahlsieg an. Diese Umfragewerte bestätigten sich schließlich in den Wahlergebnissen, aus denen die *An-Nahdha* als stärkste Partei hervorging und 89 von insgesamt 217 Sitzen gewann. Sie stellte mit Hamadi Jebali den neuen Premierminister Tunesiens, welcher 15 Jahre seines Lebens in politischer Gefangenschaft verbrachte.[2]

Mit großem Abstand folgte der *An-Nahdha* die Partei *Congrès pour la république* (CPR)[3], welche 2001 gegründet und seit 2002 ebenfalls ins Exil gedrängt wurde. Politisch lässt sich die Partei dem Mitte-Links-Spektrum zuordnen und trat in der Vergangenheit insbesondere für politische Freiheitsrechte und Bürgerrechte ein. Ihr Vorsitzender und prominentester Vertreter Mouncef Marzouki ist derzeitiger Prä-

[1] Werenfels, Isabel: Vom Umgang mit Islamisten im Maghreb. Zwischen Einbindung und Unterdrückung. SWP-Studie. Berlin 2006. S. 20.

[2] Al Jazeera: Final Tunisian election results announced. URL: http://www.aljazeera.com/news/africa/2011/11/20111114171420907168.html (10.01.2011).

[3] Siehe Internetpräsenz der Partei. URL: http://www.cpr.tn/ (arabisch) (10.01.2011).

sident Tunesiens. Die ebenso Mitte-Links orientierte *Ettakatol*[4] stellt mit Mustapha Ben Jaafar den Vorsitzenden der verfassungsgebenden Versammlung.[5]
Die Zusammenstellung der demokratisch gewählten verfassungsgebenden Versammlung zeugt von einer politischen Heterogenität,[6] die der Vielfalt der tunesischen Gesellschaft gerecht wird und nicht viel mit den »Parlamenten« unter Zine el-Abidine Ben Ali oder Habib Bourguiba (erster Präsident der tunesischen Republik von 1957 bis 1987) gemein hat. Während Letztere ein Mittel zur Herrschaftslegitimation autokratischer Regierungen waren, ist das neue tunesische Parlament das Ergebnis demokratischer Wahlen. Ihre Bedeutung für die tunesische (und wahrscheinlich sogar arabische) Geschichte sollte nicht unterschätzt werden. Darüber hinaus haben nicht nur Frauenrechtler sehr positiv aufgenommen, dass unter den 217 Parlamentariern 49 Frauen sind und der Frauenanteil des derzeitigen tunesischen Parlaments mit diesen 22,6 Prozent höher liegt als im US-amerikanischen, britischen oder französischen Parlament. Dieser Umstand hängt insbesondere mit einer neuen Quotenregelung zusammen, auf die hier im Detail nicht näher eingegangen werden kann. Nebenbei bemerkt sind 42 dieser 49 Frauen Mitglieder der islamistischen *An-Nahdha*-Partei.

Nach zweimonatigen intensiven Verhandlungen zwischen der islamistischen *An-Nahdha* und ihren zwei säkularen und linksorientierten Koalitionspartnern *CPR* und *Ettakatol* wurde im Dezember 2011 ein 41-köpfiges neues Kabinett gewählt. Neben dem Premierminister Hamadi Jebali stellt die *An-Nahdha*-Bewegung außerdem den Innenminister Ali Larayedh sowie den Außenminister Rafik Ben Abdessalem, welcher gleichzeitig der Schwiegersohn Rashed Ghannouchis ist. Rashed Ghannouchi selbst hat, wie angekündigt, kein politisches Amt in der neuen Regierung wahrgenommen. Die Versammlung ist damit beauftragt worden, innerhalb eines Jahres eine Verfassung zu formulieren sowie neue Wahlen vorzubereiten.
Die Stärke der *An-Nahdha*-Bewegung hat sowohl innerhalb als auch außerhalb Tunesiens für hitzige Debatten über eine zukünftige politische Ordnung gesorgt,

---

[4] Siehe Homepage der Ettakatol. URL: http://www.ettakatol.org/index.php (französisch) (10.01.2011).

[5] Im Parlament vertreten ist ebenfalls die unabhängige Liste *Pétition populaire pour la liberté, la justice et le développement* (PP), arabisch auch *Aridha Chaabia* genannt, welche erst nach dem Sturz Ben Alis von Mohamed Hechmi Hamdi gegründet wurde und aufgrund ihrer populistischen Tendenzen sehr umstritten war. Die *Parti démocrate progressiste* (PDP) hingegen wurde bereits 1983 von Ahmed Najib Chebbi gegründet und gehört zu den wenigen Parteien, die unter dem Ben Ali-Regime legal waren. Sie betonte im Wahlkampf unermüdlich ihre Skepsis gegenüber der islamistischen An-Nahdha. Die Pôle démocratique moderniste (PDM) ist ein post-revolutionärer Zusammenschluss von fünf zivilgesellschaftlichen Organisationen und vier Parteien. Sie betont u.a. stark ihren säkularen Charakter und tritt für eine strikte Trennung von Politik und Religion ein.

[6] Das Parlament besteht aus islamistischen, säkularen, konservativen, liberalen, linken sowie kommunistischen Vertretern. Siehe für eine Auflistung der einzelnen tunesischen Parteien in englischer Sprache URL: http://www.aljazeera.com/indepth/features/2011/10/20111061457939025б.html (10.11.2011).

die insbesondere das Verhältnis von Politik und Religion betreffen. Den Anhängern und Sympathisanten der *An-Nahdha*-Bewegung stehen zahlreiche Skeptiker gegenüber, denen ihr Wahlsieg Sorge bereitet. Auch weil die Bewegung in der Vergangenheit keine relevante Rolle für die tunesische Politik spielte, ist das Wissen über die *An-Nahdha* doch eher spärlich gesät. Daher wird sich der folgende Beitrag näher mit den Ursprüngen, Entwicklungen und Positionen der *An-Nahdha*-Bewegung beschäftigen.

2. Was ist die *An-Nahdha*? Ursprung, Entwicklung, Positionen

2.1 Ist die *An-Nahdha* eine islamistische Bewegung?

Die *An-Nahdha* wird sehr häufig unreflektiert als »islamistische Partei« bezeichnet, obwohl es sich um eine nicht unumstrittene begriffliche Zuschreibung handelt. Ein Blick in die Medienlandschaft zeigt, dass der Ausdruck »Islamismus« häufig mit Terror oder Gewalt assoziiert wird und von Islamisten in der Regel im Zusammenhang mit terroristischen Anschlägen oder Bedrohungen berichtet wird. Selten schaffen es auch friedfertige islamistische Bewegungen in die Schlagzeilen der Tagespresse. Häufig werden Begriffe wie »Islamismus«, »Extremismus«, »Militanz« oder gar »Terrorismus« unreflektiert synonym verwendet.[7] Islamismus ist nicht nur aufgrund dieser negativen Konnotation in der öffentlichen Debatte eine schwierige begriffliche Zuschreibung: Zum einen handelt es sich häufig um eine Fremdbezeichnung, weil sich kaum eine Gruppe oder einzelne Individuen selbst als islamistisch bezeichnen würden. Zum anderen handelt es sich um einen problematischen Begriff, weil er eine äußerst heterogene Gruppe begrifflich zu vereinheitlichen versucht. Dennoch sprechen einige gute Gründe für die Verwendung des Islamismusbegriffes, allerdings auf der Grundlage einer differenzierten Definition. Nicht zuletzt sollte weder undifferenzierten, tendenziell islamophoben Stimmen aus der öffentlichen Debatte noch islamistischen Gruppen selbst das begriffliche Feld in dieser Debatte überlassen werden.

Während »Islam« lediglich das islamische Glaubenssystem ohne politischen Anspruch bezeichnet, verweist »Islamismus« auf den Anspruch, den Islam zum politischen Programm zu machen.

Während »Islam« lediglich das islamische Glaubenssystem ohne politischen Anspruch bezeichnet, verweist »Islamismus« auf den Anspruch, den Islam zum politischen Programm und zur Richtschnur des eigenen politischen Handelns zu machen. Islamistische Individuen und Gruppen handeln im Rahmen eines jeweils subjektiv definierten islamischen Bezugssystems *politisch*. Ihr übergeordnetes Ziel ist

[7] Siehe zum Begriff Islamismus u.a.: Asseburg, Muriel: Moderate Islamisten als Reformkräfte? Bonn 2008. El Ouazghari, Karima: Die arabische Region im Umbruch. Zur Rolle islamistischer Oppositionsbewegungen in Jordanien, Ägypten und Tunesien. Frankfurt am Main 2011.

eine islamische gesellschaftliche und politische Ordnung. Wenig Einigkeit herrscht hingegen über die Frage, wie diese Ordnung konkret auszusehen hat und vor allem mit welchen Mitteln sie erreicht werden kann. Die Bezeichnung einer Gruppe als »islamistisch« sagt also zunächst recht wenig über ihre inhaltliche Programmatik oder gar ihr Gewaltverhalten aus, sondern wird synonym zu »politischem Islam« verwendet. Auf der Grundlage dieser weiten Definition kann die *An-Nahdha* durchaus als islamistische Partei bezeichnet werden, ohne damit eine wertende Aussage zu treffen.

2.2 Ursprünge der *An-Nahdha*-Bewegung

Die heutigen Kontroversen über die *An-Nahdha* lassen sich nicht verstehen, ohne einen etwas genaueren Blick in ihre Vergangenheit zu werfen. Sowohl Sympathie als auch Skepsis gegenüber der Bewegung liegen in ihrer Geschichte begründet.[8]

Die *An-Nahdha*-Bewegung wurde Anfang der 1970er Jahre unter dem Namen *al-Jama'a al-Islamiyya* gegründet. Von Beginn an blieb ihre wichtigste religiöse und politische Figur Rashed Ghannouchi, welcher sich selbst als Intellektueller verstand und zahlreiche Artikel und Bücher publizierte.[9] Schon zu Zeiten Habib Bourguibas waren die Möglichkeiten der islamistischen Bewegung in Tunesien sehr eingeschränkt und enorm von der jeweiligen Regierung abhängig. Er schuf ein derartig repressives politisches Klima, dass das Aufkeimen pluralistischer politischer Oppositionsbewegungen ausgeschlossen war. Bourguiba führte Tunesien 1956 in die Unabhängigkeit, seine autoritäre Modernisierungspolitik wird häufig mit der Kemal Atatürks in der Türkei verglichen, in der vor allem islamistische Bewegungen mit ausgesprochen harter Hand unterdrückt wurden.

Rashed Ghannouchi bei einer Pressekonferenz in Ariana bei Tunis

[8] Siehe zur Geschichte der An-Nahdha-Bewegung u.a. Hamdi, Mohamed Elhachmi: An Analysis of the History and Discourse of the Tunisian Islamic Movement al-Nahda. A Case Study of the Politicisation of Islam. London 1996; Burgat, Francois/Dowell, William: The Islamic Movement in North Arica. Austin 1993; Dunn, Michael Collins: Renaissance or radicalism? Political Islam: the case of Tunisia's al-Nahda. Washington, DC: International Estimate 1992.

[9] Siehe zur Biografie Rashed Ghannouchis: Tamimi, Azzam: Rachid Ghannouchi: A Democrat within Islamism. New York 2001.

Ghannouchi behauptete mehrfach, dass das Aufkommen einer islamistischen Bewegung eine kulturelle Reaktion auf die anti-religiöse und pro-westliche Politik Bourguibas war. Die tunesische Regierung unter Bourguiba verbot beispielsweise 1981 Frauen in Universitäten oder als Mitarbeiterinnen öffentlicher Einrichtungen, einen *Hijab* zu tragen. An anderer Stelle ermutigte Bourguiba öffentlich dazu, während des Fastenmonats Ramadan tagsüber zu essen und trank zu diesem Zweck beispielsweise vor laufenden Fernsehkameras Orangensaft. Kurzum: Die religionskritische Politik Bourguibas prägte die Islamisten Tunesiens enorm.

2.3 Die *An-Nahdha* unter der repressiven Politik Bourguibas und Ben Alis

Als Bourguiba 1981 die Gründung politischer Organisationen legalisierte, ließ die Reaktion der islamistischen Bewegung nicht lange auf sich warten. Noch im selben Jahr wurde die Namens- und Kursänderung der Bewegung in *Mouvement de la Tendance Islamique* (*MTI*) verkündet und ihr Gründungsmanifest vorgestellt. Obwohl sie sich darin zu pluralistischen und friedlichen Werten verpflichtet, entschied die Regierung, hart durchzugreifen, und ließ kurz darauf die gesamte Führung der *MTI* sowie fünfhundert Mitglieder festnehmen.

Die Situation schien sich mit der Machtübernahme durch Zine el-Abidine Ben Ali ein wenig zu entspannen. Am 7. November 1987 wurde im tunesischen Radio ein offizielles Statement Ben Alis verlautbart, in dem er Bourguiba für unfähig erklärte, seine Aufgaben als Staatspräsident weiterhin auszuführen. Der sich dramatisch verschlechternde Gesundheitszustand Bourguibas sowie seine zunehmende Senilität würden Ben Ali keine andere Wahl lassen, als selbst das Amt des Präsidenten zu übernehmen. Nach diesem unblutigen Putsch durch Ben Ali entspannte sich das Verhältnis der *MTI* zur Regierung in der Tat kurzzeitig. Er ließ Tausende politische Gefangene (darunter auch Ghannouchi) amnestieren und legalisierte die zuvor verbotene islamistische Zeitung *al-Fajr*, welche als offizielles Sprachrohr der islamistischen Bewegung fungierte. Doch diese Entspannungsphase währte nur kurz: Am 3. Mai 1988 wurde ein neues Parteiengesetz verabschiedet, das in seinem dritten Artikel alle Parteien verbot, die sich in ihren Prinzipien, Zielen oder Programmen auf Religion, Sprache, Ethnie oder Region beriefen. Als Reaktion darauf entschied die *MTI* kurze Zeit später, sich umzubenennen und ihre politischen Ziele in einem neuen Programm neu zu formulieren. Der Name *An-Nahdha* (Erneuerung/Renaissance) spiegelt eindeutig den Versuch wider, den religiösen Charakter ihrer Bewegung zu reduzieren, um die Forderungen nach politischer Anerkennung zu erfüllen. Ihre wiederholten Forderungen nach Anerkennung als politische Partei blieben dennoch unerfüllt.

Die Parlamentswahlen von 1989 stellten einen neuen Tiefpunkt in den Beziehungen der *An-Nahdha* zur Regierung dar. Durch das Ergebnis dieser Wahl wurde der Regierung das Potenzial der islamistischen Bewegung bewusst. Aufgrund des Wahlgesetzes gewannen sie zwar keinen einzigen Parlamentssitz, aber die Zahlen sprachen eine deutliche Sprache: *An-Nahdha*-Anhänger gewannen 12 bis 15 Prozent der Stimmen, in einigen Städten wie Tunis gar um die 30 Prozent. Die Regierung reagierte mit einer neuen Repressionswelle, woraufhin Rashed Ghannouchi im Mai 1989 einer erneuten Verhaftung durch ein selbst auferlegtes Exil zuvorkam.

Die Anfänge der 1990er Jahre waren durch scharfe Regierungskritik der *An-Nahdha*-Führung und von Repressionswellen der Regierung unter Ben Ali geprägt. Alleine zwischen September 1990 und März 1992 berichtete *Amnesty International* von der Verhaftung von mindestens achttausend *An-Nahdha*-Anhängern. Der Höhepunkt der Spannungen zwischen der *An-Nahdha* und Ben Ali wurde ohne Zweifel im Mai 1991 erreicht, als der damalige Innenminister Abdallah Kallal in einer Pressekonferenz die islamistische Bewegung beschuldigte, einen gewalttätigen Regierungsputsch geplant zu haben. Der Innenminister behauptete, dass die *An-Nahdha* bereits 1986 einen sogenannten militarisierten »Geheimapparat« gegründet und damit eine duale Organisationsstruktur etabliert habe.
Interessanterweise stritt Ghannouchi die Vorwürfe der Regierung nicht explizit ab. In einigen Interviews relativierte er gar die zuvor unermüdlich propagierte Gewaltlosigkeit.[10] Die duale Organisationsstruktur und damit verbunden die Existenz eines militarisierten »Geheimapparates« der *An-Nahdha* kann aus heutiger Perspektive als relativ sicher gelten. Umstrittener und entscheidend ist hingegen die Frage, inwiefern sich der Umsturzversuch tatsächlich auf die *An-Nahdha*-Führung zurückführen lässt oder ob nicht einzelne Mitglieder den Geheimapparat gründeten, um dann einen gewaltsamen Regierungsumsturz anzustreben. Offensichtlich haben viele Islamisten erst durch die geheimdienstliche Aufdeckung überhaupt erst von dem »Geheimapparat« erfahren. Es ist das einzige Mal in der Geschichte der *An-Nahdha*, dass zumindest einzelne Mitglieder Gewalt zur Durchsetzung ihrer politischen Ziele ernsthaft in Erwägung zogen.

In den nachfolgenden Jahren wurde es äußerst still um die *An-Nahdha*: Ihre zentralen Führungspersönlichkeiten waren nach zahlreichen Verhaftungswellen entweder im Gefängnis oder lebten im Exil.

---

[10] Ghannouchi, Rached: »Rached Ghannouchi a ›Arabies‹.« In: Arabies, 08-09/1991.

2.4 Die Ziele der *An-Nahdha*

Spätestens seit ihrem Wahlsieg wird viel über die Vorstellungen einer gesellschaftlichen und politischen Ordnung der *An-Nahdha* spekuliert. Jenseits von zweifelhaften Spekulationen sollen im Folgenden die politischen Positionen der Bewegung zu verschiedenen Zeitpunkten ihrer Geschichte analysiert werden. Derzeit liegen drei zentrale offizielle Dokumente der islamistischen Bewegung vor, deren Charakteristika und Inhalte aus einer vergleichenden Perspektive kurz zusammengefasst werden. Besonderes Augenmerk liegt dabei auf der Rolle, die die Religion einnimmt sowie auf zentralen Positionen einer politischen und gesellschaftlichen Ordnung.

Gründungsmanifest der Mouvement de la Tendence Islamique (MTI) *1981*[11]

Bei sechs Seiten Umfang ist das »Manifest« nicht nur sehr vage, sondern auch wenig strukturiert, nahezu eklektisch. Dementsprechend lassen sich kaum konkrete politische Forderungen identifizieren. Es wirkt eher wie eine Präambel als ein tatsächliches Programm. Dem Islam wird eine sehr zentrale Rolle eingeräumt und er taucht als explizites Ziel in drei von fünf Hauptzielen auf. Gleichzeitig ist ebenso auffällig, dass der Islam-Bezug sehr unpolitisch ist und sich vielmehr auf Forderungen beschränkt, die allgemeine islamische Identität Tunesiens zu stärken und islamisches Denken neu zu formulieren. Auch daran wird deutlich, dass sich die Bewegung in ihren Anfängen eher als religiös-kulturelle und weniger als politische Organisation verstand.

Gründungsmanifest der An-Nahdha-Bewegung 1988[12]

Der Umfang und die Vagheit des Gründungsmanifestes der *An-Nahdha* sind zwar seinem Vorgängerdokument sehr ähnlich, aber es ist doch sehr viel strukturierter und unterscheidet beispielsweise vier verschiedene Ziele (politisch, wirtschaftlich, gesellschaftlich und kulturell). Der Islam-Bezug findet sich am stärksten und eindringlichsten bei den »kulturellen« Zielen wieder. Der Tenor des gesamten Papiers macht jedoch durchaus deutlich, dass sich die umbenannte Bewegung zunehmend als politische Organisation versteht. Gleichzeitig wird ihr Selbstverständnis als Oppositionspartei deutlich, da sie sehr viel stärker Kritik am Bestehenden ausübt als konkrete Verbesserungen vorzuschlagen.

---

[11] Hamdi, Mohamed Elhachmi: An-Nahdha: The Founding Manifesto of ḥaqā'iq ḥawla ḥarakat al-ittiǧāh al-islāmī 1981. In Hamdi: An Analysis of the History and Discourse of the Tunisian Islamic Movement al-Nahda. S. 261-267.

[12] An-Nahdha: The Manifesto of an-Nahḍa Movement of Tunisia. 1988. In Hamdi: An Analysis of the History and Discourse of the Tunisian Islamic Movement al-Nahda. S. 268-273.

Das Programm der erstmals legalisierten Partei An-Nahdha »Für ein Tunesien der Freiheit, der Gerechtigkeit und des Wachstums« 2011[13]

Das aktuelle Programm interessiert derzeit sicherlich am meisten, weshalb dieses im Folgenden ausführlicher behandelt werden soll. Darüber hinaus bietet es mit seinen ausführlichen sechzig Seiten sehr viel mehr Analysematerial. Das Parteiprogramm ist sehr viel klarer strukturiert und umfasst relativ konkrete Vorstellungen einer politischen und gesellschaftlichen Ordnung. Von den vier Kapiteln (politisch, wirtschaftspolitisch, kulturell und gesellschaftlich) besitzt der Teil zu wirtschaftspolitischen Fragen den größten Umfang.

Religion taucht in dem neuen Parteiprogramm der *An-Nahdha* zwar relativ häufig auf, fungiert allerdings in erster Linie als allgemeiner Referenzrahmen und nicht als explizites Ziel ihrer politischen Bemühungen. Dieses »islamische Framing« kommt beispielsweise zum Ausdruck, wenn im politischen Kapitel ein parlamentarisches System gefordert wird, das bestimmt Ziele (wie Freiheitsrechte und Volkssouveränität) gewährleisten soll. Dieses parlamentarische System wird in dem Parteiprogramm anschließend mit dem islamischen Konzept der *Shura*[14] gleichgesetzt und damit in einen islamischen Rahmen gesetzt. Ein weiteres anschauliches Beispiel für dieses »Framing« ist die Anerkennung internationaler Menschenrechtsverträge, die »allgemein mit den Werten des Islams und seinen Zielen vereinbar sind«. Diese zwei Beispiele zeigen eindrucksvoll, wie sich die *An-Nahdha* vom altbekannten islamistischen Slogan »Islam ist die Lösung« zu Slogans wie »Islam ist Demokratie« oder »Islam sind Menschenrechte« bewegt hat. An keiner Stelle findet beispielsweise die *Scharia*[15] Erwähnung, vielmehr wird der Islam in der Präambel explizit als »kulturelles Erbe« Tunesiens bezeichnet, welches die Basis für Reform- und Modernisierungsvorhaben durch *Ijtihad*[16] bilden soll. Dementsprechend beinhaltet das Programm ein klares Bekenntnis zu reformistischen Schulen: »Die *An-Nahdha* sieht, dass das islamische Denken einer konstanten Erneuerung bedarf.« Kurzum präsentiert sich die Partei als reformorientierte Regierungspartei mit religiösen Wurzeln. Eine häufig wiederauftauchende und bezeichnende Formulierung des Programms lautet daher: »Tunesien ist ein freies unabhängiges Land, der Islam seine Religion,

---

[13] An-Nahdha: al-i'alān 'an haī'a ta'sīsiyya liḥaraka an-nahḍa bi-ri'āsa 'alī al-'ar īḍ. 2011. URL: http://www.nahdha.info/arabe/News-file-article-sid-4475.html (10.01.2011).

[14] »Shura« ist ein Begriff aus dem islamischen Recht und bezeichnet ein beratendes Verfahren zur Entscheidungsfindung. Viele islamische Denker sehen im »Shura-Prinzip« eine Art der Regierungsführung, die auf Beratung und Konsens beruht und damit das islamische Äquivalent zur »westlichen Demokratie« darstellt.

[15] »Scharia« ist ein hoch komplexes und kontroverses Konzept, sodass es an dieser Stelle nicht in all seinen Facetten und Verständnissen erklärt werden kann. Festzuhalten bleibt, dass es sich um kein reales Gesetzesbuch handelt, sondern um Gesetze, Prinzipien und Normen, die aus zwei Quellen abgeleitet werden: dem Koran und den überlieferten Handlungen des Propheten Muhammad (Sunna). Die Deutungen und Interpretationen dieser Quellen sind höchst vielfältig und umstritten.

[16] »Ijtihad« ist ein Terminus technicus aus der islamischen Jurisprudenz und bezeichnet eine weitgehende selbstständige Auslegung von Koran und Hadith zum Zweck der Rechtsfindung.

das Arabische seine Sprache, die Republik seine Staatsform und die Verwirklichung der Ziele der Revolution seine Priorität.«

Im Gegensatz zu älteren offiziellen Dokumenten der *An-Nahdha* erlaubt die Ausführlichkeit des neuen Parteiprogramms einen genaueren Blick in einzelne politische Positionen der islamistischen Partei. Besonderes Augenmerk liegt im Folgenden auf ihren Ideen zu einer politischen Ordnung sowie ihren gesellschaftspolitischen Vorstellungen; ebenso werden ihre wirtschafts- und kulturpolitischen Visionen kurz zusammengefasst.

- Ideen einer politischen Ordnung
  Das Parteiprogramm enthält ein klares Plädoyer für ein demokratisch, parlamentarisches System, das Volkssouveränität garantiert, »mit der Willkür abschließt und auf der Grundlage der Staatsbürgerschaft, der Freiheiten, der Würde, der Unantastbarkeit der Verfassung, der Beachtung der Gesetze und der Grundsätze der guten Herrschaft beruht«. Darüber hinaus spricht sich die Partei in ihrem Programm explizit für den Grundsatz des Pluralismus und einen friedlichen Machtwechsel aus. Ebenso verspricht das Programm, Glaubens- und Ausdrucksfreiheiten sowie die Rechte religiöser Minderheiten zu schützen.

- Gesellschaftspolitische Vorstellungen
  Im Gegensatz zu ihren Vorstellungen einer politischen Ordnung sind die gesellschaftspolitischen Vorstellungen der *An-Nahdha* sehr viel kontroverser. Da viele ihrer Kritiker insbesondere um die Errungenschaften der tunesischen Frauenrechte besorgt sind, wird dem Kapitel zur »Rolle der Frau« in dem Programm verhältnismäßig viel Platz eingeräumt. Dem Parteiprogramm zufolge zieht die *An-Nahdha* hierfür zwei »Quellen« heran:
  Zum einen habe die Frau durch den Islam gewisse Rechte und zum anderen müsse auch der Realität der tunesischen Frau Rechnung getragen werden. Sie verweist auch darauf, dass die Errungenschaften in diesem Bereich bewahrt werden müssen und garantiert unter anderem die Chancengleichheit zwischen Männern und Frauen bei der Besetzung von Posten in Verwaltung und Politik und die Stärkung der Beteiligung von Frauen an wirtschaftlichen Aktivitäten.
  In diesem Zusammenhang werden in tunesischen Debatten insbesondere zwei Fragen kontrovers diskutiert: das bisher in Tunesien herrschende Polygamieverbot sowie Fragen der Kleiderordnung.
  Zu Letzterem bezieht die Bewegung eindeutig Stellung und spricht sich gegen das bisher geltende Verschleierungsverbot in öffentlichen Einrichtungen und gegen das Aufzwingen von Kleiderordnungen aus. Zum Polygamieverbot nah-

men zentrale *An-Nahdha*-Mitglieder zwar im Wahlkampf Stellung und sprachen sich gegen ein Aufheben dieses Verbotes aus, doch im Wahlprogramm findet sich kein klares Bekenntnis zum Polygamieverbot. Im Abschnitt zur tunesischen Familie kommen die konservativen Werte der Bewegung am deutlichsten zum Ausdruck. Wenn beispielsweise von »Familie« die Rede ist, sind damit selbstverständlich Ehepartner mit Kindern gemeint. Die im arabischen Vergleich durchschnittlich »späte Heirat« der Tunesier sei ebenso ein zentrales gesellschaftliches Problem wie die hohen Scheidungsraten.

- Wirtschaftspolitik
  Allgemein können die wirtschaftspolitischen Vorstellungen der *An-Nahdha* wohl am ehesten mit »sozialer Marktwirtschaft« umschrieben werden. »Die Bewegung vertritt die Auffassung von einer freien Wirtschaft mit sozialer Dimension.« In diesem Sinne fordert sie z. B. die Erhöhung des Familiengeldes sowie der steuerfreien Einkommensbeträge. Um die Arbeitslosigkeit zu senken und das Wirtschaftswachstum anzukurbeln, legt die Partei einen Stufenplan vor, der äußert ambitioniert und nahezu unrealistisch erscheint. Bis zum Jahre 2016 möchte die Partei beispielsweise 590.000 neue Arbeitsplätze schaffen. Diese ambitionierten Ziele sollen erreicht werden, indem die Binnennachfrage gestärkt und die Tourismusbranche gefördert wird. Insbesondere der Tourismus aus anderen arabischen und muslimischen Staaten soll gefördert werden, etwa durch erleichterte Visabestimmungen für Bürger aus diesen Ländern.

- Kulturelles Kapitel
  Im kulturellen Teil des Parteiprojektes betont die Bewegung zunächst die Bedeutung von künstlerischen, kulturellen und Bildungseinrichtungen für die zukünftige Entwicklung des postrevolutionären Tunesiens. Darüber hinaus schlägt sie einige konkrete Maßnahmen zur Förderung der kulturellen Entwicklung Tunesiens vor. Exemplarisch seien hier erwähnt: die Errichtung von Studios zur Produktion von Kinofilmen, die Förderung des tunesischen Theaters in den Bereichen Ausbildung, Produktion und Vorführung, die Errichtung eines nationalen Kunstmuseums oder die Förderung von nationalen Bibliotheken.

3. Die *An-Nahdha:* ein »Trojanisches Pferd«? Drei Ergebnisse

Der Wahlsieg der *An-Nahdha* hat hitzige Debatten um die Rolle von Islamisten in Tunesien entflammt. Verschiedene Kritiker äußern nun ihre Befürchtung, dass die *An-Nahdha* bisher nur die zahmen »islamistischen Demokraten« gemimt hätten, um sich bald als repressive und intolerante Dogmatiker zu entpuppen. »Viele Tunesierinnen fürchten die Islamisten. Sie glauben ihnen nicht, halten sie für doppelzüngig.«[17] Getreu dem Motto *one man, one vote, one time*[18] befürchten nun einige Tunesier, dass die *An-Nahdha* versuchen wird, in Tunesien einen autokratischen Gottesstaat zu gründen, um sich selbst nicht mehr abwählen zu lassen. Es handelt sich insgesamt um eine sehr emotionale und polarisierte Debatte, die häufig differenzierte Aussagen vermissen lässt. Der vorliegende Beitrag versucht eine sachlichere Auseinandersetzung und kommt auf der Grundlage der vorangegangenen Analyse zu folgenden drei Schlussfolgerungen.

3.1. Die *An-Nahdha*-Bewegung ist überaus pragmatisch und anpassungsfähig.

Auch wenn sich Rashed Ghannouchi als islamischer Denker versteht, sind seine Aussagen primär politisch motiviert und können daher durchaus als pragmatisch bezeichnet werden. Gleiches gilt für andere Mitglieder der Bewegung, die sich zwar auf religiöse Grundlagen beruft, allerdings in ihrer politischen Praxis ausgesprochen pragmatisch ist. Ein sehr bezeichnendes Beispiel hierfür ist ihr Verhältnis zum Personenstandsgesetz *(Code du statut personnel)*. Unter Habib Bourguiba wurde in Tunesien das Familienrecht reformiert, welches unter anderem Frauen erleichterte, sich scheiden zu lassen, aber auch Polygamie verbietet. Die *An-Nahdha* lehnte dieses Verbot von Beginn an entschieden und eindeutig ab. Ghannouchi bezeichnete es gar als Teil einer Verwestlichungskampagne Tunesiens. Da sich zunehmend abzeichnete, dass diese ablehnende Haltung ein entscheidendes Argument dafür war, dass die *An-Nahdha* nicht als politische Partei anerkannt wurde, verkündete die Bewegung im Juli 1988, dass sie den *Code* annehmen werde. Mit dem Vorwurf des taktischen Handelns konfrontiert, erklärte Ghannouchi in einem Interview, dass es sich bei dem Gesetz um ein Beispiel für *Itjihad* handele und daher als Produkt von pluralistischen Diskursen akzeptiert werden müsse. Dieses Beispiel zeigt eindrucksvoll, wie ein Gesetz, welches als grundlegend unislamisch eingeschätzt wurde, in sehr kurzer Zeit zu einem »Produkt islamischer Diskurse« werden kann, wenn es die Umstände erfordern. Dieser Pragmatismus lässt sich noch an unzähligen anderen Beispielen verdeutlichen und führt zu einer ambivalenten Schlussfolgerung:
Zum einen handelt es sich bei der *An-Nahdha* nicht um eine ideologieverblendete Dogmatiker-Bewegung, sondern um eine überaus anpassungsfähige und flexible Partei, was die Sorgen zahlreicher Kritiker relativiert. Gleichzeitig sind Prognosen über ihre zukünftigen politischen Positionen durch diese Flexibilität nur schwierig zu treffen.

---

[17] Hamida Belhaj, Bouchra (Tunesische Politikerin und Menschenrechtsaktivistin): »Tunesische Politikerin über Ennahda: ›Wir sind selber schuld‹.« In: taz. URL: *http://www.taz.de/!80631/* (10.11.2011).

[18] Der Ausdruck *one man, one vote, one time* wurde vom ehemaligen US-amerikanischen Diplomaten Edward Djerejian im Kontext der algerischen Entwicklungen geprägt.

3.2 Trotz Heterogenität und Wandlungsfähigkeit ist die *An-Nahdha* gewaltfreien Strategien verpflichtet.

Ein häufig angebrachter Vorwurf gegen die *An-Nahdha* betrifft das Verhältnis der Parteiführung zu ihrer Mitgliederbasis. Letztere sei sehr viel extremistischer und weniger tolerant als die Reden und öffentlichen Stellungnahmen der Parteiführung. Derartige pauschale Aussagen über ihre Mitgliederbasis und Wählerschaft sind nur wenig fundiert, da man über diese noch nicht allzu viel weiß. Es ist jedoch korrekt, dass die Positionen der gesamten *An-Nahdha* sehr viel heterogener und breiter sind als die einzelner Führungspersönlichkeiten. Hohe Wellen schlug beispielsweise eine Aussage des heutigen Premierministers Hamadi Jebali, der bei einer Wahlkampfveranstaltung von der »Einführung des sechsten Kalifats«[19] sprach. Andere zentrale *An-Nahdha*-Mitglieder distanzierten sich sofort von diesen Aussagen und bestätigten ihre Absicht, in Tunesien ein parlamentarisches System zu errichten; Jebali selbst sprach im Nachhinein von einem »Missverständnis«. Ähnlich hohe Wellen schlugen die Äußerungen des prominenten *An-Nahdha*-Mitgliedes Souad Abderrahim, die in einer Fernsehsendung unverheiratete Mütter als »Schande für Tunesien« bezeichnete. Diese und andere Äußerungen einzelner *An-Nahdha*-Mitglieder, die mit dem offiziellen Programm der Partei nur schwerlich vereinbar sind, haben die Zweifel an der Glaubwürdigkeit der *An-Nahdha* bei zahlreichen Kritikern noch weiter bestärkt.

***An-Nahdha*-Mitglieder betonen die Bedeutung friedlicher Strategien zur Durchsetzung bestimmter Freiheitsrechte.**

Trotz dieser Heterogenität und der oben dargestellten Flexibilität zweifelt allerdings kaum jemand an der Gewaltlosigkeit der *An-Nahdha*. Dissens herrscht innerhalb der Bewegung über Vorstellungen einer politischen und gesellschaftlichen Ordnung, nicht jedoch darüber, dass ihre Ziele mit friedlichen Mitteln durchgesetzt werden müssen.[20] Bereits zu Zeiten des überaus repressiven Ben Ali-Regimes betonten zentrale *An-Nahdha*-Mitglieder die Bedeutung friedlicher Strategien zur Durchsetzung von bestimmten Freiheitsrechten. Es gibt daher derzeit keine Anhaltspunkte dafür, dass die *An-Nahdha* zu gewaltsamen Strategien greifen könnte.

[19] Unter Kalifat wird gemeinhin eine historische islamische Regierungsform verstanden, in der ein »Stellvertreter des Gesandten Gottes«, der »Kalif«, als der weltlich-religiöse Herrscher regiert. Das erste Kalifat entstand nach dem Tod des Propheten Muhammad, die Bestimmung seines Nachfolgers war Gegenstand zahlreicher inner-islamischer Kontroversen.

[20] Dies wurde in den Interviews bestätigt, die die Autorin 2012 mit einigen *An-Nahdha*-Mitgliedern führen konnte.

3.3 Die *An-Nahdha* ist pluralistischen Werten verpflichtet und durchaus kompromissfähig.

In allen drei offiziellen Dokumenten der *An-Nahdha* (1981, 1988, 2011) wird die Relevanz von Werten wie Pluralismus, Toleranz und Freiheit betont. Auch in den zahlreichen Publikationen Rashed Ghannouchis sprach sich dieser vermehrt gegen jegliche Form eines Einparteiensystems aus, auch explizit gegen ein Einparteiensystem in Form einer Theokratie. Das Bekenntnis zu pluralistischen Werten und die Toleranz gegenüber Andersdenkenden ist schon von Beginn an ein zentraler Bestandteil der *An-Nahdha*-Programmatik und bestätigte sich auch während des ereignisreichen Jahres 2011. Bereits während der Koalitionsgespräche zeichnete sich die Fähigkeit der *An-Nahdha* ab, auch mit andersdenkenden politischen Lagern zusammenzuarbeiten. Wie weit ihre Kompromissbereitschaft in einzelnen politischen Fragen (insbesondere zur Rolle der Religion im zukünftigen Tunesien) gehen wird, bleibt abzuwarten.

4. Ein Blick in die »politische Glaskugel«

Wenn uns die Geschehnisse des Arabischen Frühlings etwas gelehrt haben, dann, wie schwierig es ist, verlässliche politische Prognosen zu formulieren. Die islamistische Partei *An-Nahdha* hat zwar die Wahlen zu einer verfassungsgebenden Versammlung gewonnen, jedoch wird sie die Verfassung nicht alleine formulieren, sondern mit Vertretern verschiedener politischer Lager zusammenarbeiten müssen. Auch wenn die *An-Nahdha* religiösen und wertkonservativen Werten verpflichtet ist, hat ihre politische Praxis enorme Flexibilität und Pragmatismus an den Tag gelegt. Daher sind Prognosen über das zukünftige Verhalten dieser demokratisch gewählten islamistischen Partei nur sehr schwer zu treffen. Nichtsdestotrotz sollte sie, wie alle anderen Parteien auch, an ihren Taten gemessen werden. Erst in den nächsten Monaten und Jahren wird sich zeigen, inwieweit sie sich an ihre Wahlversprechen halten wird und kann. Mit der ungewohnten Regierungsverantwortung sieht sie sich mit neuen Herausforderungen konfrontiert und muss einer äußerst heterogenen Wählerschaft gerecht werden. Die Koalitionsbildung mit den säkularen und mitte-linksorientierten Parteien *CPR* und *Ettakatol* zeugt von einer Kompromiss- und Dialogbereitschaft in den verschiedenen politischen Lagern Tunesiens. Es war auch ein klares Signal der tunesischen Wähler, dass diejenigen säkularen Parteien die meisten Stimmen gewannen, die eine Zusammenarbeit mit der *An-Nahdha* nicht von Beginn an ausschlossen. Diese Kompromissbereitschaft und Koalitionsbildungen zwischen religiösen und säkularen sowie zwischen liberalen und konservativen Lagern sind in Zeiten politischer Ungewissheiten notwendig, in denen politisch weitgehend unerfahrenen Kräfte politische Verantwortung zukommt. Es wird sich in naher Zukunft zeigen, wie sich diese Kompromissbereitschaft beim Formulie-

Konstituierende Sitzung des neu gewählten tunesischen Parlaments

ren der neuen tunesischen Verfassung entwickeln wird. Bisher hat die *An-Nahdha* gezeigt, dass ein islamisches Wertesystem (»islamisches Framing«) neben dem Bekenntnis zu pluralistischen und demokratischen Werten möglich ist. Inwiefern sich diese Bekenntnisse in ihrer konkreten politischen Praxis manifestieren, wird sie in den nächsten Monaten und Jahren zeigen müssen.

Trotz all dieser Unsicherheiten entbehrt die Befürchtung, dass die *An-Nahdha* in Tunesien einen autokratischen Gottesstaat errichten wird, jeder seriösen Grundlage. Man sollte sprichwörtlich »die Moschee zunächst im Dorf lassen«[21], auch wenn die neue Volkssouveränität dazu führen wird, dass Religion in Tunesien eine größere Rolle spielen wird.

[21] El-Gawhary, Karim: »Die Moschee im Dorf lassen.« In: taz. URL: http://www.taz.de/!80624/ (10.11.2011).

Die Rolle der Muslimbruderschaft in Ägypten

Eine politische und historische Analyse

VON MICHAEL A. LANGE

1. Einführung

Nachdem das vor kurzer Zeit noch als stabil erachtete Regime Hosni Mubaraks unter dem Druck der nach mehr Freiheit und Gerechtigkeit strebenden Aufständischen zusammengebrochen und der bisherige Machthaber verhaftet und unter Anklage gestellt worden ist, hat auch in Ägypten ein zweifellos schwieriger, weil politisch weitgehend unkalkulierbarer Wandel des politischen Systems eingesetzt, den es durch die mit der Reform befassten Akteure zu strukturieren und vor allem gewaltlos zu einem für die Mehrheit der Bevölkerung zufriedenstellenden Ergebnis zu führen gilt.

Die vielen Hoffnungen der nach mehr Partizipation und Selbstbestimmung strebenden jugendlichen Demonstranten, an der Erarbeitung einer neuen politischen Ordnung wesentlich partizipieren zu können, haben sich bisher noch nicht in dem erhofften Maße realisieren lassen. Vielmehr wird inzwischen – nicht zuletzt angesichts der ersten Wahlergebnisse der ägyptischen Parlamentswahlen – deutlich, dass es eben nicht die damals noch enthusiastischen jugendlichen Reformbefürworter sein werden, welche der neuen politischen Ordnung in Ägypten ihre bestimmende Gestalt geben werden. Inzwischen haben sich nämlich vor allem solche politischen Kräfte des Reformprozesses bemächtigt, die neben ihrer politischen bzw. parlamentarischen Erfahrung auch noch über die notwendigen institutionellen Strukturen verfügen, um ihre Vorstellungen nicht nur zu artikulieren, sondern mit Hilfe der von ihnen intensiv angesprochenen Wähler auch politisch durchzusetzen. Die Rede ist von den ägyptischen Muslimbrüdern.

Dieses zeigt sich bereits in den ersten Ergebnissen der ägyptischen Parlamentswahlen, die in Europa zuerst noch mit hoffnungsvoller Neugier, inzwischen aber wohl eher mit äußerster Verwunderung zur Kenntnis genommen worden sind. Dabei sind diese Ergebnisse für langjährige politische Beobachter dieser Länder weniger eine Überraschung, als vielmehr ein bestätigendes Indiz für die Besorgnisse und Vorbehalte, die einige dieser Analysten von Beginn an artikuliert hatten.

2. Die langjährige Oppositionsrolle der ägyptischen Muslimbruderschaft

Die ägyptische Muslimbruderschaft nahm in der Ära Mubarak nichts anderes als eine Oppositionsrolle ein. Auch wenn der Islam bis heute das bestimmende Element der gesellschaftlichen Realität Ägyptens geblieben ist, konnte diese bereits in den 1920er Jahren des letzten Jahrhunderts etablierte islamische Bewegung der ägyptischen Muslimbruderschaft nie aus dem Schatten dieser Oppositionsrolle heraustreten. Seit dem Sturz der Monarchie ist Ägypten zwar eine verfassungsgestützte Republik, in der der Islam als Staatsreligion festgeschrieben ist, gleichzeitig jedoch der freien Religionsausübung Schutz gewährt wird. Erst in den letzten Monaten entwickelten sich der politische Islam und damit vor allem die Muslimbruderschaft zu einem bestimmenden politischen Faktor in Ägypten.

Das hat sicher auch damit zu tun, dass der koptischen Minderheit, trotz der auch in Ägypten zunehmenden Islamisierung des öffentlichen Lebens, wirtschaftliche und religiös-kulturelle Freiräume gewährt wurden und sie dabei den Schutz der säkularen, überwiegend vom Militär gestützten ägyptischen Machthaber genoss. Diese Freiräume wurden allerdings mit dem Verzicht auf politische Aktivität »bezahlt«. Die meisten Kopten gaben sich damit zufrieden, dass die ägyptische Regierung diesen gesellschaftlichen Status quo garantieren half. Zu einer nennenswerten Repräsentation dieser religiösen Minderheit in politischen Verfassungsorganen kam es also nie, allein der ägyptische Präsident sorgte mit seinem Nominationsrecht immer wieder dafür, dass es in den beiden Kammern der ägyptischen Nationalversammlung auch koptische Vertreter gab.

Der politische Islam arbeitete langfristig an seinem sozialpolitischen Image als selbstloser karikativer Dienstleister.

Der politische Islam, der in den vergangenen Jahren Zug um Zug an Unterstützung und damit an Einfluss gewann, ließ sich das Streben nach politischer Partizipation jedoch nicht in gleicher Weise »abkaufen«. Er arbeitete langfristig, aber kontinuierlich an seinem sozialpolitischen Image als selbstloser karitativer Dienstleister. Er stand überall dort, wo der ägyptische Staat versagte, den potenziellen Wählern einer demokratischen Ordnung zur Seite, wenn es darum ging, die Mühen des alltäglichen Lebens zu bewältigen.

3. Erste Wahlerfolge des politischen Islams in Ägypten

Das Prinzip der sozialen Gerechtigkeit bestimmte immer schon das politische Denken und Handeln der Muslimbruderschaft. Die fest im Traditionalismus verwurzelten Muslimbrüder sahen westliche, individualistische Einflüsse immer als Bedrohung an und lehnten deshalb säkulare Ordnungsmodelle lange ab.
Nach den Vorstellungen der Muslimbruderschaft war die »islamische Gemeinde« geradezu ein Gegenentwurf zu den säkularen Gesellschaftsordnungen des Westens mit all seinen als negativ gebrandmarkten Attributen wie Volksherrschaft, Trennung von Staat und Religion, »Verfall« sittlicher Werte und ungebremstem Gewinnstreben.

Das Wirken der Bruderschaft stand deshalb immer auch im Zeichen einer angestrebten Katharsis des Individuums und damit – dem protestantischen Pietismus nicht unähnlich – der Schaffung eines tief religiösen, islamischen Menschen. Die angestrebte (vollständige) Islamisierung der ägyptischen Gesellschaft sollte – so die Gründungsväter – mangels politischer Mittel vor allem im Rahmen eines kontinuierlichen religiösen Erziehungs- bzw. Bildungsprozesses erreicht werden und vom islamischen Individuum über die islamische Familie und das islamische Volk schließlich zu einer islamischen Regierung führen.
Nachdem sich die Bruderschaft dann spätestens in den 1990er Jahren von einigen zwischenzeitlich radikalisierten bzw. gewaltbereiten Splittergruppen erfolgreich getrennt und wieder eine gemäßigte politische Richtung eingeschlagen hatte, ist sie, im Rahmen einer für die ganze Region typischen, umfassenden kulturellen Rückbesinnung auf islamische Werte und Symbole, in den vergangenen Jahren Schritt für Schritt zur stärksten oppositionellen politischen Kraft in Ägypten geworden.

Hatte sich die Muslimbruderschaft zu Beginn noch stärker auf die Verbreitung des Glaubens und die Verfolgung vornehmlich karitativer Ziele konzentriert, um auf diese Weise alte Sympathisanten zurück- bzw. neue Anhänger hinzuzugewinnen, begann sie im Rahmen der beginnenden Liberalisierung der politischen Rahmenbedingungen in Ägypten auch politische Reformen zu fordern und zu unterstützen. Sie erwartete sich von dieser dem Regime aufgezwungenen politischen Liberalisierung zu Recht größere Freiräume für ihre eigene, damals beginnende politische Arbeit. Das karitative Wirken blieb das entscheidende Fundament, in dem das beginnende politische Engagement verankert blieb. Angesichts der völlig unzureichenden sozialen Absicherung weiter Bevölkerungskreise entwickelten sich die Muslimbrüder zu einem wichtigen, alternativen Anbieter von Sozialleistungen. Durch den Unterhalt eigener Kranken- und Sozialstationen konnten sie gerade in

Die Muslimbrüder entwickelten sich zu einem wichtigen, alternativen Anbieter von Sozialleistungen.

den ärmeren Bevölkerungsschichten ihre Idealvorstellungen von sozialer Gerechtigkeit und islamischer Brüderlichkeit in der Praxis unter Beweis stellen, was sie nicht nur in wirtschaftlichen Krisenzeiten auch für die zusehends verarmende ägyptische Mittelschicht interessant machte.
So fand die Bruderschaft nicht nur in bedürftigen Kreisen der ägyptischen Unter- und Mittelschicht, sondern auch in »modernen« Schichten des gebildeten Mittelstandes und bei Jugendlichen immer mehr Sympathisanten, schließlich sogar Anhänger und Förderer.

Parallel zu dieser Entwicklung begann die Muslimbruderschaft mit Beginn des neuen Jahrtausends einzelnen, darunter durchaus auch führenden Vertretern der Bruderschaft die Beteiligung an Wahlen für politische Ämter nahezulegen. Dabei konnte sie darauf bauen, dass die zahlreichen Nutzer ihrer oft kostenlosen Kranken- und Sozialleistungen im Rahmen der damit immer bewusst verbundenen politischen Ansprache sich später auch zu einer entsprechenden Stimmabgabe für ihre Kandidaten bewegen lassen würden. Diese politische Instrumentalisierung der religiös begründeten karitativen Sozialarbeit sollte sich also in Wählerstimmen für die Kandidaten der Muslimbruderschaft niederschlagen. Dass sie dabei, wegen der vom ägyptischen Regime immer wieder verweigerten Parteigründung, nur als sogenannte »unabhängige« Kandidaten oder auf gemeinsamen Wahllisten mit anderen Parteien an den Parlamentswahlen teilnehmen durften, konnte sie weder entmutigen, noch erste einzelne, beeindruckende individuelle Wahlerfolge verhindern.

In den ersten – aufgrund ausländischen Drucks – vergleichsweise freien ägyptischen Parlamentswahlen des Jahres 2005 erkämpften die Vertreter der Muslimbruderschaft als unabhängige Kandidaten mit Hilfe einer großen Anzahl freiwilliger Helfer überraschend gute Wahlergebnisse. Trotz einer damals erklärten Selbstbeschränkung der Muslimbrüder (auf insgesamt 175 Kandidaten für die 444 Mandate im Parlament) und damit dem Verzicht, in jedem Wahlkreis einen eigenen Kandidaten ins Rennen zu schicken, konnten die Kandidaten der Muslimbruderschaft die Anzahl ihrer Mandate trotz der üblichen umfangreichen Behinderungen durch die ägyptischen Behörden auf immerhin 88 erhöhen und somit gegenüber den vorherigen Parlamentswahlen des Jahres 2000 mehr als vervierfachen.

Schon damals musste ein solcher Wahlerfolg als ein signifikantes Zeichen für die Attraktivität der Muslimbruderschaft beim ägyptischen Wähler gewertet werden und bestätigte die Einschätzung der Wahlbeobachter, dass die Kandidaten der ägyptischen Muslimbruderschaft ihren Wahlkampf sehr gut organisiert hatten und sich auch durch Behinderungen der ägyptischen Sicherheitskräfte nicht von ihrem

Willen zur parlamentarischen Partizipation abbringen ließen. Auch bei der Nominierung ihrer Kandidaten für die einzelnen Wahlbezirke bewies die Muslimbruderschaft offensichtlich großes Geschick. Allerdings war sich die Führung der Muslimbruderschaft damals durchaus der Tatsache bewusst, dass ihre Kandidaten auch deshalb so erfolgreich gewesen waren und Mandate errungen hatten, weil sie sich oft in (alleiniger) Opposition zu Vertretern der bei vielen Wählern eher unpopulären Staatspartei *New Democratic Party* zur Wahl gestellt hatten. Der Anteil der »Protestwähler«, also solcher Wähler, die den Kandidaten der Muslimbruderschaft nicht wegen ihres politischen Programms, sondern eher aus Protest gegen die Staatspartei ihre Stimme gegeben hatten, wurde damals noch zu Recht als hoch eingeschätzt. Gewählt wurden die Kandidaten der Muslimbrüder damals aber vor allem auch wegen ihres lokalen, sozialen Engagements im Wahlkreis und deshalb oft den in diesen Wahlkreisen meist eher unbekannten bzw. an den Problemen der Menschen desinteressierten *NDP*-Kandidaten vorgezogen.

4. Der politische Islam und das neue, demokratische Ägypten

Viele politische Beobachter in Ägypten stellten sich schon damals die Frage, welche politischen Perspektiven sich aus dem Abschneiden der Muslimbrüder ergeben würden. Einige befürchteten eine zunehmende »Islamisierung des politischen Diskurses«, andere wiederum sahen in der parlamentarischen Beteiligung der Muslimbrüder ein gewachsenes Potenzial für die Durchsetzung einer Reformagenda. Es lag auf der Hand, dass eine Einbeziehung von Muslimbrüdern in den parlamentarischen Diskurs Ägyptens ihnen viel abverlangen und sie dazu zwingen würde, die realpolitische Tauglichkeit ihrer damals noch recht diffusen politischen Programmatik sowie ihres allgemeinen erfolgreichen Wahlslogans »Der Islam ist die Lösung« unter Beweis zu stellen. Die Perspektive der Gründung eines »politischen Arms der Bewegung« wurde vor allem von jüngeren Mitgliedern der Bruderschaft immer wieder ins Auge gefasst, von der Führung der Muslimbrüder lange Zeit jedoch nicht geteilt und vom ägyptischen Regime ohnehin unterbunden.
Blickt man nun auf die jüngsten politischen Entwicklungen in Ägypten, so ist leicht auszumachen, dass die Wähler in den Wahlgängen des Winters 2011/2012 eigentlich ein sehr ähnliches Wahlverhalten an den Tag gelegt haben wie im Jahre 2005. Viele Anhänger der Muslimbruderschaft harrten ein weiteres Mal stundenlang vor den Wahllokalen aus, um ihre Stimmen abzugeben, wobei diesmal sogar eine Mehrheit der Wähler ihre Stimme den Vertretern des politischen Islams gab.

Den Analysten der politischen Entwicklung in Ägypten musste eigentlich von Beginn der »Arabellion« an klar gewesen sein, dass die fünfzig- bis einhunderttausend sehr mutigen, dafür aber politisch eher unerfahrenen, meist jugendlichen

Mubarak-Gegner zwar die Demonstrationen am Tahrir-Platz und ihre mediale Vermarktung bestimmen konnten. Sie spiegelten jedoch die mit einem politischen Wandel verknüpften Wünsche und Hoffnungen der Mehrheit der über achtzig Millionen Ägypter nur sehr eingeschränkt wider.
Auch wenn die politischen Vorstellungen und Erwartungen dieser jungen Menschen und ihrer polyglotten Protagonisten durch die internationalen Medien eine beeindruckende weltweite Verbreitung erfahren hatten, musste jedem politischen Beobachter eigentlich schon damals klar gewesen sein, dass es allein den Parlamentswahlen vorbehalten bleiben würde, über die tatsächlichen inhaltlichen und personellen Präferenzen der ägyptischen Bevölkerung präzise Auskunft zu geben.
In diesem Zusammenhang hätte also ein (Rück-)Blick auf bisherige Wahlerfolge der Vertreter der Muslimbrüder den Prognosen viel eher die richtige Richtung gewiesen, als die punktuellen und damit eher tendenziösen Momentaufnahmen von den inzwischen weltbekannten Schauplätzen der »Arabellion«.

5. Der Wahlerfolg der Islamisten bei den ägyptischen Parlamentswahlen 2011/12

Eine bemerkenswert große Zahl der lange unterdrückten, ja eingeschüchterten Bürger Ägyptens hat sich in den letzten Wochen offensichtlich mutig ihres Wahlrechts bedient. Sie gaben – wie eigentlich zu erwarten war – denjenigen politischen Kräften ein Mandat zur Gestaltung der Zukunft ihres Gemeinwesens, von denen sie schon in den vorangegangenen Jahren der staatlichen Vernachlässigung den Eindruck gewonnen hatten, dass sie sich tatsächlich für ihre Sorgen und Nöte interessierten und für Abhilfe sorgten.
Es sind islamische Kräfte und dabei vor allem – aber nicht ausschließlich – Vertreter der inzwischen gegründeten politischen *Partei für Freiheit und Gerechtigkeit* der ägyptischen Muslimbruderschaft, welche den Sieg an den Wahlurnen davongetragen haben, und zwar in einem Ausmaß, das viele nicht für möglich gehalten hatten. Man muss einen Blick zurück in die letzten Jahren des diktatorischen Mubarak-Regimes werfen, um den Erfolg dieser islamischen Kräfte einschätzen und erklären zu können.

Das moderat-islamische Wahlbündnis *Demokratische Allianz* unter Führung der Muslimbruderschaft hat laut offiziellem Wahlergebnis 225 der insgesamt 498 Mandate und damit knapp 45 Prozent der Mandate errungen. Dieses Ergebnis überraschte in seinem Ausmaß selbst Kenner der bisherigen Wahlerfolge der ägyptischen Muslimbrüder. Dass es jedoch, neben diesen moderaten Islamisten und den sich von ihnen abgespaltenen, noch liberaleren Vertretern der *Al Wasat-Partei*, die es bisher auf 9 Mandate gebracht hatten, auch dem von der radikal-salafistischen

Nour Partei geführten Wahlbündnis *Islamischer Block* gelingen würde, 125 Mandate auf sich zu vereinen, war selbst für viele Ägypter eine riesengroße Überraschung, für die meisten Beobachter aus dem Ausland wohl eher ein Schock. Mit 25 Prozent der vergebenen Mandate sind diese ultra-orthodoxen *Salafisten* – quasi aus dem Nichts – zu einem ernst zu nehmenden, politischen Machtfaktor in Ägypten geworden.
Dass die in langen Jahren der Kooptation durch das Mubarak-Regime kompromittierten traditionellen ägyptischen »Oppositionsparteien«, wie die *Wafd-Partei* und solche des eher linken Lagers dem organisierten und ideologisch »gestählten« politischen Islam nicht erfolgreich begegnen konnten, ist nach den vorliegenden Wahlergebnissen damit bewiesen. Die *Wafd-Partei* konnte bislang lediglich 41, der stark von Kopten gewählte *Ägyptische Block* zumeist säkularer, linker Gruppierungen auch nur 34 Mandate auf sich vereinen. Zusammen verfügen sie also nur über 15 Prozent aller Mandate, was sie im zukünftigen ägyptischen Parlament wohl eher zu Statisten werden lassen wird. [1] Zudem konnten sich auch nur einige wenige Vertreter der alten Staatspartei *NPD* aufgrund ihrer lokalen Popularität noch einmal ins Parlament »retten«, wo es ihnen jedoch noch weniger möglich sein wird, einen bestimmenden Einfluss auf politische Entscheidungen auszuüben.

Fragt man nun nach den Gründen für diesen fulminanten Wahlsieg des politischen Islams, so muss man daran erinnern, dass sich die Einigkeit der auf dem Tahrir-Platz demonstrierenden Oppositionsgruppen von Beginn an immer nur auf ein »wogegen« konzentriert hatte und deshalb folgerichtig in die simple, den kleinsten gemeinsamen Nenner darstellende, Forderung nach einem »Rücktritt des Despoten« und dem Rückzug der mit ihm verbundenen politischen Elite gemündet war. Viel weniger Aufmerksamkeit wurde von den jugendlichen Rebellen damals den sehr unterschiedlichen Gesellschaftsentwürfen gewidmet, die von anderen, zu diesem Zeitpunkt noch weniger exponierten islamischen Gruppierungen, verfolgt wurden.

---

[1] Carnegie Endowment for *International Peace*: »Who are the non-islamists in egypts new parliament?« URL: http://egyptelections.carnegieendowment.org/2012/01/26/who-are-the-non-islamists-in-egypts-new-parliament.

Übersicht: Ergebnis der ägyptischen Parlamentswahlen 2012[2]

Wahlbündnisse:	Gesamtzahl der Sitze	Anteil in %
Demokratische Allianz/Muslimbruderschaft	225	45,2 %
Islamischer Block/Nour Partei	125	25 %
Al Wafd	41	8,2 %
Ägyptischer Block	34	6,8 %
Reform & Entwicklungspartei	10	2 %
Al-Wasat Partei	9	1,8 %
Allianz Vollendung der Revolution	8	1,6 %
Egypt National Partei	5	1 %
Egyptian Citizen Partei	4	0,8 %
Union Partei	3	0,6 %
Freedom Partei	3	0,6 %
Al-Adl Partei	2	0,4 %
Democratic Peace Partei	2	0,4 %
Arab Egyptian Union Partei	1	0,2 %
Nasserite Partei	1	0,2 %
Unabhängige	25	5 %
Gesamt	498	100 %

Demokratische Allianz Partner (Muslimbrüder unter anderem orthodoxe Islamisten):
Freedom and Justice Partei, Al-Karama Partei, Ghad Al-Thawra Partei, Labor Partei, Al-Islah wal-Nahda Partei, Al-Hadara Partei, Al-Islah Partei, Al-Geel Partei, Misr Al-Arabi Al-Ishtiraki Partei, Al-Ahrar Partei, Al-Horiyya wal-Tanmiya Partei.

Islamischer Block Partner (Ultra-orthodoxe Islamisten/Salafisten):
Al-Nour Partei, Al-Asala Partei, Building and Development Partei.

Ägyptischer Block Partner (Linksliberale und Kopten):
Free Egyptians Partei, Egyptian Social Democratic Partei and Al-Tagammu Partei.

Vollendung der Revolution (Linke und Säkulare):
Socialist Popular Alliance Partei, Egyptian Socialist Partei, Egyptian Current Partei, Egypt Freedom Partei, Equality and Development Partei, Revolution's Youth Coalition, Egyptian Alliance Partei.

NDP-Nachfolgeparteien (National-demokratisch):
Freedom Partei, Egyptian Citizen Partei, National Party of Egypt, Modern Egypt Partei, Union Partei, Beginning Partei, Conservatives Partei, Egypt Development Partei, Egypt Revival Partei, Egypt Renaissance Partei.

Wafd Partei (National-liberal)

Al-Wasat Partei (Reform Islamisten)

Reform and Entwicklungspartei *(RDP)* (Liberal)

---

[2] Quelle: Carnegie Endowment for International Peace. URL: http://egyptelections.carnegieendowment.org/2012/01/25/results-of-egypt%e2%80%99s-people%e2%80%99s-assembly-elections (02.02.2012).

Musik in der demonstrierenden Menge

Das taktisch kluge Verhalten dieser islamischen Bewegungen während der Proteste am Tahrir-Platz, wo es – für viele überraschend – so gut wie keine islamischen Parolen zu sehen oder hören gab, hat offensichtlich viele politische Beobachter darüber hinweg getäuscht, dass die politische Zukunft Ägyptens langfristig eben nicht auf dem Tahrir-Platz im Zentrum Kairos, sondern in einem neuen ägyptischen Parlament entschieden werden würde. Es ist nicht völlig abwegig, zu unterstellen, dass die von der Muslimbruderschaft in den vergangenen Monaten gezeigte, durchaus beeindruckende politische Zurückhaltung Kalkül gewesen ist, um die in den westlichen Medien populärere ägyptische Jugend den demokratischen Wandel »herbeizwingen« zu lassen, den sie selbst möglicherweise nie hätten realisieren können. Den Muslimbrüdern hätten sich die internationalen Medien wohl von Beginn an mit größerer Distanz gewidmet und sicher kritischer berichtet, was den islamischen politischen Kräften in Ägypten die inzwischen erfolgte, demokratisch legitimierte Machtübernahme deutlich erschwert hätte.

6. Von der Autokratie zur Theokratie: Erdogan oder Taliban?

Angesichts der vorliegenden Wahlergebnisse ist klar, dass der politische Islam in Ägypten zur alles dominierenden politischen Kraft im kommenden ägyptischen Parlament werden wird. Diese politischen Kräfte werden über eine Zweidrittelmehrheit im Parlament verfügen und damit entscheidenden Einfluss auf die jetzt anstehende Nominierung der Mitglieder der »Verfassungsgebenden Versammlung« nehmen wollen.

Auch wenn der vor uns liegende Verfassungsprozess in seiner Struktur und seinem Verlauf zum jetzigen Zeitpunkt noch nicht endgültig geklärt zu sein scheint, ist offensichtlich, dass sich die Diskussionen zu Einzelfragen der Verfassung durchaus zu einem Kulturkampf nicht nur zwischen Muslimen und Christen, sondern – noch wichtiger – sogar zwischen orthodoxen Muslimen (Muslimbrüder) und ultra-orthodoxen Salafisten auswachsen könnten.

Vieles hängt dabei mit der Frage zusammen, inwieweit eine neue ägyptische Verfassung dem religiösen Gesetz der *Sharia* Referenz erweisen bzw. inwieweit der im Aufbau befindliche neue demokratische ägyptische Staat noch ein ziviler Staat sein kann. Vieles wird davon abhängen, wie sich die Partei der Muslimbrüder in dieser Grundfrage zu positionieren gedenkt. Wird sie, wie momentan noch erwartet, mit den säkularen Kräften der *Wafd-Partei* bzw. den »Unabhängigen« eine Allianz der »fortschrittlichen, gemäßigten Kräfte« gegen die ultra-orthodoxen Salafisten und die ehemaligen *Dschihadisten* der *Gamaa Islamiyya* bilden und eine »Regierung der Nationalen Einheit« herbeiführen, oder werden sie sich in eine »Islamische Koalition« begeben, um aus dem uns vertrauten, moderat islamischen ägyptischen Staat einen orthodox islamischen Modellstaat zu machen?

Letzteres hält die Mehrheit der Beobachter für unwahrscheinlich, zumal Ägypten auch wirtschaftlich überleben muss und eine zu orthodoxe Islamprägung sowohl den Tourismus als auch die Auslandsinvestitionen beeinträchtigen würde. Allerdings muss die überwältigende Zustimmung der ägyptischen Wähler für die beiden eher orthodoxen islamischen Parteien all jene beeindrucken, die sich als Ergebnis der Wahlen in Ägypten ein modernes, säkulares oder höchstens moderat islamisches Gemeinwesen versprochen haben.

Viele, vor allem wirtschaftliche Umstände sprechen also eher für einen Weg, wie ihn etwa der türkische Präsident Tayyip Erdogan und seine *AKP* eingeschlagen haben und nicht für ein politisches System, dass dem der Taliban ähneln würde.

Jeder neuen politischen Führung in Ägypten obliegt vor allem die Herbeiführung eines entsprechenden wirtschaftlichen Aufschwungs, ohne den auch eine moderate islamische Regierung wie jene in der Türkei, nicht den Erfolg gehabt hätte, den sie bis heute hat. Ob eine solche wirtschaftliche Entwicklung in Ägypten tatsächlich kurz- bzw. mittelfristig möglich sein wird, muss die Zukunft erst noch zeigen. Dabei wird es eine wichtige Rolle spielen, wie schnell sich die Wahlsieger auf eine Koalitionsregierung und damit verbunden auf eine konstruktive Regierungspolitik verständigen können.

7. Die Zukunft des politischen Islams in Ägypten – Demokratie ohne Demokraten?

Die überraschenden Wahlerfolge der Salafisten und selbst der geläuterten Dschihadisten sind ein Beleg dafür, dass die politische Ideologie des Islamismus alles andere als eine homogene Bewegung ist. Das Lager der Islamisten teilt sich in Ägypten heute in moderate, reform-orientierte *Wasatiyya*-Parteien, traditionelle, orthodoxe Muslimbrüder und ultra-orthodoxe Salafisten und ehemalige Dschihadisten. Auch wenn diese verschiedenen parteipolitischen Ausprägungen des politischen Islams bei den Parlamentswahlen in Ägypten eine unterschiedlich starke Unterstützung vom Wähler erfahren haben, deuten sie doch das politische Kernspektrum an, mit dem wir es in den kommenden Jahren in Ägypten (und sicher auch in den Nachbarstaaten) im Wesentlichen zu tun haben werden.

Die Meinungen über die Bereitschaft und die Fähigkeit dieser politischen Gruppierungen, den jetzt auf den Weg zu bringenden Verfassungs- und politischen Wandlungsprozess allein entscheidend zu bestimmen, gehen allerdings sehr weit auseinander. Für viele ist die *Partei für Freiheit und Gerechtigkeit* der Muslimbrüder trotz einer großen Anzahl bereits erfahrener Parlamentarier in ihren Reihen bis heute immer noch eine Art *Blackbox*. Ihrer großen Popularität ein weiteres Mal versichert, werden sich diese Mandatsträger zuerst einmal über ihr schwieriges Verhältnis zu den radikalen islamischen Kräften im Parlament Gedanken machen müssen.

Werden sie alleine eine Regierung zu bilden suchen oder eher eine solche der nationalen Einheit und Versöhnung anstreben? Werden sie sich den säkularen Kräften des *Ägyptischen Blocks* und den moderaten *Wasat*-Vertretern zuwenden und einen interreligiösen Dialog über politische Grundsätze anstreben oder eher eine Koalition mit den radikalen Salafisten eingehen?

All dies wird sich nach den ägyptischen Präsidentschaftswahlen 2012 herausstellen, wenn nach den Wahlen zur zweiten Kammer (*Schurarat*) der ägyptischen Nationalversammlung der verfassungsgebende Prozess beginnt. Absehbar ist auch, dass selbst wenn die koptische Minderheit auf Dauer ein politisches Bündnis mit den eher linken, in Teilen auch bürgerlich, liberalen bzw. säkularen Kräften eingehen wird – wie die Bildung des *Ägyptischen Blocks* vermuten lässt –, um der weiteren Islamisierung der ägyptischen Gesellschaft zu begegnen, sie es schwer haben wird, dem die ägyptische Legislative in Zukunft dominierenden, politischen Islam erfolgversprechend entgegenzutreten. Schon die Bewahrung des Status quo erscheint unter solchen Umständen als ein politischer Erfolg.

Wichtiger für die politische Zukunft des Landes ist deshalb eher die Frage, ob sich immer mehr islamische Kräfte reformieren lassen und Überzeugungen ähnlich denen der moderaten *Wasat-Partei* annehmen werden. Diese am ehesten der türkischen *AKP* vergleichbaren Partei weist schon heute den Weg in eine möglicherweise gelingende Symbiose von Islam und Demokratie. Allerdings ist die *Wasat-Partei* momentan noch schwach und es wird sehr darauf ankommen, wie sich die Partei der Muslimbruderschaft als bestimmende islamische politische Kraft des »neuen« Ägyptens in ihrer neu gewonnenen parlamentarischen und wahrscheinlich auch exekutiven Verantwortung bewähren wird.

Es ist durchaus davon auszugehen, dass exekutives politisches Handeln der Muslimbrüder manche ideologische Kante glätten und einiges an politischer Ideologie zur Disposition stellen wird. Allerdings wird die *Partei für Freiheit und Gerechtigkeit* der Muslimbrüder damit rechnen müssen, dass die salafistischen »Ultras« sie ideologisch vor sich her treiben und immer auf ihre Vorstellungen vom »wahren« Islam hinweisen werden. Schon aus diesem Grunde wäre die Bildung einer Koalition mit den säkularen Gruppierungen für die Muslimbrüder erfolgversprechender, weil sie nur in einer solchen Koalition die ideologischen Abweichungen vom »wahren« Glauben den säkularen Koalitionspartner anlasten und trotzdem umsetzen könnten.

8. Die »Verlierer der Revolution«

Was bedeutet das Wahlergebnis und die daraus resultierenden politischen Trends für die »Verlierer der Revolution«, die jugendlichen Rebellen, die zahlreichen liberalen, republikanischen Kräfte und die immer latent bedrohte religiöse Minderheit der Kopten?

Zuvorderst sind es die jungen Aktivisten der »Arabellion«, denen es in den ersten freien Parlamentswahlen mit wenigen Ausnahmen, wie dem in Deutschland ausgebildeten neu-gewählten Abgeordneten Amr Hamzawy, eben nicht gelungen ist, sich erfolgreich (partei-)politisch zu konfigurieren und auf diese Weise in den parlamentarischen Gestaltungsprozess einzubringen. Mit gerade einmal zwei Prozent der Mandate liegen die jungen Revolutionäre des Wahlbündnisses *Revolution Continues* weit hinter ihren eigenen Erwartungen. Damit ist eine andauernde Frustration dieser Jugend vorprogrammiert. Die zum Teil gewalttätigen Ausschreitungen im Anschluss an die Wahlen mögen ein Indiz für diese Frustrationen gegenüber einem politischen Prozess sein, der ihnen offensichtlich keine Möglichkeiten eröffnet (hat), sich konstruktiv in den Aufbau einer neuen demokratischen Ordnung des Landes einzubringen.

Ob dies schließlich durch die Nominierung von Vertretern dieser Jugend in die zu bildende ägyptische Verfassungskommission doch noch gelingen kann, bleibt abzuwarten. Vieles spricht dafür, dass man dieser Jugend ein Angebot zur Mitsprache machen wird (und machen muss), um ihre Enttäuschung nicht in permanente Gewaltbereitschaft münden zu lassen. Trotzdem ist schon heute klar, dass sich viele Erwartungen der Rebellen nicht werden realisieren lassen und das Streben nach Freiheit und Selbstbestimmung mit Geduld weiterverfolgt werden muss.

Man muss der Jugend ein Angebot zur Mitsprache machen, um ihre Enttäuschung nicht in permanente Gewaltbereitschaft münden zu lassen.

Eine besonders schwierige Herausforderung für jede von islamischen Kräften dominierte zukünftige ägyptische Regierung stellt zudem das Verhältnis zwischen der Mehrheit der Muslime und der christlichen Minderheit der Kopten dar. Angesichts immer wiederkehrender Anschläge auf koptische Kirchen bzw. Christen muss es auch einer von moderaten, islamischen Parteien dominierten Regierung darum gehen, dieses Verhältnis nicht nur wieder zu beruhigen, sondern zu einem, wenn schon nicht vollkommen gleichberechtigten Miteinander, dann doch wenigstens zu einem friedlicheren Nebeneinander zu führen.

Das abgelöste Regime hatte die Rechte der koptischen Minderheit durch ein oft robustes Eintreten für die Wahrung von Religionsfreiheit immer zu schützen gesucht, auch wenn sie nicht alle Übergriffe verhindern konnte. Ob es um diese Rechte in einer von Islamisten dominierten demokratischeren Ordnung besser bestellt sein wird, muss nach den Erfahrungen der letzten Monate sehr stark bezweifelt werden.

Die ägyptische Jugend als »Verlierer der Revolution«?

Gerade die Salafisten nehmen offensichtlich eine unversöhnliche Haltung gegenüber den Kopten ein und sprechen ihnen Gleichberechtigung und gleiche Bürgerrechte schlichtweg ab. Die erfolgreiche Instrumentalisierung der Salafisten durch die ägyptische Armee im Zusammenhang mit den »Maspero-Ereignissen«, bei denen zahlreiche Kopten im Rahmen von durch Provokateure initiierten, gewalttätigen Demonstrationen durch Armeeangehörige zu Tode gekommen sind, lässt Schlimmeres erwarten.[3] Die Tatsache, dass die Kopten über keinen nennenswerten personellen oder sonstigen Rückhalt in den Offiziersrängen der Armee und der Sicherheitskräfte verfügen, macht Demonstrationen für sie zu einem noch größeren Risiko.

9. Auswirkungen auf die Region

Einiges spricht deshalb dafür, dass sich nicht nur die ideologischen, sondern auch die religiösen Konflikte im demokratischen Ägypten der Zukunft eher verschärfen werden. Diese Prognose gilt zudem nicht nur für Ägypten, sondern in der gesamten Region.

In den Transformationsländern Tunesien und Libyen wird es sicher ähnlich wie in Ägypten eine sich verschärfende Auseinandersetzung zwischen orthodoxen und ultra-orthodoxen Kräften des politischen Islams geben. Waren in Tunesien die Salafisten noch von der Teilnahme an den Wahlen zu einer verfassungsgebenden Versammlung ausgeschlossen, so erscheinen diese Kräfte in Libyen im Aufbruch begriffen.
Der inner-islamische Richtungsstreit zeigt sich bereits an einzelnen tunesischen Universitäten, wo von radikalen Studenten die Geschlechtertrennung in Vorlesungen angemahnt wird. Auch die Rechte zur umfassenden Verschleierung im universitären Umfeld werden in Tunesien und jetzt auch in Ägypten immer wieder eingefordert. Selbst in Israel scheinen sich die religiösen Konflikte bzw. die Auseinandersetzungen zwischen religiösen und säkularen Kräften zu verschärfen.

Ein Blick auf die Auswirkungen der Ereignisse in Ägypten wäre unvollständig, würde man die Situation und mögliche Reaktion des Staates Israel ausblenden. Jedem politischen Beobachter der Region ist klar, dass mit dem eingetretenen politischen Machtwechsel in Ägypten sich für viele Israelis wieder die Frage nach der Verlässlichkeit des Friedenspartners Ägypten (und Jordanien) stellt. Die meisten Israelis waren sich wohl immer der Gefahr bewusst, dass eine stärkere »Demokra-

[3] Gaber, Yassin: »Reconstructing Maspero's Bloody Sunday.« In: Al Ahram Online, 01.11.2011. URL: http://english.ahram.org.eg/NewsContent/1/64/25521/Egypt/Politics-/Reconstructing-Masperos-Bloody-Sunday-Ahram-Online.aspx (02.02.2012).

tisierung« in der arabischen Welt und dabei vor allem im »Frontstaat« Ägypten, die bilateralen Beziehungen mit diesen Staaten verstärkt zu einem Gegenstand der politischen Auseinandersetzung zwischen den dortigen politischen Lagern machen würde.

In Parlamenten mit dominierenden, selbst moderat islamischen Mehrheitsfraktionen war absehbar, dass trotz vorrangig innenpolitischer Herausforderungen über kurz oder lang auch zentrale Aspekte der Außenpolitik zu einem wesentlichen Gegenstand der parlamentarischen Auseinandersetzung werden würden, zumal die inzwischen abgelöste politische Führung dieser Länder sich auch noch an den wirtschaftlichen Aspekten dieser bilateralen Beziehungen schamlos bereichert hatte.

Die Aufklärung dieser korrupten Praktiken wird das israelisch-ägyptische Verhältnis genauso belasten, wie die Tatsache, dass die Mehrheit der ägyptischen Bevölkerung schon immer gegen einen Frieden mit Israel eingestellt schien und bereits in der Vergangenheit anlassbezogen immer wieder die Aufkündigung des Friedensabkommens mit Israel gefordert hatte.
Im Bewusstsein weiter wachsender Popularität könnten die Abgeordneten der *Partei für Freiheit und Gerechtigkeit* der Muslimbruderschaft geneigt sein, den Friedensvertrag mit Israel mit dem Argument, das ägyptische Volk wäre zu diesen Verträgen nie befragt worden, einem Referendum zu unterwerfen.

Jedem israelischen Beobachter der Entwicklungen in Ägypten muss klar sein, dass es nahezu jeder ägyptischen Koalitionsregierung unter Führung der Muslimbruderschaft schwerfallen wird, die moderate Politik ihrer Vorgänger gegenüber Israel fortzusetzen. Manche Beobachter bleiben zwar optimistisch und versprechen sich durch ein Ende der Praxis vieler despotischer arabischer Regime, die Kritik an der Politik Israels als bequemes Ventil zur Ablenkung der aus ganz anderen innenpolitischen Gründen wachsenden Frustrationen ihrer Bevölkerung einzusetzen, sogar eine tendenzielle »Entspannung« der bilateralen Beziehungen. Ob sich diese Hoffnung erfüllen wird, muss heute jedoch noch unbeantwortet bleiben.

Im Ergebnis werden die politischen Entwicklungen in Nordafrika einen andersartigen Dialog mit den Vertretern dieser Länder erzwingen. Schon die jüngsten Vorwürfe gegenüber ausländischen Hilfsorganisationen aus dem Nichtregierungssektor belegen die große Zurückhaltung sowohl des Militärs als auch der »neuen politischen Klasse« gegenüber westlichen gesellschaftspolitischen Konzepten und ihren Protagonisten. Es wird sich zeigen müssen, inwieweit die neue Sprache, die den Dialog zwischen Europa und Nordafrika bestimmen wird, einer gedeihlichen Zusammenarbeit förderlich sein wird.

10. Literatur

Brown, Nathan J./Hamzawy, Amr/Ottaway, Marina: »Islamist Movements and the Democratic Process in the Arab World.« In: Carnegie Papers, 3/2006.

Brown, Nathan J.: »The Muslim Brotherhood's Democratic Dilemma.« In: National Interest, 01.12.2011.

Brown, Nathan J.: »When Victory Becomes An Option.« In: Carnegie Papers, 1/2012.

Lange, Michael A.: »Politischer Islam auf dem Vormarsch. Das Beispiel der Muslimbruderschaft in Ägypten.« In: KAS Auslandsinformation, 12/2007. S. 75-105.

Lange, Michael A.: »Umbruch im Nahen Osten – Was folgt aus den Ereignissen in Tunesien und Ägypten?« In: KAS Auslandsinformation, 3/2011. S. 7-33.

Lange, Michael A.: »Ägyptens Muslimbrüder – auf dem Weg zur Macht.« In: Die Politische Meinung, 4/ 2011. S. 12-16.

Lange, Michael A.: »Die Jugend und der Aufbruch in der Arabischen Welt.« In: KAS Auslandsinformation, 5/2011. S. 24-35.

Lübben, Ivesa: »Der Islam ist die Lösung – Moderate islamische Parteien in der MENA-Region und Fragen ihrer politischen Integration.« Konrad-Adenauer-Stiftung (Hg.) (unveröffentlichtes Manuskript).

Mayton, Joseph: »Weder Autokratie noch Theokratie – Die Rolle der Religion in der Ägyptischen Gesellschaft.« URL: http://en.qantara.de/wcsite.php?wc_c=17996&wc_lkm=297 (28.11.2011).

DISKUSSIONSRUNDE AM 18.11.2011

Islamisierung oder religionsübergreifende Zusammenarbeit?

TEILNEHMER

Atef Botros: *Arabist, Zentrum für Nah- und Mittelost-Studien, Universität Marburg*
Ahmed Nagy: *Journalist und Blogger, Stipendiat der Herbert Quandt-Stiftung, Kairo*
Stefan Schreiner: *Professor für Religionswissenschaft und Judaistik, Universität Tübingen*
Rainer Sollich: *Leiter Arabische Redaktion, Deutsche Welle, Bonn*
Jörg Lau (Moderation): *Außenpolitischer Korrespondent, DIE ZEIT, Berlin*

JÖRG LAU: Wir wollen über Minderheitenschutz und Religionspolitik sprechen. Wenn die arabische Welt demokratisiert wird, ist sie dann nicht notwendigerweise islamischer als bisher?

RAINER SOLLICH: Diesen Trend würde ich jedenfalls bestätigen. Natürlich gab es schon lange vor den Revolutionen eine Islamisierung der arabischen Welt. Diese Entwicklung konnte man auch in einem Land wie Tunesien feststellen. Es gab deutliche Veränderungen, die im Straßenbild und auch an der Kleidung zu beobachten waren. In Kairo kann man sogar von einer Kehrtwende um 180 Grad hin zur Religion sprechen. Ganz entscheidend wird meiner Meinung nach sein, dass man aus europäischer Sicht den Islamisten – was immer man genau darunter versteht – das Recht gibt, Neues auszuprobieren und gegebenenfalls auch zu scheitern. Eine Bewegung wie die *Hamas* in den Palästinensergebieten wäre wahrscheinlich schon längst gescheitert, wenn es nicht den Konflikt mit Israel gäbe. Als Regierungsmacht hat sie für die Menschen wenig erreicht. Die Entwicklung bei der *An-Nahdha* in Tunesien oder bei den Muslimbrüdern in Ägypten bleibt abzuwarten. Ich glaube aber nicht, dass durch eine Herrschaft der Muslimbrüder zwingend eine weitere Verschlechterung der Situation der Kopten oder anderer Minderheiten eintreten muss. Eher bin ich der Auffassung, dass sie darauf bedacht sein werden, einen besseren Schutz als das Militär zu garantieren.

JÖRG LAU: Herr Botros, warum ist es Ihrer Meinung nach falsch, mit christlichen Symbolen und an kirchlich geprägten Orten zu demonstrieren? Ist es denn nicht eine verständliche Vorgehensweise, wenn man bedenkt, wie Christen in

Ägypten diskriminiert und ihre Kirchen angegriffen werden? Sollte es in einer Zivilgesellschaft nicht möglich sein, auf die Straße zu gehen und seine Symbole zu zeigen? Wäre alles andere nicht der Weg in die Selbstaufgabe und bedeutete das Ende des orientalischen Christentums, wie wir es im Irak beobachten können?

ATEF BOTROS: Ich hoffe nicht, dass es so ausgeht. Natürlich diskriminieren die Staatsmedien und das Militär zusammen die Kopten. Es gibt in Ägypten ständig Verbrechen gegen Menschenrechte. Es gibt Blogger, die nach militärischen Prozessen in Haft geraten. Gleiches gilt für zivile oder liberale Kräfte. Alle diese Kräfte wehren sich gegen das Militär und gegen den Geheimdienst. Ich sehe aber keine Lösung darin, dass jede christliche Gemeinde mit ihren Symbolen, Jesusbildern und Kreuzen auf die Straße geht. Denn dann folgen auch die strengen Muslime mit ihren Symbolen und vielleicht auch mit Waffen. Und schon haben wir den Beginn eines Bürgerkriegs. Viele Kopten haben diesen Sachverhalt inzwischen verstanden und demonstrieren ohne christlichen Symbole. Man sollte bedenken, dass die demokratische Transformation nur dann erfolgreich ist, wenn es gelingt, Bürgerrechte zu etablieren, die für die Kopten, für die Nubier, für die Frauen und für alle anderen Gruppen gelten. Es geht hier nicht um Christentum und um Islam. Wir leben schließlich nicht im Mittelalter. Es geht um einen modernen Staat mit Bürgerrechten. Im Grundsatz kann ich nachvollziehen, wenn verärgerte Christen demonstrieren und auf ihre Schilder schreiben: »Wir wollen Märtyrer werden.« Ich verstehe, warum sie so handeln, aber ich selbst muss es weder moralisch noch taktisch rechtfertigen. Es ist in meinen Augen ein falsches Vorgehen. Das heißt nicht, dass ich gegen die Kopten bin. Sie sind eine Minderheit und ich bin immer der Meinung, wenn die Minderheit ein Problem hat, dann liegt das Problem bei der Mehrheit und nicht bei der Minderheit. Denn Letztere hat nicht viel Entscheidungsspielraum.

Die demokratische Transformation ist nur dann erfolgreich, wenn es gelingt, Bürgerrechte für alle zu etablieren.

JÖRG LAU: Herr Schreiner, Sie beschäftigen sich seit langer Zeit mit Fragen des interreligiösen Dialogs. Ist es eine Falle, die religiöse Identität in einer solchen Situation in den Vordergrund zu stellen?

STEFAN SCHREINER: Es gibt aus meiner Beobachtung eine merkwürdige Ambivalenz in dieser Frage. Auf der einen Seite ist seit etwa 20 bis 25 Jahren deutlich zu beobachten, dass religiöse Identität eine viel größere Rolle spielt als dies früher der Fall war. Was Ägypten betrifft, stellt sich etwa die Frage: Bin ich zuerst Ägypter oder bin ich zuerst Muslim oder Christ? Die Antworten, die darauf gegeben werden, sind sehr unterschiedlich. Ich nehme wahr, dass sich Menschen in zunehmendem Maße über ihre Religion, ihre religiöse Bin-

Diskussionsteilnehmer (v. l.): Stefan Schreiner und Ahmed Nagy

dung definieren und erst in zweiter Linie über ihre nationale Identität. Der Beginn der Veränderungen in Ägypten, die ersten Demonstrationen auf dem Tahrir-Platz, die Solidarisierungen, von denen die Medien berichteten, haben anfänglich den Eindruck entstehen lassen, diese Form von Identifikation über die Religion lasse sich überwinden. Die Demonstranten sagten: »Wir sind zunächst einmal alle Ägypter, wir haben zwar unterschiedliche Religionen, aber wir sind in erster Linie Bürger dieses einen Landes, und diese Bürgerschaftlichkeit wollen wir demonstrieren.« Im Laufe der Monate hat sich aber ein Wandel vollzogen. Immer stärker rücken religiöse Momente in den Vordergrund, in der Selbstdefinition ebenso wie im daraus resultierenden Verhalten. Nach der Welle der Soldarisierung versteht man dies als eine Art Entsolidarisierung.

Parallel dazu gibt es einen Prozess, der schon lange Zeit anhält: die wachsende Emigration von Christen aus der Region. Sowohl der Staat als auch speziell die Kirchen hüten sich davor, Statistiken zu diesem Thema zu veröffentlichen. Es gibt auch keine verlässlichen Zahlen etwa zur Größe der koptischen Gemeinden in Ägypten. Die Zahlen, die gehandelt werden, sind vage, nur Vermutungen. Doch diese Mutmaßungen sind zugleich Teil einer gewissen Propaganda, die auf der christlichen Seite auch die Sorge dokumentiert: »Wir können komplett marginalisiert werden.«
Der Exodus der Christen, so unterschiedlich die Gründe dafür im einzelnen sind, hat natürlich auch ökonomische Folgen, denn koptische Christen spielen in der Wirtschaft eine nicht unwesentliche Rolle. Manche sind sehr einflussreich geworden, wie beispielsweise in der Tele-

kommunikationsindustrie. Wenn diese reichen und einflussreichen Christen jetzt ins Ausland abwandern und ihr Kapital mitnehmen, könnte das unmittelbar spürbare Folgen für das ganze Land haben. So hat sich eine Art Hassliebe entwickelt: Einerseits gibt es eine deutliche Marginalisierung der Kopten, andererseits braucht man sie nicht zuletzt eben auch aus ökonomischen Gründen. Und dennoch entsteht in der Folge ihrer Emigration in der Mehrheitsgesellschaft das Gefühl, die Kopten entsolidarisieren sich am Ende von uns.

JÖRG LAU: Wenn eine Gruppe wegen ihrer Religion, in diesem Fall die Christen in Ägypten, angegriffen wird, muss das Thema dann nicht auch als solches journalistisch adressiert werden? Herr Botros ist der Meinung, es müsse mehr im Sinne universaler Rechte verhandelt werden. Die Bürgerrechte der Menschen müssten geschützt werden. Gleichwohl: Wenn jemand Christen angreift, muss ich als Journalist über diesen Christenhass schreiben. Wenn jemand in Deutschland Muslime angreift, muss ich über den Hass auf Muslime sprechen. Dennoch verstehe ich die Angst, dass man den Konflikt immer mehr anheizt. Herr Nagy, wie betrachten Sie die Situation als ägyptischer Journalist?

AHMED NAGY: Vor Ort sieht man andere Dinge als die, die in den Medien gezeigt werden. Viele Medien richten ihren Fokus auf das »große Bild«, in dem es um Hass zwischen den einzelnen Gruppen geht. Schaut man auf die Details, zeigt sich, dass Christen und Minderheiten in Wahrheit benutzt werden, und zwar von sämtlichen politischen Gruppierungen, vom Militär, sogar von der Kirche selbst, wie auch von islamistischen Parteien und Gruppierungen. Das ist das wirklich Schlimme. Von Beginn der Revolution an bis heute äußern sich die Medien bezogen auf die Christen so, als ginge es allein um den Bau von Kirchen. Natürlich ist es wichtig, einen Ort zu haben, an dem man beten kann, und es ist richtig, sich dafür einzusetzen. In Wahrheit haben die Christen jedoch noch ganz andere und größere Probleme, über die niemand spricht. Wenn es zum Beispiel darum geht, Anstellungen und höhere Posten in der Regierung oder beim Militär zu bekleiden, wird es schwierig für sie. Darüber spricht niemand. Auch spricht niemand darüber, dass die Christen Probleme mit der Kirche selbst haben: Seit mindestens 25 Jahren weiß beispielsweise niemand, was mit den Finanzen der Kirche genau geschieht. Darüber hinaus setzen sich viele Christen dafür ein, dass Ehescheidungen möglich werden, doch die Kirche versagt ihnen bislang dieses Recht – trotz entsprechender Rechtsordnung. Über diese Themen spricht niemand. Die Identitätsdiskussion führt uns nicht weiter. Nur wenn man die Struktur und das politische System ändert, wird sich etwas ändern.

JÖRG LAU: Ist die Diskussion über religiöse Identität tatsächlich sinnlos – oder sogar schädlich, Herr Schreiner?

STEFAN SCHREINER: Die Antwort ist nicht ganz leicht. Zunächst einmal muss man festhalten, dass Religion, wie schon gesagt, Frage und Teil der Identität ist, aber nicht allein und nicht ausschließlich. Es gibt auch einen Zusammenhang zwischen Identität und der ökonomischen Situation, in der man lebt, wie umgekehrt: die Lebenssituation hat Einfluss auf die Identität. Und das hat Folgen im Blick auf politische Einstellungen ebenso wie das Verhalten in der Wirtschaft und Gesellschaft. In der Stadt sieht das anders aus als auf dem Land. Wenn also zu beobachten ist, dass für viele Menschen religiöse Momente in der Identitätsbestimmung heute eine viel größere Rolle spielen als früher, kann man nicht einfach fragen, ob eine Diskussion über religiöse Identität sinnlos oder schädlich ist; ich muss zunächst einmal zur Kenntnis und ernst nehmen, dass es so ist, und die Ursachen dafür zu verstehen versuchen.

Was heißt ägyptische Identität?

Die bisherige ägyptische Gesellschaft lebte mit einer Fiktion. In den statistischen Jahrbüchern verzeichnete Ägypten jedes Jahr von Anbeginn der Republik neunzig Prozent Muslime und zehn Prozent Christen. Ob das stimmte oder nicht, war völlig irrelevant. Alle, Muslime und Christen, erschienen in erster Linie als Staatsbürger. Erst in zweiter Linie waren sie Angehörige einer Religionsgemeinschaft. Wie gesagt, niemand hat nachgefragt, ob das stimmt. Das geschieht jetzt. Jetzt wird nachgefragt. Es gibt Meinungsfreiheit und man glaubt nicht mehr alles. Nun muss sich die Gesellschaft im Grunde neu definieren: Was ist eigentlich Ägypten? Was ist das – Ägypter? Was heißt ägyptische Identität?

JÖRG LAU: Ungeklärte Identitätsfragen und neue Bedeutung von Religion. Wie kam es eigentlich zum Aufstieg des Islamismus in Ägypten?

ATEF BOTROS: Das Aufkommen des politischen Islams hat viele Gründe. Sein Aufstieg begann etwa in der Zeit, als das große Projekt des Panarabismus scheiterte – etwa mit der Niederlage Ägyptens im Sechstagekrieg 1967 gegen Israel. Viele Menschen suchten dann ein zweites Projekt. Man braucht immer etwas, um Zusammenhalt zu schaffen. Und das war das islamistische Projekt. Es war eine Alternative und hat mit großer finanzieller Unterstützung aus Saudi-Arabien und anderen Golfstaaten auch funktioniert. Jetzt hat die »Is-

Aus dem Alltag der Revolution

lamisierung der Straße« natürlich viele Konsequenzen. Auch wenn ich nicht übertreiben will, aber es gibt natürlich in diesem Zusammenhang durchaus Diskriminierungen von Minderheiten. Nicht nur der Christen, auch der Frauen und der Andersdenkenden. Deshalb will ich nicht von einem religiösen Konflikt sprechen, sondern von einer ideologiebedingten Veränderung in den Gewohnheiten der Menschen. Blicken wir kurz zurück auf die Zeit Hosni Mubaraks. Seine Propaganda hatte folgende Kernaussage: »Hinter mir stehen eine ganze Menge Islamisten. Wenn ich weg bin, dann viel Spaß mit denen!« Das war ein Spiel mit der Angst und hat gerade mit Blick auf den Westen funktioniert. So konnte sich Mubarak lange halten, so wurde er international flankiert.

JÖRG LAU: Werfen wir einen genaueren Blick auf die Muslimbrüder. Wie werden sie Politik gestalten?

AHMED NAGY: Wenn wir uns aktuell die politische Szene in Ägypten anschauen, vor allem die islamistischen Parteien – denn es gibt nicht eine, sondern gleich sieben Parteien –, dann ist zu beobachten, dass die Kluft zwischen ihnen wächst. Die Aussage »Der Islam ist die Lösung« reicht nicht länger aus. Das weiß man auch in diesem Lager.
Der rechte Flügel, z. B. die Salafisten, setzten den Fokus dennoch weiter auf das Thema einer islamistischen Identität. Parteien wie die Muslimbruderschaft hingegen äußern sich nicht dazu. Werden sie jedoch in Debatten befragt, sind sie gezwungen, Stellung beziehen.

Die Salafisten zum Beispiel sprechen sich für das Verbot von Alkohol oder gegen das Tragen von Bikinis aus. Die Muslimbrüder hingegen sagen zwar nicht »Wir sind dafür«. Sie können aber auch nicht sagen »Wir sind dagegen«. Sie antworten geschickt: »Wir respektieren die Freiheit des Einzelnen, solange es der Gesellschaft nicht schadet.« Das heißt so viel wie: »Solange ihr innerhalb eines Gebäudes, wie z. B. eines Restaurants oder eines Hotels, trinkt, ist das in Ordnung. Draußen aber ist es nicht in Ordnung.« Andererseits vertreten sie auch ein sehr liberales ökonomisches Modell, das kapitalistisch ausgerichtet ist. Sie respektieren das Recht auf privates Eigentum.

Man darf allerdings nicht vergessen, dass die Demokratie nicht im Mittelpunkt der Proteste stand. Für die Mehrzahl der Ägypter ist soziale Gerechtigkeit nicht einfach nur ein Schlagwort, sondern hat viele Aspekte: Es geht unter anderem um Unter- und Obergrenzen bei Gehältern für Regierungsangestellte, um ein gutes Gesundheitswesen und um mehr Rechte für Arbeiter. Die Muslimbrüder und verschiedene liberale, muslimische Gruppen haben diese Punkte nicht auf ihrer ökonomischen Agenda. In den Medien findet diese Debatte leider nicht viel Raum, dort konzentriert man sich lieber auf Themen wie das Tragen von Bikinis und den Genuss von Alkohol.

JÖRG LAU: Was sind, bezogen auf Ägypten, die Chancen eines säkularen Staates?

STEFAN SCHREINER: In der Hinsicht bin ich noch immer Optimist. Jedenfalls würde ich nicht ausschließen, dass eine Entwicklung hin zu einem säkularen System unter der Herrschaft des Rechts möglich ist. Prüfstein ist die Frage der Bürgerrechte, denn daran entscheidet sich, ob eine Gesellschaft eine zivilgesellschaftliche Befähigung entwickeln wird oder nicht. Der hohe Anteil junger Leute, der demografische Faktor also, ist zwar keine Garantie, aber zumindest ein positiver Hinweis für eine sich modern entwickelnde Zivilgesellschaft. Die jungen Leute, die auf die Straße gehen, sind international vernetzt, sie lassen sich nicht mehr in einer Weise behandeln, wie das Regime es mit ihren Eltern und Großeltern tat. Und wenn sie ihre Ziele nicht erreichen, werden sie sicher erneut auf die Straße gehen. Es wird dann eine Art permanente Revolution mit dem Ziel geben, eine säkulare Zivilgesellschaft zu etablieren.

RAINER SOLLICH: Ich bin an dem Punkt etwas weniger zuversichtlich: Weder jetzt noch für die nächsten zehn Jahre sehe ich einen Trend hin zu mehr Säkularität in der Region. Die Frage ist aber, ob eine religiöse Gesellschaft ein Schreckensgespenst sein muss, wie im westlichen Diskurs oft behauptet wird. Möglicherweise wird es eine Gesellschaft nach türkischem Vorbild geben, vielleicht wird Tunesien auch noch etwas Neues zu bieten haben, eine neue Art islamisch geprägter Zivilgesellschaft, gepaart mit der spannenden Frage des Umgangs mit religiösen Minderheiten und der Gleichberechtigung von Mann und Frau. Wir dürfen uns jedoch keine Illusionen machen: Der Westen bzw. Europa ist jetzt nicht in der Position, Regeln aufstellen zu können. Das ist völlig illusorisch und im Sinne einer Partnerschaft auch nicht erwünscht.

AHMED NAGY: Der Staat Ägypten ist rund siebentausend Jahre alt. Und in diesen siebentausend Jahren war das Land nie säkular. Ägypten ist das Land, das Religion erfunden hat. Und Religion ist mehr als eine politische oder muslimische Bruderschaft. Es ist tägliches Leben. Warum muss Ägypten säkular sein? Welche Bedeutung hätte das? Religion – egal ob Islam, Christentum oder eine andere Glaubensrichtung – ist ein Teil der Identität des Landes, so wie die säkulare Ordnung Frankreichs Teil der Identität jenes Landes ist. Mir persönlich ist Religion oder Religionsausübung nicht so wichtig. Doch für sehr viele Menschen ist sie eine Realität in Ägypten, mit der man sich auseinandersetzen muss.

The Arab Contractors
OSMAN AHMED OSMAN & Co.
www.arabconi.com
المقاولون العرب

III. Die Arabellion und das Netz

Die Facebook-Revolution

Das Web als Instrument für politische Veränderung

VON JO GROEBEL

»Ägyptischer Geheimagent zu einer Demonstrantin: ›Woher wusstest du von der Demonstration?‹ Die Frau: ›Aus Facebook.‹ Der Agent: ›Gib mir sofort dessen Adresse!‹«[1]

1. Gesellschaftliche Umwälzungen im Digitalzeitalter

Das 21. Jahrhundert hat bereits rund um die erste Dekade zahlreiche politische Veränderungen bis hin zu Revolutionen gesehen. Zunächst formierte sich vergeblich Widerstand im Iran. In zahlreichen nordafrikanischen Staaten wurden Regimes 2011-2012 gestürzt. In Russland waren die Präsidentschaftswahlen des Jahres 2012 zum ersten Mal von substantiellen Aufmärschen und Demonstrationen der Opposition begleitet. All diesen Geschehnissen ist gemein, dass das Internet mit seinen verschiedenen Ausprägungen eine wichtige Rolle gespielt hat und spielt. Blogger konzentrierten die Stimmen der Opposition, die sogenannten *Social Media*, vor allem *Facebook*, schufen eine bis dahin kaum bekannte schnelle Gemeinschaft über Ort und Zeit hinweg. Besonders im Falle der Umwälzungen in Tunesien, Ägypten und Libyen wurde gar von einer *Facebook*-Revolution gesprochen. Nun mag das Web zwar nicht ursächlich zu den Veränderungen geführt haben, doch wären sie vermutlich ohne die gemeinschaftsbildende und meinungsführende Funktion des Web anders oder gar nicht geschehen. Aus einer in der Vergangenheit örtlich begrenzten Zusammenführung wurde vor allem eine sehr schnell und spontan agierende Gemeinde.

Es lohnt deshalb, sich die Geschichte von menschlicher Entwicklung und sozialer Veränderung unter kommunikativen Aspekten anzuschauen. Ebenso muss man die

---

[1] Zitat aus dem Theaterstück: »Lessons in Revolting« von Laila Soliman und Ruud Gielens. Uraufgeführt in Kairo 2012.

spezifischen Eigenschaften von Web und *Social Media*, die mit politischen Umwälzungen korrelieren, genauer betrachten.

2. Menschheitsgeschichte und Evolution als Geschichte der Kommunikation

Herkömmlich werden Evolution und Menschheitsgeschichte über die Weiterentwicklung von Werkzeugen beschrieben. Doch es macht ebenfalls Sinn, sich über die Genese der Kommunikationsformen anzunähern. Unsere tierischen Vorfahren nutzten und nutzen neben Brunft- und Lockrufen Warn- und Jagdlaute, sie schaffen Verständigung und Gemeinschaft bei Bedrohung oder Angriff. Die gesprochene Sprache in ihren Nuancen hat sich unter anderem aus diesen Lautformen entwickelt. Immer komplexere Arten der Verständigung schufen immer differenziertere Reflexionen über das Zusammenleben. Entscheidend dabei war, dass neben die emotional-intuitive Ausdrucksmöglichkeit das textbasierte antizipierende und zukunftsentwerfende Denken trat. Beide, Intuition und Abstraktion stehen dabei in Wechselbeziehung. Wie schnell dann der Inhalt von Worten zum Instrument der Veränderung wurde, illustriert stellvertretend Sokrates. Seine Rhetorik wurde als so bedrohlich für den Staat empfunden, dass er den Schierlingsbecher trinken musste. Die großen Veränderungen der Weltgeschichte mögen häufig auf situativen Zufallswendungen basieren. Langfristigen Prägungen aber liegen vor allem Gedanken- und Textwerke zugrunde: z. B. die Bibel, der Koran, »Das Kapital«.

Doch nicht nur gesprochene Sprache und Texte sind potenzielle Grundlagen für Umwälzungen, auch visuelle und musikalische Zeichen in ihren unterschiedlichen Ausprägungen spielen eine zentrale Rolle. Aus der Veränderung von tierischen Fell- und Farbdetails in Zuneigungs-, aber auch Bedrohungs- und Angriffssituationen wurden Signale in Kleidung, Armierung und Flaggen. Schon früheste Heere führten zur Gemeinschaftsbildung und zur Einschüchterung des Gegners martialische Symbole und Ikonen mit sich. Keine moderne Krise kommt ohne zum Teil professionell gestaltete Logos aus. Spätestens seit dem Erfolg von *CNN* wurden regelrechte Markenlogos für die Kriegs- und Konfliktkennzeichnung eingeführt. Schließlich ist Musik bis hin zu modernen *Jingles* ein wichtiger Bestandteil der Gemeinschaftsbildung und Gegnereinschüchterung. Wiederum entwickelt als Bedrohungs- und Zusammenhaltsignal führt sie im Trommeln und in den Märschen der Angreifer Armeen zusammen. Und keine revolutionäre Opposition kommt ohne Solidaritätsgesänge und Anfeuerungsrhythmen aus. Oft entstehen regelrechte Hits, inzwischen elektronisch verbreitet, die die Idee des Aufstandes auf einen Nenner bringen. In *YouTube-Clips* werden sie zu schnell identifizierbaren Wiedererkennungszeichen.

Gemeinsam für Demokratie und Transparenz

Schon in den archaischen Formen politischer Bewegungen hat also das Zusammenspiel verbaler und nonverbaler Signale eine entscheidende Rolle gespielt. Erst Recht mit der industriellen Fertigung und Verbreitung und damit der Entstehung von Massenmedien wurde Kommunikation zu einem der effektivsten Mittel der gesellschaftlichen Veränderung. Umgekehrt sahen Regierende potenziell eine Gefährdung ihrer eigenen Macht darin. Die Geschichte der Massenkommunikation ist auch eine Geschichte versuchter oder erfolgreicher Zensur. Mit der Entstehung des Buchdrucks ging die Befürchtung einher, Menschen könnten vom rechten Glauben und von der Obrigkeitstreue abgelenkt werden. Spätestens die *Encyclopédie Diderot & D'Alembert* war eine entscheidende Grundlage, die Bürger aus dem Unwissen und der Abhängigkeit von herrschenden Ständen herauszuführen, um sie mit Wissen und damit Veränderungswillen und -fähigkeit auszustatten.[2] Sie ist untrennbar mit der Französischen Revolution verbunden. Im Wechselspiel zwischen sachlicher Information, Aufklärung und emotionalem Appell wurden dabei die Instrumente der Massenkommunikation in alle Richtungen immer differenzierter. Propaganda,

[2] Die *Encyclopédie ou Dictionnaire raisonné des sciences, des arts et des métiers* ist eine französischsprachige Enzyklopädie von Denis Diderot, Jean Baptiste le Rond d'Alembert und weiterer 142 Bearbeiter, der sogenannten Enzyklopädisten. Der erste Band erschien im Jahr 1751. 1780 wurde die Reihe mit dem 35. und letzten Band abgeschlossen. Die *Encyclopédie* ist die wohl berühmteste frühe Enzyklopädie im heutigen Verständnis. URL: http://portail.atilf.fr/encyclopedie/.

Pamphlete und Flugblätter gab es seit Menschengedenken. Ihre massenweise Verbreitung entwickelte sich aber im Zeitalter der Industrialisierung parallel zu der der am Fließband gefertigten Waffen. Beides kumulierte während des Ersten Weltkrieges sowohl im Einsatz massenvernichtender Maschinen wie auch zu Hunderttausenden verbreiteter Propagandaschriften. Nicht zufällig basiert Gustave le Bons *Massenpsychologie* vom Ende des 19. Jahrhunderts auch auf der Manipulation durch Presse und Medien.[3] Das erste systematische Buch speziell zur Rolle der Massenmedien im Konflikt stellt Harold Lasswells *Propaganda Techniques in the World War* aus den 1920er Jahren dar.[4] In den politischen Wirren nach dem Ersten Weltkrieg spielten wiederum die zunächst dem eigenen Durchhalten und der Einschüchterung des Gegners gewidmeten Pamphlete und Flugblätter eine entscheidende Rolle bei den innenpolitischen Umwälzungen.

Inzwischen hatten auch die audiovisuellen Medien Eingang in Kultur und Gesellschaft gefunden. Ab den 1920er Jahren war das Radio zu einem schnell akzeptierten Kommunikationsmittel für die Massen geworden, schon zuvor hatte auch der Film regelmäßig politische Inhalte verbreitet. Eine der Pionierleistungen der Kinogeschichte, *Birth of a Nation* von David Ward Griffith, 1915, handelt von den politischen Wirren in der Geschichte der USA. Nicht verwunderlich also, dass das Kino auch zügig zum Ort der Beeinflussung wurde und gar in der Theorie Lenins und seiner Nachfolger als eines der zentralen gesellschaftlichen »Erziehungsinstrumente« gesehen wurde. Zum Teil mit cineastischer Meisterschaft umgesetzt, wie bei Sergej S. Eisenstein, häufig aber auch als platte Propaganda. In den 1930er Jahren schließlich förderte das deutsche Propagandaministerium unter Joseph Goebbels die Erforschung und Durchsetzung des Fernsehens, das als damals neues Medium zur Massenbeeinflussung dem auditiven Volksempfänger an die Seite gestellt werden sollte. Es verwundert also nicht, dass mit zu den ersten Handlungen bei jedem versuchten Umsturz gehört, Presse, Radio- und Fernsehanstalten unter Kontrolle zu bringen.

Mit dem Internet, das 1969 als flexibles und nicht mehr zerstörbares Kommunikationsinstrument für das amerikanische Militär entwickelt worden war, brach schließlich eine neue Ära der unmittelbaren Kommunikation an. Es dauerte aber noch fast vierzig Jahre, bevor es zu einer der wichtigsten Plattformen für gesellschaftliche Umwälzungen heranreifte.

---

[3] Le Bon, Gustave: Psychologie der Massen. Übersetzt von Rudolf Eisler. Stuttgart 2008.

[4] Lasswell, Harold: Propaganda Techniques in the World War. London/New York 11927 [Nachdruck mit neuer Einführung: Cambridge/MA 1971].

3. Social Media: Facebook und Co.

Die Bildung von informellen virtuellen Gruppen im Netz gehört mittlerweile zu den Hauptaktivitäten der digitalen Welt. Man verbindet sich weltweit mit anderen, schafft neue Freundeskreise, intensiviert alte, frischt unterbrochene Beziehungen auf. Die weltweit führende *Social Media*-Plattform *Facebook* wird 2012 von fast einer Milliarde Menschen genutzt. Innerhalb des individuellen Kommunikationsverhaltens steht sie bei vielen, nicht nur jungen Menschen auf Platz Eins, vor Telefonieren, Medienkonsum, selbst vor persönlichen Gesprächen. In der durchaus realistischen Karikatur trifft man sich auf Partys, um dort dann nicht miteinander, sondern per *Smartphone* mit anderen außerhalb des Ortes befindlichen Menschen zu kommunizieren. Zunächst steht wie bei *Facebook* oder den inzwischen weniger erfolgreichen deutschen »VZs« der freiwillige soziale Kontakt im Vordergrund, das *Posten*, also Senden von persönlichen Meinungen, Fotos, Gedanken, Gefühlsregungen, das *Sharen*, also Teilen von Drittinhalten wie Videos, Texten, Bildern, die einem besonders gut gefallen haben, die Einladung zu Partys und Großereignissen, schließlich der Austausch persönlicher Nachrichten. Es gibt aber auch eine große Bandbreite von Netzwerken, die eine über Freizeitkontakte hinausgehende Funktion haben, für Beruf und Karriere z.B. *Linkedin*, *Xing* oder *ASW*. *Social Media*-Funktionen übernehmen auch Nachrichtenplattformen wie *Twitter*, die schon seit langem existierenden *Blogs* und die *Review*- und Kommentarmöglichkeiten bei Produkt- und Serviceangeboten. Kurz, das Web und die sozialen Medien haben eine Welt geschaffen, in der jeder Inhalt, jede Äußerung, jedes Ereignis sofort kommentierbar und teilbar geworden ist.

Das Web und die sozialen Medien haben eine Welt geschaffen, in der jeder Inhalt, jede Äußerung, jedes Ereignis sofort kommentierbar und teilbar geworden ist.

Entscheidend ist in diesem Zusammenhang, dass eine neue Form der Meinungsbildung entstanden ist, synchron, zunächst ungesteuert und informell, jeden erreichend und von jedem selbst zu beeinflussen. Neben die herkömmliche Öffentlichkeit ist die vielleicht noch wirksamere digitale Öffentlichkeit getreten. Sie greift Themen aus Politik, Medien und Gesellschaft auf, verstärkt sie; sie schafft selbst Themen und Ereignisse und bringt sie auf die politische Agenda. Sie ist natürlich selbst Thema wie bei der sogenannten »*Facebook*-Revolution« in Nordafrika. Waren jedenfalls in den letzten Jahrhunderten die traditionellen Massenmedien zentrale Treiber gesellschaftlicher Veränderung gewesen, gilt dies innerhalb kürzester Zeit für die *Social Media*. Damit hat sich auch das aus der Kommunikationswissenschaft bekannte Sender-Empfänger-Modell verändert. Nicht mehr das Wenige-zu-Vielen steht im Vordergrund. Vor allem gilt: Viele-zu-Vielen. Auch wenn es immer noch die informellen Meinungsführer, also ein begrenztes Wenige-zu-Vielen gibt. Nur institutionalisiert und kontrolliert ist dieser Prozess nicht.

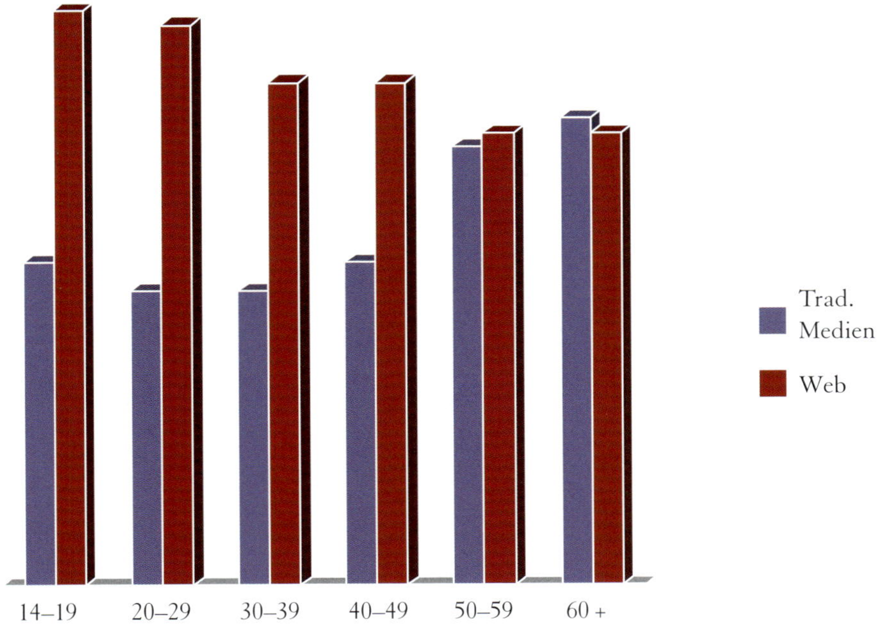

Abbildung: Vergleich Glaubwürdigkeit traditionelle Medien & Web-Communities, IBM 2006[5]

Zugleich verschwimmen damit die Grenzen zwischen privater, persönlicher Erfahrung und dem allgemeinen Öffentlichen, zwischen dem emotionalen Eindruck, dem Gruppenerlebnis und der distanziert-objektiven Analyse. Dies schafft eine vermeintlich größere Authentizität, die sich bereits 2006 in einer wahrgenommen größeren Glaubwürdigkeit der Informationsquellen aus der Netzgemeinschaft niederschlug, wie die Abbildung zeigt. Inzwischen ist die Diskrepanz auch bei Älteren noch viel größer geworden. Viele Menschen nutzen schlichtweg die herkömmlichen Massenmedien als Nachrichten- und Meinungsplattformen gar nicht mehr und beziehen alle gesellschaftlich relevante Information nur noch aus dem Netz. Auch wenn die Einsicht zunimmt, dass auch hier und erst recht hier Sachverhalte manipuliert werden können.

Bewegten sich die bisherigen Massenmedien im Spannungsfeld der »Drei M«, also zwischen *Mere Facts*, möglichst objektiver Berichterstattung, *Mission*, einer potenziell manipulativen, in jedem Fall kommentierend Stellung beziehenden Berichterstattung und *Market*, dem vor allem auf Wirtschaftserfolg ausgerichteten Ansatz,

[5] Zitiert nach Deutsches Digital Institut: »Das Digitale Deutschland.« Internes Papier. Berlin 2007.

ist mit den *Social Media* ein viertes M hinzugekommen, der *Mutual Influence*, die gegenseitige Beeinflussung innerhalb der Netzgemeinschaft. Dies und nicht die zum Teil gar nicht mögliche freie Arbeit von Presse, TV, Radio hat der politischen Veränderung unter totalitären Regimes die Türen geöffnet.

4. Eigenschaften der Social Media, Motive zu ihrer Nutzung

Die Wechselbeziehung zwischen den faktischen Eigenschaften der sozialen Netzwerke und den Motiven ihrer Nutzer schafft deren Veränderungspotenzial. Das Web und die *Social Media* lassen sich durch acht »Us« charakterisieren:

Sie sind »unmittelbar«, das heißt jedes Ereignis, jede Äußerung ist durch die globale Omnipräsenz von *Smartphones* und anderen Mobilgeräten nahezu synchron kommunizierbar. Die Plattformen sind »universal«, jeder kann weltweit partizipieren. Sie sind »unidentifizierbar«. Auch wenn Datenschutz und Datensicherheit einerseits verbessert worden sein mögen, andererseits aber immer mehr Möglichkeiten der Erkennung von Sendern bestehen, kann man zunächst von einem recht hohen Anonymitätsgrad ausgehen. Er schützt bestenfalls Veränderungswillige und Oppositionelle, lässt umgekehrt aber auch Manipulation ohne Rechtfertigungsdruck bei der Informationsverbreitung zu. Durch die vielen Digitalmodi sind Kommunikation und Information »umfassend«; durch Videos, Fotos, Grafiken, Texte, Ton wird eine ganzheitliche, damit wahrgenommen hohe Authentizität geschaffen, zugleich nimmt die sensorische Attraktivität zu. Zudem sind die Plattformen »unterwegs« und »unabhängig von Raum und Zeit« nutzbar, das bewirkt eine Vierundzwanzig-Stunden-Präsenz. Unabhängigkeit besteht auch von institutionellen Anbindungen, dadurch werden das Web und die *Social Media* zu einem Kommunikationssystem des von »Unten nach Oben« und umgekehrt. Hierarchien in formalisierter Weise existieren nicht, bilden sich höchstens informell zum Beispiel durch Meinungsführer heraus, erst recht da die Kommunikation zunächst »unstrukturiert« erfolgt, dadurch aber auch in neue Richtungen gebracht werden kann, wie es bei gesellschaftlichen Veränderungen geschieht.

Social Media sind also eine dynamische, offene und flexible Ausgangsbasis für ein ganzes Spektrum von Nutzerbedürfnissen. Diese sind in Medienpsychologie und Kommunikationswissenschaft recht differenziert erforscht und beschrieben worden, sie gelten auch außerhalb des Veränderungswillens für oppositionelles Engagement.

Freiwillige Kommunikation erfolgt meist durch Neugier und messbare physiologische Anregung. Bei den traditionellen Massenmedien sind es Aufmachung und Spezialeffekte, die mit augenblicklicher Aufmerksamkeit verbunden sind. Diese Eigenschaften führten zur Annahme einer »Aufmerksamkeitsökonomie« bei der das Schaffen von Beachtung als Währung gesehen wird. Im Netz sind es ansprechende Gestaltung und natürlich die Neugier auf alte und neue Bekanntschaften, die schon auf der körperlichen Ebene Wohlbefinden und Zuwendung schaffen. Wirken tut dies aber erst richtig in Kombination mit emotionaler und sozialer Aufladung. Das Netz und insbesondere die *Social Media* gehen einher mit meist positiver Gefühlsbindung, aber auch der Polarisierung und Absetzung gegenüber abgelehnten Gruppen und als unterdrückend erlebten Regimes. Durch Beachtung und Emotion wiederum nimmt die Wahrscheinlichkeit einer damit verbundenen Informationsaufnahme und -verarbeitung zu. Dies bezieht sich auf die Verbreitung von Fakten, zum Beispiel die Inhaftierung Gleichgesinnter, gilt aber auch für Handlungswissen, zum Beispiel die Organisation von Protestmärschen. Mittel- und langfristig führen die Kommunikationsstrukturen und die kumulierten Einzelinformationen zur Herausbildung von ganzheitlichen Weltbildern und entsprechenden Grundeinstellungen. Durch die Kommunikation mit ähnlich Orientierten entsteht eine immer klarere Interaktionsdynamik mit Meinungsführern, Rollenverteilungen und einem »Gehören«, das sich kaum noch von persönlich anwesenden Gruppen unterscheidet. Zusammen mit einer recht schnell ausgeprägten Gruppennorm und -ethik und, bei Oppositionellen, einer Zielvorstellung über eine bessere Gesellschaft nimmt der Wunsch zu, aus der Virtualität in die Realität hinaus zu treten und zu handeln. Verstärkt wird dieser Wunsch durch die Wahrnehmung, zugleich anonym und mit vielen solidarisch zu sein. Umgekehrt wirken genau diese Eigenschaften anziehend auf immer mehr bislang individuell Denkende und Handelnde. Wie sehr solche Strukturen selbst zum Kern der politischen Agenda werden können, zeigt der Erfolg der deutschen Piratenpartei, der sich inzwischen in anderen Ländern wiederholt. Die *Social Media* schaffen also nicht ursächlich ein revolutionäres Potenzial. Sie bieten aber eine in dieser Form bislang nicht bestehende Infrastruktur, sich in einer auf Veränderung abzielenden Gemeinschaft in großer Zahl, kurzfristig und spontan wiederzufinden.

Die sozialen Medien bieten eine bislang nicht bestehende Infrastruktur, sich in einer Gemeinschaft in großer Zahl, kurzfristig und spontan wiederzufinden.

5. Die Sozialpsychologie radikaler Gruppen in herkömmlicher und digitaler Kommunikation

Unabhängig von der politischen Einschätzung und gesellschaftlichen Ausrichtung einer an Veränderung interessierten Gruppe zeichnet sie sich je nach Kontext in der realen Begegnung wie in der digitalen Zusammenführung durch eine Reihe von Eigenschaften aus. Auf der Ebene der Initiatoren und der führenden Personen sind die Analyse und die Bewertung der aktuellen Gesellschaftsumstände in der Regel rhetorisch überzeugend zu finden. Kanalisiert aber werden diese Überzeugungen bei den Anhängern und Gruppenmitgliedern durch eine Reihe weiterer Faktoren, die eher persönlicher und nicht zwingend politisch-reflektierender Natur sein müssen. Die unmittelbare Erfahrung persönlich massiv einschränkender und auf Dauer frustrierender Lebensumstände ist auch ohne differenzierte Politikanalyse zweifellos ein Hauptmotor für Veränderungswillen und Anschluss an umwälzungsbereite Gruppen. Der zum Helden gewordene junge Mann, der sich in Tunesien verbrannte, war nicht unbedingt ein Intellektueller mit umfangreicher Bewertung der gesellschaftlichen Umstände, er protestierte aus der selbst erfahrenen Begrenzung seiner Lebensmöglichkeiten heraus. Die oppositionelle Bewegung bietet zudem im Gefühl des Verlorenseins den Einzelnen wieder ein »Gehören«, einen Sinn für ihre Existenz, die unmittelbare oder digitale Bindung zwischen konkreten Mitgliedern verstärkt dieses »Gehören« noch einmal. Häufig entstehen in der und durch die Gruppe neue Partnerschaften, die die Gesamtidee weitertragen und emotional verstärken. Reale und vermeintliche Revolutionsepisoden beziehen daraus gar eine romantische Aufladung bis hin zu romantischen Mythen über einzelne Führungspersönlichkeiten. Schließlich ist der Ereignischarakter der Proteste besonders für Jugendliche auch ein attraktives Erlebnismoment mit dem physiologischen Effekt des Nervenkitzels. In der akut bedrohlichen Situation direkter Konfrontation kann eine Mischung aus Faszination, Mitgerissenwerden und Angst entstehen. Unter weniger unmittelbar körperlich brisanten Umständen wie bei den Protesten in Russland sind die Grenzen zwischen politischer Demonstration und *Happening* fließend. Hier ist neben den Überzeugungen auch eine hedonistische Komponente involviert, allerdings nicht zu beschränken auf den Begriff Partyrevolution. Die Motive zum Anschluss an eine umwälzungswillige Gemeinschaft setzen sich also in der Regel aus unterschiedlichen Faktoren zusammen. Ohne konkrete Anlässe und langfristig erfahrene Beschränkungen dürfte keine Opposition erfolgreich sein, es sind aber nicht zwingend umfangreiche Gesellschaftsanalysen, die den Revolutionsimpetus schaffen.

Während die genannten Eigenschaften vor allem für die konkrete Begegnung gelten, erleichtern die schon beschriebenen Charakteristiken von Web und *Social Media* das Zusammenfinden zur Veränderung noch einmal deutlich. Orts- und Zeitunabhängigkeit, Spontanität und Direktheit sowie die erhoffte Anonymität der Kommunikation lassen vielleicht vorhandene Befürchtungen vor Verfolgung zunächst geringer werden. Zudem gibt es im Netz die Möglichkeit, Einzelereignisse, emotionale Bilder und Aufrufe nahezu synchron massenhaft über große Distanzen hinweg zu verbreiten. Dabei gehört die Tendenz, vor allem extremere Geschehnisse und Standpunkte zu betonen und zu beachten, zu den Merkmalen virtueller Kommunikation.

6. Perspektiven für die Rolle des Web bei gesellschaftlichen Veränderungen

Genau wie die herkömmlichen Massenmedien sind Web und *Social Media* zunächst neutrale Plattformen, die allerdings im besten Falle eine gute Basis und Infrastruktur für Information, Aufklärung, Kommunikation, Meinungsbildung und Handeln bieten. Auf der Pro-Seite gehen sie zugleich einher mit einem zunächst größeren Schutz durch Anonymität für Oppositionelle, schaffen im besten Fall einen freien Zugang zu Gemeinschaften und zur Meinungsäußerung, ermöglichen spontane Aktionen und entwickeln zugleich kollektive Verantwortung. Auf der Kontra-Seite sind Informationen schwer zu verifizieren. Doch im Vergleich zu oft zensierten und manipulierten Staatsmedien erscheint dieses Risiko durch eine viel größere kritische, auch internationale Öffentlichkeit langfristig kontrollierbar. Umgekehrt mag durch die vermeintliche Anonymität ein falsches Sicherheitsbedürfnis entstehen, Regierungen verfügen in der Regel über gute *Trackingsysteme*, können zumindest den Internetverkehr blockieren oder durch *Agents Provocateurs* eine gewünschte Gewalteskalation auslösen. Denn schließlich mag die Unkontrollierbarkeit der Strukturen Gewalttendenzen fördern, doch ist die reale Gewalt, wie sie 2012 Oppositionelle durch die syrische Regierung erfahren, kaum durch Netzinitiativen zu überbieten. Insgesamt bleibt das Web vor allem ein Ort, der durch Wissensverbreitung und Austausch Menschen freier machen kann.

Die Herausforderung besteht darin, die Netzstrukturen in funktionierende reale Abläufe und Organisationen von Politik, Gesellschaft und Medien zu überführen:

- Aus Spontanität und Selbstselektion müssen tragfähige demokratische Systeme mit Mandats- und fähigen Funktionsträgern werden.
- Anonymes Handeln muss übergehen in öffentlich identifizierbares und von Verantwortung getragenes Entscheiden, Stichwort *Accountability*.
- Informelle Meinungsführer müssen sich der Wahl und Abwahl als Entscheider stellen.
- Aus episodischer Information muss handwerklich gut aufbereitete, systematisch recherchierte und umfassende Wissensvermittlung entstehen.
- Neben das Web muss eine institutionalisierte freie Medienstruktur treten, die überlappend mit der digitalen Welt als vierte Gewalt fungiert.

Die Balance zwischen Freiheit und Verantwortung zu finden, ist dabei eine der Aufgaben für das Handeln in digitaler und herkömmlicher Welt. Die Forderung ist trivial. Die Umsetzung nicht.

7. Literatur

Groebel, Jo/Goldstein, Jeffrey H. (Hg.): Terrorism. Psychological Perspectives. Sevilla 1989.
Groebel, Jo/Hinde, Robert A. (Hg.): Aggression and War. Their Social and Biological Bases. Cambridge 1991.
Groebel, Jo/Noam, Eli M./Feldmann, Valerie (Hg.): Mobile Media. Mahwah 2006.
Hinde, Robert A./Groebel, Jo (Hg.): Cooperation and Pro-Social Behaviour. Cambridge 1992.
Noam, Eli M./Groebel, Jo/Gerbag, Darcy (Hg.): Internet Television. Mahwah 2003.

Sandmonkey, Bigpharao und das Bloggen in Ägypten

Zur Geschichte einer neuen publizistischen Gattung

VON LEONIE KIRCHER

1. Einleitung

Kairo im Januar und Februar 2011 – die Bilder, die die Medien von dort in die Welt schickten, haben sich im kollektiven Gedächtnis verankert: Der Midan Tahrir, gesäumt von Millionen von Menschen, die Banner hochhaltend, singend, betend und skandierend, den Abtritt von Mubarak fordernd. Und inmitten der Millionen im Zentrum des Tahrir-Platzes – im Herzen der »Republik Tahrir« – steht das Medien Camp mit den Protagonisten, die Inhalt dieses Essays sind: die Blogger. Ausgestattet mit Laptops, Mobiltelefonen, Zelten, Schlafsäcken, Essen und Getränken campen sie Tag und Nacht inmitten der und geschützt durch die Revolution, um von der Quelle des Geschehens aus das eigene Land und den Rest der Welt über die Ereignisse zu informieren.

Vor dem Hintergrund, dass es etwas mehr als sieben Jahre zuvor noch keine Bloggerszene in Ägypten gab, stellt sich die Frage, wie die politische Bloggerszene entstand und sich weiter entwickelte. Wer sind die Blogger, was ist deren Motivation? Inwiefern haben Blogger Einfluss auf die Gesellschaft und wo sind ihre Grenzen? Im Folgenden soll diesen Fragen nachgegangen werden. Insbesondere die Blogger Sandmonkey und Bigpharao, welche international bekannt sind, stehen dabei exemplarisch im Fokus dieses Textes.

2. Das Aufkommen der Weblogs

»Anyone who has been following this blog knows that democracy is dying around here. I am really mad [...] at the Egyptian people, whom we risk our lives for. I am mad at them for not caring [...] for not fighting for their rights and not doing anything while they see what we go through in order to fight for those same rights that they know they need [...].«[1]

[1] Sandmonkey-Blog: Endgame. URL: http://www.sandmonkey.org/2007/03/25/endgame/ (05.01.2012).

Werfen wir einen Blick auf Hosni Mubarak: Mubarak verstand es, vor dem Hintergrund von 9/11-Angst und der Islamophobie des Westens seine Position zu stärken. Das Ausland übte kaum Kritik an der Innenpolitik Ägyptens, da es nicht im Interesse Amerikas und anderer westlicher Staaten war, einen der wichtigsten Partner im sensiblen Nahost-Gefüge zu verlieren. Vor diesem Hintergrund zeigte sich der ägyptische Staat nur in dem Maß reformfreudig, wie es der Verwirklichung seiner Interessen diente. Demokratische Reformansätze gab es nur zur Dekoration. Kritik am Präsidenten war zwar gestattet, aber nur bis zu einem bestimmten Grad. Mubarak und seine *Neue Demokratische Partei* (*NDP*) [2] dominierten die Politik, die Oppositionsparteien hatten keinerlei Einfluss, sie waren vielmehr ein »Spielball staatlicher Patronage«.[3] Alle Parteien mussten durch einen Lizenzierungsprozess gehen, eine Aufgabe, welche dem *NDP*-treuen *Komitee für Politische Parteien* (*PPC*) unterstand und damit rechnen, bei »Fehlverhalten« die Lizenz entzogen zu bekommen. Die Opposition vermochte keinen Einfluss auszuüben, schwächte sich durch interne Rivalitäten selbst und trug als Säule des Systems zur Stabilität von Mubaraks Regime bei.«[4]

Dreißig Jahre regierte Hosni Mubarak den Staat und schloss dabei die Bevölkerung gezielt von der Politik aus. Mit Erfolg: 93 Prozent der Jugendlichen gaben in einer Umfrage von 2005 an, in keiner politischen Partei zu sein, 90 Prozent beschrieben sich als politisch völlig desinteressiert.[5] Eine der letzten großen »Reformen« Mubaraks war die Verfassungsänderung im Mai 2007. Mit der Aufnahme des Anti-Terror-Artikels (§ 179) in die Verfassung lag eine Legitimation des 1981 ausgerufenen Ausnahmezustandes vor. Exekutive und damit die staatliche Willkür wurden so, unter Einschränkung der politischen und bürgerlichen Freiheiten, gestärkt.[6]

Themen, die in der »realen« Öffentlichkeit tabu waren, konnten angesprochen werden: Politik, gesellschaftliche Probleme, Religion und Sex.

In dieser Gesellschaft, in der kein öffentlicher Diskurs stattfinden konnte und die Bevölkerung von der Politik weitestgehend ausgeschlossen war bzw. mit Pseudo-Wahlen »besänftigt« wurde, bot sich das Internet als alternatives Diskussionsforum an. Der lang bestehende Mangel an Diskussionsmöglichkeiten drückt sich in der

[2] Die NDP, Partei des nun ehemaligen Präsidenten Hosni Mubaraks, wurde nach dessen Sturz am 11.02.2011 verboten.

[3] Demmelhuber, Thomas/Roll, Stefan: Herrschaftssicherung in Ägypten. Zur Rolle von Reformen und Wirtschaftsoligarchen. URL: http://www.swp-berlin.org/de/common/get_document.php?asset_id=4176. S. 17 (08.02.2012).

[4] Vgl: Albrecht, Holger: »Freiräume und Grenzen politischer Opposition in Ägypten. Opposition in autoritären Systemen: Die Quadratur des Kreises?« In: Haridi, Alexander (DAAD): West-östlicher Seiltanz. Deutsch-arabischer Kulturaustausch im Schnittpunkt Kairo. Bonn 2005. S. 176.

[5] »Democracy101.« In: Al-Ahram Weekly Online. URL: http://weekly.ahram.org.eg/2005/757/eg8.htm (20.07.2007).

[6] Demmelhuber: Herrschaftssicherung in Ägypten. S. 16.

Intensivität der Nutzung des Mediums aus: »No other language group debates as avidly on the Internet as Arabic speakers.«[7] Themen wurden angesprochen, welche in der »realen« Öffentlichkeit nicht besprochen werden konnten: Politik, gesellschaftliche Probleme, Religion und Sex.
Politische Internetblogs in Ägypten sind eine unmittelbare Reaktion auf die eingeschränkte Berichterstattung in den klassischen Medien, wie Zeitungen, Radio und Fernsehen. Die mangelnden und unausgeglichenen, da vom Staat kontrollierten Informationen machten die Teilhabe des Bürgers an einem (politischen) Diskurs unmöglich. Der erlebte subjektive Entzug führte zu einer Suche nach Artikulationsalternativen. In Folge der Exklusion begannen immer mehr Ägypter sich über Weblogs eigene Artikulationsorte zu schaffen und zu organisieren. Doch wer sind die Blogger beziehungsweise Blognutzer?
Laut der Weblog-Suchmaschine *Technorati* gab es 2007 weltweit circa siebzig Millionen Weblogs. Vierzigtausend davon waren im Nahen Osten angesiedelt, wobei der Iran und Libanon die höchste Anzahl an Weblogs (Blogs) aufwiesen.[8] Ein Weblog ist ein von einer Person, dem Blogger, geführtes Internet-Tagebuch, in dem sich der Blogger mit aktuell bedeutsamen Themen auseinandersetzt. Der Begriff »Weblog« ist eine Zusammensetzung der beiden englischen Wörter »Web« (Netz) und »Logbook« (Reisebuch/Tagebuch). Blogs sind zeitchronologisch aufgebaut und zeichnen sich durch eine einheitliche Navigation, die Markierung der Einträge durch Zeitstempel, Subjektivität, Netz- und Gemeinschaftsbasiertheit sowie Interaktivität aus.

Als einer der ersten politischen Blogger Ägyptens gilt Amr Gharbeyyah, der seinen Blog *http://gharbeia.net/* 2004 eröffnete. Weitaus bekannter und medial nach wie vor sehr präsent begann im Februar 2005 der Ägypter Wael Abbas seinen Blog »misrdigital« zu führen.[9]
Seit ihrem Aufkommen erfuhren ägyptische politische Weblogs stets wachsendes mediales Interesse – national und international. Besonders in Krisenzeiten wuchs und wächst ihre Popularität. In solchen Zeiten, zum Beispiel während des Libanonkrieges im Jahre 2006, werden klassische Medien häufig als zu parteiisch empfunden und alternative Medienquellen gesucht. Blogger als unabhängige Augenzeugen werden als authentischere Quellen wahrgenommen. Der ägyptische Blogger Wael Abbas berichtet beispielsweise, dass monatlich ca. dreißigtausend Personen seinen Blog besuchten. Im Mai 2005 jedoch stieg die Zahl der Besucher innerhalb von zwei

[7] Hofheinz, Albrecht: »The Internet in the Arab World.« In: IPG, Heft 3/2005. S. 92.
[8] Saleh, Ibrahim (Professor für Massenkommunikation an der Amerikanischen Universität Kairo): Vortrag im Rahmen des deutsch-arabischen Mediendialoges in Amman am 26.07.2007.
[9] Wael Abbas-Blog. URL: http://misrdigital.blogspirit.com/ (09.01.2012).

Tagen auf über fünfhunderttausend Besucher. [10] Der Grund dafür war, dass in Kairo ein Protest von der Regierung gewaltsam unterdrückt worden war.

Während des Irak-Krieges erfuhr auch der Blog des irakischen Bloggers Salam Pax eine unglaubliche mediale Aufmerksamkeit. Diese mündete in die Veröffentlichung eines Buches über ihn und seinen Blog – *The Clandestine Diary of an Ordinary Iraqi*.[11] Neben dem Phänomen, dass in Krisenzeiten die Popularität von Weblogs ansteigt, ist generell in jenen Ländern ihre Anzahl höher, in denen die Meinungsfreiheit von autoritären Regimes eingeschränkt wird. 2005 wurde das Bloggerpaar Manal und Alaa im Rahmen der von der Deutschen Welle initiierten *Best of Blogs (BOBs)*-Wahl von der Jury in der Kategorie *Reporters without Borders* ausgezeichnet. In der Begründung hieß es, dass sie mit ihrem Blog *http://www.manalaa.net/* zu einer Institution unter regimekritischen arabischen Bloggern und Journalisten geworden seien: »Manal and Alaa strive to promote freedom of expression and protect human rights as well as highlighting the need for political reforms in Egypt.«[12]
Die bis dato medial größte Berichterstattung erfuhr der Blogger Karim Amer, der 2007 als erster ägyptischer Blogger zu einer vierjährigen Gefängnisstrafe verurteilt wurde. Diese Strafe wegen Kritik an der Religion und Beleidigung des damaligen Präsidenten Hosni Mubarak diente als Warnzeichen des Regimes gegenüber der restlichen Bloggerszene. Das ägyptische Regime, das seine mediale *Gatekeeper*-Funktion untergraben sah, aber das Internet nicht vollständig kontrollieren konnte, setzte auf Abschreckung. Der Fall bewirkte jedoch vor allem eines: das stärkere Zusammenwachsen der Bloggerszene und nachhaltige internationale mediale Aufmerksamkeit gegenüber Bloggern.
Politische Blogs geben einen besonderen Einblick in das vorherrschende sozial-politische Gefüge und das Selbstbild der ägyptischen Jugend. Sicherlich ist der Begriff »politisch« nicht immer zutreffend, da in die Artikel persönliche Hintergründe einfließen. Denn das Aufgreifen von Themen innerhalb dieser Blogs basiert zumeist auf zwei Anreizen: Entweder wird ein Thema besprochen, da es bereits im *Agenda Setting* klassischer Medien behandelt wird, oder weil es im Umfeld des Bloggers einen Bezug zu einem bestimmten politischen Thema gibt. Die Themen sind also entweder durch andere Medien oder persönlich motiviert.

---

[10] Vgl.: Hunter Price, J.: »The New Media Revolution in Egypt: Understanding the Failures of the Past and Looking Towards the Possibilities of the Future«. In: Democrats, Dictators, and Demonstrators Conference Issue. Georgetown University, Volume 7, Issue 2. PDF S. 3. URL: http://www.democracyandsociety.com/blog/democracy-society-journal/ds-vol-7-iss-2-spring-2010/ (02.01.2012).

[11] Pax, Salam: Salam Pax: The Clandestine Diary of an Ordinary Iraqi. New York 2003.

[12] Howeidy, Amira: »Battle of the blogs.« In: Al Ahram Weekly: URL: http://weekly.ahram.org.eg/2005/769/eg8.htm (29.12.2011).

Die Blogs sind daher nicht immer politisch, weil sie sich nicht rein auf Politik beziehen, sondern immer einen persönlichen Hintergrund einfließen lassen. Gerade diese subjektive Färbung erklärt aber auch die Beliebtheit der Blogs, da sie eine Identifikation des Lesers mit dem Autor bewirkt und eine Kommunikation auf Augenhöhe zulässt.

2.1 Wer bloggt? Von Tastaturkämpfern und Aktivisten

»We're a stagnant society. You wanna stagnate, you want stability, you want to exist the way they are – everything to stay the way it is – nothing to change. [...] So yeah, – that's why I started – it's a ranting space.«[13]

Bei Bloggern, die in der Szene aktiv waren und sind, handelt es sich vorwiegend um Jugendliche im Alter von 18 bis 28 Jahren, die aus mittelständischen Verhältnissen stammen und in Städten leben.[14] Die politische Bloggerszene Ägyptens grenzt sich als urbane Elitenbewegung von 98 Prozent der restlichen Bevölkerung ab. Blicken wir auf die Geschichte dieser jungen medialen Gattung zurück: Tatsächlich waren im Jahr 2008 nur 9,5 Prozent aller ägyptischen Blogs auf Englisch verfasst, 67,8 Prozent hingegen auf Arabisch.[15]

Die Blogger sind vorwiegend Jugendliche im Alter von 18 bis 28 Jahren, die aus mittelständischen Verhältnissen stammen und in Städten leben.

Gerade einmal 1481 ägyptische Blogs zählte das Portal *Egybloggers* 2007.[16] Diese unterteilten sich in verschiedene Thematiken. Innerhalb der damals existierenden ägyptischen politischen Blogosphäre fand sich eine sehr breite Meinungslandschaft. Neben von Privatpersonen betriebenen politischen Blogs gab es 18 weitere Seiten, die von ägyptischen Oppositionsgruppen eingerichtet worden waren, unter anderem *www.harakamasria.org*, *www.saveegyptfront.org*, *www.march9online.net* und *www.e-socialists.org*.[17]

Politische Blogger wurden von der eigenen Gesellschaft anfangs skeptisch betrachtet und ironisch *Pyjamadeen* genannt. Diese Wortkomposition aus *Pyjama* und *Mujahedeen* bedeutet übersetzt »Pyjama-Kämpfer«. Sie wurden als Jugendliche einer gehobenen Schicht wahrgenommen, die in ihrem Pyjama vor dem Computer sitzen

---

[13] Interview der Verfasserin mit Sandmonkey in Zamalek/Kairo (19.05.2007). Anm.: Diese Arbeit beruht auf der unpublizierten M.A.-Arbeit der Autorin. Universität Erfurt 2007.

[14] Hofheinz: »The Internet in the Arab world«. S. 83.

[15] Information and Decision Support Center of the Egyptian Government: Egyptian Blogs: A new social space. 17. Ausgabe, May 2008. S. 16. URL: http://www.eip.gov.eg/Documents/StudiesDetails.aspx?id=417 (02.01.2012).

[16] URL: http://www.egybloggers.com (22.01.2007).

[17] URL: http://openarab.net/en/articles/2007/art0121.shtml (06.07.2007).

und glauben, mit ihren Textkämpfen die Gesellschaft verbessern zu können, anstatt aktiv an realen Demonstration teilzunehmen:
»[...] Bloggers of this background are seen here as being kids, who get behind their keyboard and fight their virtual fight against the government, spending their parents money on that. We call them ›Pyjamadeen‹. They are not involved in real demonstrations, staying passive.«[18]
Tatsächlich findet sich auch bei diesen Bloggern die Selbstwahrnehmung, Kämpfer zu sein. Jedoch bezeichnen sie sich, wenn, als *Keyboards Warrior*. Entgegen des Stereotyps, dass *Keyboard Warrior* oder *Pyjamedeen* nur in ihren eigenen vier Wänden einen Tastaturen-Krieg führen, engagieren sich viele der Blogger, wie zum Beispiel Sandmonkey, in Demonstrationen, beispielsweise der Protestdemonstration gegen das Referendum von 2005. Dabei nutzten sie ihre Weblogs dazu, um sich untereinander zu organisieren und über Aktionen zu informieren.
Mit dem Aufkommen der *Kefeya!*-Bewegung (»Es reicht!«) im Jahr 2004 – einer Nicht-Regierungs-Organisation unter der Führung Ayman Nours, die ein Ende der Regierung Mubaraks forderte – erfuhr die Bloggerszene einen starken Aufschwung. Ein Grund dafür war, dass sich Mitglieder dieser *NGO* intensiv des Mediums bedienten, um über ihre Aktionen und Ziele zu berichten und Menschen zu mobilisieren. Aktivismus und Bloggen bedingten sich also stark. Sandmonkey stellte das grundsätzliche Verhältnis von Bloggern und Aktivisten wie folgt dar: Auf der einen Seite gebe es die Aktivisten, die über ihre Aktionen zum Bloggen kämen, auf der anderen Seite gebe es die Blogger, welche über ihre Blogführung zu Aktivisten würden. Er selbst sieht sich dabei als letzteres: »I am the blogger who became an activist.«[19]
Nicht alle Blogger sind aber in Umkehr Aktivisten. Der Blogger Bigpharao beispielsweise betont ausdrücklich, kein Aktivist, sondern vielmehr Kommentator des Geschehens zu sein: »I don't regard myself as an activist as much as I regard myself as a commentator or as an opinionist. I am someone who gives his opinions, I make myself heard and: this is what I mainly do with my blog. It's not an activist one – I just comment on the news, comment on: what's going on: this is mainly it.«[20]
Zwar gehe er zu Demonstrationen, aber nur, um sich dort im Hintergrund zu halten, das Geschehen zu beobachten, um dann in seinem Blog darüber zu berichten. Deshalb fügt er nach einiger Überlegung hinzu, dass er sich vielleicht sogar eher als »a journalist with an opinion!« betrachte.[21] Unabhängig davon, in welchem Verhältnis Blogger

[18]Interview mit Sherif Omar (Mitbegründer des arabischsprachigen Suchprogramms und Bloggerforums »Onkosh«) vom 09.05.2007.
[19]Sandmonkey-Telefon-Interview (21.05.2007): S. 13.
[20]Bigpharao-Interview der Verfasserin: S. 2.
[21]Ebd.

und Aktivismus stehen und wie sich die Blogger selbst wahrnehmen, lässt sich festhalten, dass politische Blogs sich schnell als das bevorzugte Medium etablierten, um gesellschaftliche Probleme zu artikulieren, diskutieren und sich zu organisieren.

2.2 Sandmonkey und Bigpharao

Wer sind Bigpharao und Sandmonkey? Wie sehen sie sich selbst, was ist ihre Motivation und was möchten sie erreichen? Welchen Wirkungsgrad unterstellen sie dem Medium Blog? Welche Diskussion wird über ägyptische Blogger geführt und worin liegt der Grund für ihre Popularität – vor allem im Ausland?

Sandmonkey

Sandmonkey alias Sam alias Mahmoud Salem beschreibt sich als »an extremely cynical, snarky, pro-US, secular, libertarian, disgruntled Sandmonkey« und übertitelt seinen Blog mit »Rantings of a Sandmonkey« – »Beschimpfungen eines Sandaffens«.[22] Das Pseudonym Sandmonkey ist ein rassistischer Terminus für Araber. Als Grund für die Wahl dieses Namens gibt Sandmonkey, der sich alternativ auch Sam nennt, an, dass er diese Bezeichnung sympathisch fände und hoffe, dass eine verstärkte ironische Nutzung dieser Bezeichnung zu dem gleichen Resultat führe. Das heißt, dass es als Schimpfwort entkräftet, als Subkultur-Wort etabliert und tendenziell normalisiert würde. Vorwürfe, er sei ein Rassist, pariert er daher ironisch: »Yes, yes – I'm a racist person against myself. I watch myself in the mirror ›You ...?! Sandmonkey?! Sandmonkey!‹«[23]

Sandmonkey möchte polarisieren, besonders wenn er sich mit Politik auseinandersetzt. Sollte jemand seinen Stil und seine Einstellung nicht mögen, bittet er denjenigen sich »vom Acker zu machen«. Direkt unter dieser saloppen Aufforderung findet sich ein Spende-Link mit dem Kommentar, dass man damit die *Neo-con American Right-wing Zionist Christian Imperialist Conspiracy in the Middle-East* unterstütze. Seinen provokativ-ironischen Schreibstil sieht er als Mittel, verstärkt Reaktionen seiner Leser zu bekommen und gleichzeitig die Menschen zum Denken anzuregen.[24]

Die Wahl seinen Blog auf Englisch zu verfassen, fiel aus zwei Gründen: Zum einen sei es für ihn ein enormer Aufwand, auf Arabisch zu schreiben, da er im Rahmen seiner Ausbildung die Nutzung der lateinischen Schrift gewohnt sei – insbesondere im Umgang mit dem Computer. Zum anderen beschreibt Sandmonkey den größten Teil seiner Leserschaft als international. Die Nutzung der arabischen Sprache würde daher eine Barriere zu seinen Lesern darstellen. Kritik an seiner Sprachwahl

[22] Sandmonkey-Blog. URL: http://www.sandmonkey.org/ (20.10.2007).
[23] Sandmonkey-Interview: S. 5.
[24] Ebd. S. 2.

und seinem amerikanischen Bildungshintergrund begegnete er mit Selbstironie und bezeichnete sich als ideologisch »gehirn-gewaschen«.

Die Frage nach der Motivation zum Bloggen gestaltet sich sowohl bei Sandmonkey als auch bei Bigpharao ähnlich. Sandmonkey berichtet, dass er zu bloggen begann, da er einen Ort benötigte, an dem er seine Meinung frei äußern konnte. Der Blog diente ihm als Ventil. Die ägyptische Gesellschaft sei nicht »konservativ« sondern vielmehr »stagnativ«. Der Terminus »konservativ« sei insofern nicht adäquat, da er neben der »Bewahrung« von Werten eine Weiterentwicklung nicht ausschlösse. Dies sei jedoch nicht der Fall in der ägyptischen Gesellschaft. Konformistisch wie sie sei, widersetze sie sich jeglichem Wandel und Hinterfragung des Status quo:
»[...] You can't really talk to people about how you truly feel and think and have them listen to you, because there is always (militärischen Ton imitierend:) ›The right way‹ which is the road we're on, and then there is the wrong way, which is anything else. And then you ask them, what makes this the right way and they're like: ›Well, it's always been this way!‹ ›Why has it always been this way?‹ ›Our parents, grandparents tell it was this way.‹«
Diese Denkweise möchte er aufbrechen. Vor diesem Hintergrund sei nicht nur Demokratie das Ziel der Blogger, sondern, dass sich die vorherrschende Ideologie insgesamt ändere: »See this is the thing. We are not only fighting for democracy. We are fighting for things to change the whole [...] ideology of the site here. We are fighting to have them accept the other half, have them not sexually harass women on the street and think it's acceptable, not to [...]. – You know what I'm saying?«[25]

Bigpharao

Ebenso wie Sandmonkey, sieht auch Bigpharao seinen Blog als Möglichkeit, seine Meinung artikulieren zu können. Stärker als Sandmonkey betont er einen bestimmten Motivationsaspekt: Bigpharao sieht sich als Bindeglied zwischen dem Nahen Osten und der restlichen Welt. Er will über seinen Blog den Lesern die gesellschaftliche und politische Situation in Ägypten vermitteln: »[...] I feel that I contribute somehow in explaining what's going on in this region and in my country and this really gives me a very good satisfactory feeling. I mean – it just feels good!«
Dabei setzt er auch auf die mediale Unterstützung seitens internationaler Nachrichtenorganisationen, wie zum Beispiel der *British Broadcasting Corporation (BBC)*. Seine Entscheidung, einen Blog zu führen, fiel im Gegensatz zu Sandmonkey durch einen externen Anstoß. Nachdem Bigpharao auf einem irakischen Blog, auf den

[25] Ebd. S. 11.

er zufällig geraten war, einen Kommentar hinterlassen hatte, wurde er von diesem Blogger angeschrieben und gefragt, ob er nicht selber einen Blog gründen wolle.[26] Bigpharao verstand sich von Anfang an als Teil eines Blogger-Netzes mit der Aufgabe, eine alternative Berichterstattung zu schaffen, wissend, dass die Mehrheit seiner Leserschaft ebenfalls internationaler Art war: »[...] Most of my readers are from abroad they are from America and Europe – so I am like a bridge between what's going on here and there. And of course I do it by explaining myself by explaining my point of view. [...] I want people to know that there are people in this region who think differently.«
Neben der Erreichbarkeit der internationalen Leserschaft durch die englische Sprache war auch bei ihm der vertrautere Umgang mit der englischen Sprache als Schüler einer englischen Schule der entscheidende Punkt, welcher dazu führte, den Blog auf Englisch, statt auf Arabisch zu schreiben.[27]

Bigpharaos und Sandmonkeys Bewusstsein, einer gebildeten gesellschaftlichen Schicht anzugehören, hat Einfluss auf die Motivation, einen Blog zu betreiben. Sie sehen es als ihre Aufgabe, das ihrem Wissen nach »Beste« in, beziehungsweise von ihrer Gesellschaft einzufordern. Deshalb setzen sie sich für Reformen der Gesellschaft ein. Bei Bigpharao findet sich diese Selbstwahrnehmung und Handlungsmotivation besonders deutlich in einem Eintrag, in welchem er sich über Logik und Rationalität im Nahen Osten auseinandersetzt: »Logic simply does not exist in the Middle East. [...] This is why I really enjoy injecting logic and reality in whomever I speak to, be it a friend or a work colleague. [...] I love watching them reacting to something they have never been exposed to.«[28] Sandmonkey und Bigpharaos Intention liegt darin, dass sie eine Brückenfunktion einnehmen wollen, ja eine Korrektivfunktion.

Blogger haben sich als alternatives Medium in Ägypten etabliert.

Sie wollen ein alternatives, in der Konnotation »wahreres« Bild von Ägypten vermitteln, welches sich von dem der einheimischen Mainstream-Medien absetzt – bei gleichzeitiger Nutzung jener. Dieses Alternativ-Bild ist sowohl an die eigene Gesellschaft, als auch an das Ausland adressiert.
Stets wachsende Seitenaufrufzahlen und zunehmende mediale Berichterstattung über die beiden Blogger, insbesondere Sandmonkey, zeigen, dass eine hohe Nachfrage nach und gleichzeitig Akzeptanz dieser medialen Alternative gegeben ist. Die zahlreichen Interviews die Nachrichtensender wie zum Beispiel *ABC*, *CNN* und *Al-Dschasira* allein mit Sandmonkey während des Verlaufes der Revolution im Januar

[26] Bigpharao-Interview: S. 2.
[27] Ebd. S. 1.
[28] Bigpharao-Blog: »Sadam's Execution: Bad Timing.« URL: http://www.bigpharaoh.org/2007/01/01/saddams-execution-bad-timing/ (10.01.2012).

und Februar 2011 geführt haben, belegen, dass Blogger sich als mediale Quelle haben etablieren können.

3. Blogs – Hoffnungen und Grenzen

»[…] Blogs are providing an ongoing forum where the audience is the participant, seeing and hearing itself as it really is, loose at last from decades of state orchestrated media din.«[29]

Das Aufkommen des Mediums Internet und des Blogmediums wurde von der Euphorie begleitet, dass es über die Möglichkeit verfüge, freie Meinungsäußerung und damit die Demokratisierung zu unterstützen. Das Potenzial des Internets wurde darin gesehen, dass es kommunikative Interaktion lokal wie global fördert. Mit dem Kommunikationsaustausch kann ein neuer Ideeninput und so eine Reflexion der eigenen gesellschaftlichen und politischen Situation erfolgen. Die gleiche Demokratisierungserwartung richtete man bereits an das Satellitenfernsehen, als es sich im Nahen Osten verbreitete. Diese übergroßen Hoffnungen wurden nicht erfüllt, jedoch trug es zu einer Änderung der Informationsrezeption bei.[30] Auch beim Medium Internet zeichnete sich im Laufe seiner Etablierung ab, dass es nur so frei sein konnte, wie die politische Institution eines Landes dies zuließ.
Zudem ist ein Blog ein interaktives Medium. Der Rezipient eines Blogs kann in Umkehr über die Kommentarfunktion eines Blogs selbst zu einem Sender werden. Bigpharao baut auf den Beitrag seiner Leser: »I don't want to make my blog a one-way blog. I want […] a conversation to be going on. I want a dialogue to be going on, on my blog. […] So this is why I allow my readers to comment and to express themselves as well.«[31]

Sowohl Sandmonkey als auch Bigpharao erachteten es daher als wichtig, dieses Forum unzensiert zu lassen. Selbst Diffamierungen lassen sie stehen, damit das Forum als Diskussionsraum zu dem es sich – zwischen dem Blogger und den Lesern, als auch unter den Lesern selbst – entwickelt, authentisch bleibt. Und gerade in diesem Zwischenraum kann Öffentlichkeit entstehen. Sie ist kein festes Konstrukt, sondern eine dynamische Struktur. Sie bildet sich im Zwischenraum der Kommunizierenden, das heißt, sie existiert auf Basis dieser und in ständiger Reproduktion ihrer selbst.[32]

---

[29] »Look who's blogging.« In: Al-Ahram Weekly Online: http://weekly.ahram.org.eg/2006/776/sc5.htm (19.05.2007).

[30] Siehe: Pintak, Lawrence: Reporting a revolution: the changing Arab media landscape. URL: http://arabmediasociety.org/topics/index.php?t_article=69H (28.12.2011).

[31] Bigpharao Interview: S. 5.

[32] Vgl. Habermas, Jürgen: Faktizität und Geltung. Beiträge zur Diskurstheorie des Rechts und des demokratischen Rechtsstaats. Frankfurt/Main 1992. S. 441.

In dieser Interaktion sind die klassische Rollenzuteilung Sender und Rezipient sowie die Kommunikationshierarchien aufgehoben. Im Vergleich zum professionellen Journalismus der klassischen Medien, scheint bei diesem Medium die Möglichkeit gegeben, sich frei und ohne »Schere im Kopf« zu äußern. Zudem sind Weblogs nicht darauf angewiesen, eine gewisse Zielgruppe zu bedienen. Diese Öffentlichkeit ist als »alternativ« zu bezeichnen, in ihr können die Themen behandelt werden, die in den klassischen Medien unter Zensur fallen. »Alternativ« umschreibt die virtuelle Öffentlichkeit als eine Ergänzung des Gesellschaftsbildes, auf der Basis derselben durch Thematisierung der Tabus. Nach Meinung des Sozialphilosophen Jürgen Habermas kann erst vor dem Hintergrund einer solchen offenen Diskussion, basierend auf wechselseitiger und gleichberechtigter Kommunikation, »öffentliche Meinung« entstehen. [33] Je mehr Menschen dabei beteiligt sind, desto vielfältiger und dadurch authentischer und einflussreicher ist ein solcher Diskurs.[34] Die beschworene Stimmgewalt der sogenannten *Digital Citizen*, der »mündigen Netzbürger«, sei kaum kontrollierbar und deswegen fähig, »autoritäre Regime zu unterwandern und demokratische Systeme zu kräftigen«[35].
So ist es wenig überraschend, dass in Verbindung mit Bloggern oft der Begriff des *Grass-Root* – beziehungsweise des *Citizen Journalism* – »Graswurzel« und »Bürgerjournalismus« fällt. Hier wird dem vertikal-hierarchischen *Top-Down-Modell* des klassischen Journalismus ein horizontal-vernetztes *Bottom-Up-Modell* der Blogosphäre gegenübergestellt.[36] Das heißt, dass durch das Internet jeder Bürger sich äußern und dadurch unter Umständen die Agenda der klassischen Medien mitbestimmen kann.[37]

3.1 Die Grenzen der Blogs

Die Frage, inwiefern Blogs Einfluss auf die Gesellschaft beziehungsweise Politik haben und wie Medienaufmerksamkeit gegenüber Blogs einzuschätzen sei, wird von Sandmonkey und Bigpharao unterschiedlich bewertet. Blogs, so Sandmonkey, hätten durchaus einen Effekt auf die gesellschaftliche und politische Situation – allerdings nur in Zusammenarbeit mit den Mainstream-Medien:

---

[33] Ebd. S. 438.

[34] Ebd.

[35] Thimm, Caja: »Einführung: Soziales im Netz – (Neue) Kommunikationskulturen und gelebte Sozialität.« In: Thimm, Caja (Hg.): Soziales im Netz. Sprache, Beziehungen und Kommunikationskulturen im Internet. Wiesbaden 2000. S. 7-16, hier S. 8.

[36] Bucher, Hans-Jürgen/Büffel, Steffen: »Weblogs – Journalismus in der Weltgesellschaft. Grundstrukturen einer netzwerkorientierten Form der Medienkommunikation.« In: Picot, Arnold/Fischer, Tim (Hg.): Weblogs professionell – Grundlagen, Konzepte, Praxis im unternehmerischen Umfeld. Heidelberg 2006. S. 131-156.

[37] Cook, Trevor: »Can Blogging Unspin PR?« In: Bruns, Axel (u.a.): Uses of Blogs. New York 2006. S. 45.

»There is the stuff we tell the media: (gespielt euphorisch) ›Yes, of course – it can influence, and it can do this and it can do that and lalalalala.‹ The truth is, it cannot do this alone. It needs the media to report on the stuff that we discover. You know. Without the conventional media we wouldn't be able to reach as much audience as we do. So, yeah [...] it only works as long as the conventional media puts the story out. Otherwise it doesn't work.«[38]

Blogs sind seiner Meinung nach von den klassischen Medien abhängig, wenn sie einen breitflächigen medialen Effekt erzielen wollen. »Trotz des begrenzten Leserkreises einzelner Blogs ist die Blogosphäre durchaus sehr öffentlichkeitswirksam, weil *Journalisten* zunehmend Blogs als Informationsquelle mitverwenden.«[39] Die als Bloggererfolge gefeierten, die ägyptische Gesellschaft bewegenden Berichterstattungen – wie die über Folter eines Mannes durch Polizisten sowie die sexuelle Belästigung von Frauen auf der Straße –, wurden erst, nachdem sich die klassischen ägyptischen Medien dieser Themen angenommen hatten, wirklich publik.[40] In die-

Blogs sind von den klassischen Medien abhängig

[38]Sandmonkey-Interview: S. 8.
[39]Döring, Nicolas: »Weblogs.« In: Psychologie heute, Nr. 8/2005. S. 38.
[40]Die Polizisten wurden am 05.11.2007 tatsächlich zu Haftstrafen verurteilt.

sen beiden Fällen war der innergesellschaftliche Druck aufgrund der weiten Verbreitung der Themen schon so groß, dass es seitens der Mainstream-Medien keine Möglichkeit mehr gab, als dieses Thema aufzugreifen und zu entschärfen.

Bigpharao sah die Einflussmöglichkeit von Blogs etwas optimistischer. Zumindest in der Wahrnehmung des Landes – national wie international – sowie in der Medienrezeption der Leser an sich ließe sich ein Wandel feststellen: »Definitely! Definitely, because now blogging has become an alternative media source. Now you just don't depend only on the news – the major news. – No, now [it] depends to look at bloggers for [getting] more [...] opinions and more [...] uncensored news.«[41]
Er selber vertraue auch eher Bloggerquellen, die er neben dem Angebot von Online-Zeitungen und persönlich Erlebtem heranziehe, um über Ereignisse nachzulesen und erweitert zu berichten. Dies betonte er insbesondere in seiner Antwort auf die Frage wie seine Einstellung zu dem katarischen Fernsehsender *Al-Dschasira* sei, der mit dem Anspruch gegründet wurde, eine alternative Berichterstattung anzubieten. *Al-Dschasira* sei seiner Meinung nach befangen, was vor allem daran zu erkennen sei, dass nie eine Berichterstattung über die eigene politische Situation etc. erfolgt sei. Auch zum Irakkrieg habe es keine ausgewogene Berichterstattung gegeben, da der Sender durch die Finanzierung seitens Amerikas in dessen Abhängigkeit stehe.[42]
Dennoch sah er selber eine Diskrepanz zwischen klassischer Berichterstattung und jener durch Blogs. Letztere beschreibt er als »in news outfit [...]«, als eine Quelle »with a personal touch«.[43]

3.2 Reaktion des Staates

»Von Anfang an war das Internet auch eine Fläche für Partizipation und Weiterentwicklungen. Einige dieser individuellen Nutzungsmöglichkeiten entziehen sich der Kontrolle der üblichen sozial und politisch einflussreichen Autoritäten und erzeugen damit bei diesen Unbehagen über den Verlust von Steuerungsmöglichkeit wichtiger Informationsflüsse.«[44]

Eben erwähnte Erfolgserlebnisse werden immer wieder als Beweis der Effektivität von Blogs angeführt. Seit diesen Erfolgen hat der ägyptische Staat bis zum Ausbruch der »Arabellion« ein großes Interesse daran, weitere solcher »Aufklärungen« zu vermeiden. Die Blogs zu verbieten war aufgrund ihrer stets wachsenden Zahl

[41] Bigpharao-Interview: S. 4.
[42] Ebd. S. 3.
[43] Ebd. S. 4.
[44] Thimm, Caja: »Einführung: Soziales im Netz – (Neue) Kommunikationskulturen und gelebte Sozialität.« In: Thimm, Caja (Hg.): Soziales im Netz. Sprache, Beziehungen und Kommunikationskulturen im Internet. Wiesbaden 2000. S. 7-16, hier S. 8.

unmöglich. Als Gegenmaßnahme startete der Staat stattdessen mediale Kampagnen, die die Glaubwürdigkeit der Blogger untergraben sollten, indem sie als Risiko für die Staatssicherheit und Aufrührer dargestellt wurden. Der Blogger Wael Abbas, den eine dieser Kampagnen explizit betraf, befand sich während einer Kampagne in Amerika und wägte ab, ob er nach Ägypten zurückkehren solle.[45] Gleichzeitig wertete er die staatliche Medienkampagne gegen ihn als einen Beweis des Einflusspotenzials von Blogs: »This smear campaign was a direct response to the bloggers' success in exposing the police's complete inefficiency in securing ordinary citizens.«[46]

Mediale Schmutzkampagnen waren jedoch nur eine Vorgehensweise des Staates gegenüber ägyptischen Bloggern. Überwachungen und Abhörungen, von denen auch Sandmonkey berichtet, dass er sie erlebt habe, als auch das temporäre Blockieren von Webseiten, waren Mittel, mit denen das Mubarak-Regime versuchte, den Medienfluss zu überwachen und zu kontrollieren. Auch mit Verhaftungen, wie zum Beispiel der Blogger Alaa Abd El-Fattah[47], Abdul-Moneim Mahmoud[48] und Mohamed Refaat[49], versuchte der Staat durchzugreifen. Ein Novum stellte die Verurteilung eines Bloggers am 22.02.2007 zu einer vierjährigen Haftstrafe dar. Dieses Urteil erfuhr weltweit Aufmerksamkeit und sensibilisierte nachhaltig die Medien für das Thema ägyptische Blogger. Der verurteilte Blogger Kareem Amer – eigentlich Abdel Kareem Nabil Suleiman – war ein ehemaliger Al-Azhar-Student[50] aus Alexandria, der unter anderem über Übergriffe auf Kopten in Alexandria gebloggt hatte. Drei Jahre bekam er für die Beleidigung der Religion und ein Jahr für die Diffamierung des Präsidenten Hosni Mubarak. Dieses Urteil sollte ein Exempel statuieren und der restlichen Bloggerszene als Warnzeichen dienen, die Regierung nicht zu kritisieren. Gleichzeitig löste das Urteil – trotz geteilter Meinung der Blogger über das Vorgehen von Kareem Amer – eine noch nie da gewesene Solidaritätswelle aus, die unter anderem in die *Free Karim*-Initiative mündete. Kareem Amer musste jedoch die volle Strafzeit absitzen. Trauriger Höhepunkt des Durchgreifens seitens des ägyptischen Staates war der brutale polizeiliche Übergriff auf den alexandrinischen Blogger Khaled Said. Dieser 28-Jährige soll im Juni 2010 ein Video ins Internet gestellt haben, welches Polizisten beim Aufteilen von Rauschgiftbeute zeigen soll. Er wurde in einem Internetcafé von zwei zivil gekleideten Staatssicherheit-

---

[45] Siehe hierzu: Rania al Malky: »Blogging for Reform.« URL: http://arabmediasociety.org/topics/index.php?t_article=39; PDF Version: S. 23 (22.10.2007).

[46] Ebd.

[47] URL: http://www.manalaa.net/ (29.12.2011).

[48] URL: http://ana-ikhwan.blogspot.com/ (29.12.2011).

[49] URL: www.matabbat.blogspot.com (29.12.2011

[50] Die Al-Azhar Universität in Kairo ist die älteste und bedeutendste Bildungseinrichtung des sunnitischen Islams.

Beamten überrascht und auf offener Straße zu Tode getreten. Der Versuch, diese Tat zu vertuschen, misslang – ein Foto des Toten kursierte im Netz und zeigte das entstellte Gesicht, das anschließend das Gesicht der 25. Januar-Revolution 2011 werden sollte. Unter dem Ruf »Kulinna Khaled Said« – »Wir alle sind Khaled Said« – vereinigte sich die Gesellschaft nach und nach und zog für seine Rechte gegen das Regime auf den Tahrir-Platz. Dies war der Anfang vom Ende von Präsident Hosni Mubaraks Herrschaft.

4. Die Entwicklung der Bloggerszene

»[...] But why not have a group with facebook spirit :) Maybe it've something different!!«[51]

Das Internet ist kein statisches, sondern ein dynamisches Gebilde. Neue technische Funktionen kommen hinzu, andere unterliegen der Schnellebigkeit des Internets und werden überholt. Auch Blogs entwickeln sich unter diesen Voraussetzungen ständig weiter. Vor fünf Jahren stand die Bloggerszene kurz vor ihrem Durchbruch. Ihre mediale Präsenz war stetig gewachsen, mit ihr die Repressionsversuche des Staates und dadurch bedingt weitere internationale Aufmerksamkeit. Die Zensur der klassischen Presse bestand nach wie vor und unterstützte den Trend unter Jugendlichen, sich in der Blogosphäre zu bewegen. Es war zudem schon damals zu beobachten, dass Blogger neben ihren klassischen Blogs zunehmend in Online-Sozialnetzwerken aktiv wurden. Vor allem über *Facebook*, einem kommerziell-sozialen Online-Netzwerk, das 2004 gegründet wurde. Nachdem es zunächst nur amerikanischen Studenten vorbehalten war, öffnete es sich am 26.09.2006 jedem Internetnutzer. Es begann eine Vernetzung über gemeinsame Gruppen wie zum Beispiel *Blog for Egypt*[52], *Support free speech for Egypt*[53] oder *Blog on-Air*[54]. Über die *Facebook*-Gruppen kann der einzelne Blogger sich und seinen Blog vorstellen, darüber Aufmerksamkeit produzieren, mit anderen in Kontakt treten und sich mit ihnen organisieren. Statt des Abstrakten der meist bildlosen Blogosphäre, tritt hier der Blogger als Person in den Vordergrund.

Auf erstgenannten Foren konnte darüber diskutiert werden, warum man anonym bloggt und ob man glaubt mit der Tätigkeit des Bloggens an sich einen Einfluss auf die Entwicklung des Landes zu haben. Ansonsten dienen die Foren dazu, einfach in Kontakt zu treten – »A corner for bloggers to get to know each other on a more per-

[51] Siehe Facebook Gruppe: Blog for Egypt. URL: http://www.facebook.com/group.php?gid=2260561377 (16.07.2007).
[52] Ebd. (16.07.2007).
[53] Support Free Speech for Egypt. URL: http://www.facebook.com/group.php?gid=2233685288 (16.07.2007).
[54] Blog on-Air. URL: http://www.facebook.com/group.php?gid=2712365087 (16.07.2007).

sonal level« –, der Unterhaltung sowie um auf seinen eigenen Blog aufmerksam zu machen. Bei letztgenanntem Forum handelt es sich um ein Internet Radio namens *al-Hurytna* (»Unsere Freiheit«), von welchem sich der Internetnutzer Interviews mit und von Bloggern herunterladen und anhören kann. Allerdings ist das Angebot ausschließlich auf Arabisch (mit ägyptischem Dialekt) gehalten. Auch auf dem Videoportal *www.youtube.com* finden sich die ägyptischen Blogger. Allen voran ist dort Wael Abbas mit seinen »Skandal«-Videos präsent, welche die Belästigung von Frauen auf der Straße oder die Folterung eines Mannes durch ägyptische Polizisten zeigen.[55] Die Bandbreite integrierter medialer Systeme im Internet eröffnet den Bloggern verschiedenste Möglichkeiten sich auszudrücken.

4.1 Initiativen

»[…] The will to change is there, and there are many bloggers continuing the struggle. The government won't be able to stop them all.«[56]

Als 2006 publik wurde, dass Frauen auf öffentlicher Straße sexuell belästigt worden waren, wurde dies in der Gesellschaft intensiv diskutiert. Besonders pikant an dem Vorfall war, dass es sich bei den Frauen auch um verschleierte Frauen handelte, ihnen also kein Vorwurf gemacht werden konnte, sie hätten sich falsch verhalten beziehungsweise gekleidet. In Folge dieses Vorfalls wurden verschiedene Initiativen ins Leben gerufen. Veranstaltungen wurden organisiert, wie jene des *Ägyptischen Zentrums für Frauenrechte* am 18.05.2007 im *Sakia al-Sawy*-Kulturzentrum in Kairo. Bei diesem wurden Materialien verteilt, Selbstverteidigungskurse angeboten und Power-Point-Präsentationen gehalten. Die Veranstaltung wurde sowohl auf Englisch als auch auf Arabisch gehalten. Es wurde aufgeklärt, wie sexuelle Belästigung zu definieren sei und wo man Hilfe bekäme.

Des Weiteren wurden an der Amerikanischen Universität in Kairo Broschüren gedruckt, die ebenfalls der weiteren Aufklärung dienten und von der Gruppe namens *Bussy* (umgangssprachlich für »Schau her«) ein Theaterstück aufgeführt, im Rahmen dessen Frauen von sexueller Belästigung erzählten. Letztere Veranstaltung erfuhr unter anderem in der englischsprachigen *Daily Star*-Ausgabe ein großes Medienecho.[57]

Nach wie vor ist das Sakia al-Sawy Kulturzentrum eine der wichtigsten Einrichtungen in Kairo, die der ägyptischen Gesellschaft eine Plattform für Meinungsaustausch, künstlerischen Ausdruck und Aufklärung bietet. Der Gründer und

[55] URL: http://www.youtube.com/results?search_query=wael+abbas&search=Search (14.01.2012).
[56] Interview mit Saad Eddin Ibrahim vom 07.05.2007.
[57] Fahim, Joseph: »Voice to the voiceless. Egyptian women speak out.« In: The Daily Star Egypt (11.05.2007).

Betreiber dieser Kultureinrichtung ist Mohamed El Sawy, ein ägyptischer Ingenieur, der im Februar 2011 kurzzeitig zum Kulturminister ernannt wurde und derzeit der Leiter der größten Werbeagentur Ägyptens ist.[58] Er plant ägyptenweit weitere Kulturzentren zu eröffnen, um den Ägyptern Gestaltungs- und Artikulationsraum zu bieten.[59]

Trotz solcher Erfolge empfindet der Blogger Alaa die ägyptische Blogosphäre als überbewertet: »Blogs are one of many sources for publishing opinions and they are not the most influential, not in Egypt and certainly not compared to the US or Iran.«[60] Auch Sherif Omar, Mitbegründer des arabischsprachigen Suchprogramms und Bloggerforums »Onkosh«, sieht die Bloggerszene in ihrer Schlagkraft eingeschränkt, solange Gesellschaft und Regierung so restriktiv seien – denn allein durch ihre Aktionen könnten Blogger nicht viel bewegen: »As long as these two factors (society and government) restrict any discussion, bloggers won't be able to put their whole weight into the scales. A change can't be distributed by only their actions. You see change is taking place, but it's Egypt, everything takes a lot of time.«[61]

Und dennoch gab es Gegenstimmen, so zum Beispiel des ägyptischen Soziologen Saad Eddin Ibrahim. Er stimmt zwar zu, dass alles viel Zeit brauche und schwierig sei, aber wies auch darauf hin, dass sich bereits einiges verbessert habe: Der Fall Kareem Amers zum Beispiel habe breite internationale Aufmerksamkeit durch Medien und *NGO*s erfahren, wie *UN*, *Reporters without borders*, *Amnesty international*.[62] Selbst wenn diese keine wirklichen Eingriffsmöglichkeiten hätten, seien sie mit ihrer Präsenz als Druckmittel wichtig. Das effektivste Mittel, um eine Umsetzung rechtsstaatlicher Elemente zu erreichen, wäre es diese Organisationen – insbesondere aber ägyptische Menschenrechtsorganisationen – zu stärken, so dass sie auch vom ägyptischen Staat als ernster zu nehmende Beobachter wahrgenommen werden. Er sah die Situation optimistisch: »From my position I can tell you, there will be democracy and we're pushing every day.«[63] Die aktuelle Situation gibt seinem Optimismus recht.

---

[58] Alamia Publishing & Advertising Company.

[59] http://www.ashoka-arab.org/egypt/mohamed-el-sawy.html (29.04.2012).

[60] Alaa zitiert in al-Ahram Weekly Online: »Battle of the Blogs«: http://weekly.ahram.org.eg/2005/769/eg8.htm (22.10.2007).

[61] Interview Sherif Omar (09.05.2007).

[62] Interview mit Saad Eddin Ibrahim (damals Soziologe an der Amerikanischen Universität Kairo und Leiter des Ibn Khaldoun Menschenrechtszentrums), in Kairo am 07.05.2007.

[63] Ebd.

5. Entwicklung der Bloggerszene seit 2007

Die Zahl der Internetnutzer in Ägypten hat sich seit 2007 stark erhöht – um circa zehn Millionen auf knapp 22 Millionen Internetnutzer.[64] Mit der Zahl der Internetnutzer hat auch die Blogosphäre in Ägypten starken Zuwachs erhalten. Zum einen ermutigten Blogger in ihrem sozialen Umfeld Freunde ebenfalls zu bloggen, zum anderen hat sich das Erstellen von Blogs zunehmend vereinfacht, die Integrierbarkeit von anderen Medien wie Videos, *MP3-Streams* sowie *Twitter*-Abonnements in Blog-Vorlagen verbessert und dadurch das Medium noch attraktiver gemacht. Vor dem Hintergrund drohender Repressionen durch den Staat und dessen Verurteilungen einzelner Blogger ist die Bloggerszene stärker zusammengewachsen.

Doch genauso wenig wie *Facebook* das Medium war, das die Revolution ausgelöst hat, sind Blogs nicht das Revolutionsmedium gewesen. Aber sie vermochten und vermögen in ihrer Gesamtheit Diskurse anzustoßen und aufrechtzuerhalten. Mit dem Ausbruch aus dem staatsgelenkten Medienfluss durch den Transfer in die Virtualität, konnte sich ein Großteil der gesellschaftlichen Meinungslandschaft in ihrer Heterogenität entfalten. Es war und ist für die Menschen wichtig zu erfahren, dass sie mit ihrer Kritik am Status quo der Politik und Gesellschaft nicht alleine sind. Über Medien wie Blogs konnten sie sich artikulieren, organisieren und mit wachsender Glaubwürdigkeit eine eigene Agenda setzen, die die staatlichen Medien zur Ventilierung übernehmen mussten. Mit internetfähigen Geräten, wie Computern und Mobiltelefonen, wurden die Inhalte verbreitet und die Vernetzung der Menschen gefördert.

Die Manifestierung von staatlicher Willkür und Gewalt durch Texte und Videos der Blogger und die in Verhaftungen, Misshandlungen und Totschlag mündenden Reaktionen des Staates auf diese Veröffentlichungen, schufen in ihrer Gesamtheit die Bilder, die die sonst passive, schweigende Mehrheit der Bevölkerung zu aktivieren vermochten.

Das Ende des Mubarak-Regimes bedeutet nicht das Ende der politischen Bloggerszene. Vielmehr hat gerade ein neues Kapitel begonnen. Engagierte sich zuvor schon die Mehrheit der Blogger in realen Demonstrationen, so gingen einige von ihnen einen Schritt weiter und ließen sich als Kandidaten für die Parlamentswahlen aufstellen. Sandmonkey stellte sich als Kandidat für den Stadtteil Heliopolis auf, schloss temporär seinen Blog und eröffnete stattdessen seine Kandidatenseite, auf der er in Englisch und Arabisch sein Programm und seine *Without Slogans*-Kampagne vorstellte.[65]

---

[64] Stand 2010. URL: http://data.worldbank.org/indicator/IT.NET.USER (08.01.2012).

[65] Kandidaten-Seite von Mahmoud Salem. URL: http://www.mahmoudsalem.org/ (19.01.2012).

»It wasn't my intention to run, but when I looked at the candidates who are planning to run, I didn't find anyone that I'd be willing to give my vote to. So I decided, why not me?«[66]

Sandmonkey wurde wieder Mahmoud Salem. Er verlinkte seine Webseite mit seinen *Twitter*- und *Facebook*-Wahlkonten und integrierte in sein Wahllogo das Medium, das ihn dorthin gebracht hatte, wo er nun stand: einen Laptop. Er begann Wahlkampfauftritte zu absolvieren, gab Interviews und unterbrach seine Kampagne, um sich den neuen Protesten auf dem Tahrir-Platz anzuschließen. Dennoch: Mahmoud Salem schaffte nicht den Sprung in das ägyptische Parlament.

Das Ergebnis der Parlamentswahl steht fest. Stärkste Partei ist mit 47,18 Prozent die Partei *Freiheit und Gerechtigkeit* der Muslimbrüder, gefolgt von der ultra-konservativen *Nour* Partei der Salafisten mit fast 25 Prozent und der liberalen *Wafd*-Partei mit circa neun Prozent. [67] Die Blogger-, *Facebook*- oder *Twitter*-Jugend, wie sie medial gerne betitelt wird, gilt mit weniger als zwei Prozent als der Verlierer der Wahlen und der Revolution – neben den Frauen.[68] Doch ist dieses Abschneiden nicht weiter überraschend. Es wird immer wieder übersehen, dass die mediale Revolutions-Jugend nur einen geringen Teil der Gesellschaft darstellt. Sie war für die westlichen Medien umso präsenter, da sie mit ihrem Bildungshintergrund exklusiv die mediale Brücke schlagen konnten. Die Mehrheit der ägyptischen Gesellschaft besitzt jedoch weder Bildung noch Internetzugang und ist traditionell geprägt. Dass zum Beispiel die Muslimbrüder als stärkste Partei aus der Parlamentswahl hervorgegangen ist, ist vor diesem Hintergrund nicht überraschend. Noch weniger, da sie sich seit Jahrzehnten im sozial-karitativen Bereich stark engagiert haben, in Abgrenzung zu Mubaraks Regime stets als nicht korrupt wahrgenommen wurden und darüber einen großen Teil der Bevölkerung erreichen können.

Es wird immer wieder übersehen, dass die mediale Revolutions-Jugend nur einen geringen Teil der Gesellschaft darstellt.

Die Parlamentswahl ist jedoch nur ein Schritt in Richtung Demokratie. Der nächste große Schritt ist die Wahl des neuen Präsidenten. Damit soll der Übergang von einer Militär- in eine Zivilregierung abgeschlossen werden, zumindest wenn diese Ankündigung seitens des ägyptischen Militärs eingehalten wird. In diesem Transformationskontext, in dem sich Ägypten noch längere Zeit befinden wird, werden Blogger als *Watchdogs* dieses Prozesses dienen. Dank des Erfolges, den sie bei dem Anstoß und der Förderung von innergesellschaftlichen Diskursen sowie als Indikatoren von

[66] Jensen, Jon: Mahmoud Salem: from »douchebag« to politician? URL: http://www.globalpost.com/dispatch/news/regions/middle-east/egypt/111103/mahmoud-salem-egypt-cairo-arab-spring (23.01.2012).

[67] Al Masry al Youm (AFP): Egypt's Brotherhood wins 47 % of parliament seats . URL: http://www.almasryalyoum.com/en/node/612026 (21.01.2012).

[68] Süddeutsche Zeitung: Muslimbrüder gewinnen Wahlen in Ägypten. URL: http://www.sueddeutsche.de/politik/neues-parlament-muslimbrueder-gewinnen-wahlen-in-aegypten-1.1263705 (21.01.2012).

Missständen erlebt und für die sie internationale Unterstützung erhalten haben, hat sich das Medium Blog etabliert und wird als wichtige Ergänzung der klassischen Berichterstattung genutzt. Die Aufmerksamkeit und Wertschätzung der Bloggerszene, die sich beispielsweise in der Regelmäßigkeit ausdrückt, in der sich ausländische Regierungsvertreter mit Bloggern getroffen haben und treffen, wird darüber hinaus diesen mehr Gewicht verleihen, wenn sie die Politik daran erinnern, was sie einst in den Anfängen der post-Revolutions-Monate versprochen hat.
Auch wenn sich in der Bevölkerung Revolutionsmüdigkeit verbreiten sollte, bedeutet dies nicht, dass das ägyptische Volk sich zukünftig politisch übergehen lässt. Die Erfahrung der Revolution, der *eigenen* Revolution, und Dinge schaffen und bewegen zu können, hat die Gesellschaft nachhaltig verändert. Zwar hat die Abschaltung des Internets im Rahmen der Revolution gezeigt, dass sich das Internet kontrollieren lässt, doch gleichzeitig zeigte sich auch, dass eine in Gang gesetzte Bewegung dadurch nicht gestoppt werden kann. Zudem erlitt die ägyptische Wirtschaft durch die Abschaltung des Internets und der Mobilfunksysteme einen Schaden in Höhe von circa 19 beziehungsweise 90 Millionen US-Dollar – je nach Quelle.[69] Dieser erfahrene Verlust setzt die Hemmschwelle für ein erneutes derartiges Durchgreifen hoch.

Das Volk hat seine Macht erkannt. Der Versuch der Militärregierung, die Symbole der Revolution zu vereinnahmen, ist ein Balanceakt zwischen Anerkennung und Bannung dieser Macht. Die Idee der Revolution zu bewahren und vor politischer Instrumentalisierung zu schützen, auch das ist Aufgabe der Blogger. Der Blogger Mahmoud Salem – Sandmonkey – antwortet auf die Frage, warum er sich als Parlamentskandidat aufgestellt habe, mit einem Satz, der die gegenwärtige Motivation der Gesellschaft widergibt und hoffentlich in Zukunft auch nicht an Kraft verlieren wird: »The revolution made me realize that this was possible.«[70]

[69] Sokolov, Daniel A. J.: Teure Diktatur: Was Ägypten die Internet-Abschaltung kostet. Heise Online: http://www.heise.de/newsticker/meldung/Teure-Diktatur.Was-Aegypten-die-Internet-Abschaltung-kostet-1184147.html, 06.02.2011 (28.04.2012).

[70] Jensen, Jon: Mahmoud Salem: from »douchebag« to politician? URL: http://www.globalpost.com/dispatch/news/regions/middle-east/egypt/111103/mahmoud-salem-egypt-cairo-arab-spring, 04.11.2011 (05.06.2012).

Die Revolution, die keine war

Über den politischen Wandel und die Macht von Facebook

VON MATHIEU VON ROHR

Der erfolgreiche Umsturz in Tunesien und der Volksaufstand in Ägypten werden in diesen Tagen wieder als »Facebook-Revolutionen« bezeichnet, gelobt wird die befreiende Kraft der Technologie. Das sei naiv und falsch, sagen Kritiker.

Die Frage, ob das Internet zu einer besseren Welt führt, stellt sich wieder neu in diesen Wochen, nachdem das tunesische Volk seinen Diktator stürzte und das ägyptische den seinen zu verjagen sucht.

In Tunesien benutzte die Jugend *Facebook*, um Videos weiterzuleiten von Demonstrationen und Polizeigewalt oder um sich zu Protestmärschen zu verabreden. Auch in Ägypten setzten die Menschen *Facebook* ein, um Berichte, Gerüchte und Nachrichten über die Lage im Land zu verbreiten. Sie speisten Bilder und Videos ein, im Sekundentakt, aus Kairo, aus Suez, aus Alexandria, und wurden von Tausenden verlinkt, auf den sozialen Netzwerken *Facebook* und *Twitter*.

In atemraubendem Tempo schickten sie immer neue Ikonen des Protests in die Welt: einen Mann, der sich den Polizisten mit ihren Schlagstöcken allein entgegenstellt. Einen anderen, der ein Porträt von Hosni Mubarak herunterreißt, angefeuert von einer Menschenmenge. Jünglinge, die auf leeren Straßen Steine gegen Polizisten werfen.

Dann zog das Regime den Stecker. Es schaltete das Internet ab, in der Nacht auf Freitag, so groß war die Angst. Noch nie war ein Land so weit gegangen. Doch die Menschen mussten nicht mehr mobilisiert werden. Sie strömten auch so auf die Straßen.

Kein Medium kann in einer Krisensituation so schnell Nachrichten vermitteln wie *Facebook* oder *Twitter*. Soziale Netzwerke erzeugen das Gefühl, unmittelbar dabei zu sein, auch in Washington, Paris oder Berlin. Sie schaffen eine Intensität und Direktheit, mit der nicht einmal das Fernsehen konkurrieren kann.

Es muss etwas mit dieser Erfahrung zu tun haben, dass westliche Kommentatoren seit Jahren immer die gleiche Frage stellen, wenn ein Volk rebelliert, so wie vor anderthalb Jahren in Iran: die Frage, ob das Netz den Aufstand nicht nur sichtbarer mache, sondern vielleicht selbst befördere.

Erlebte Tunesien eine »*Facebook*-Revolution«, wie manche schrieben, eine »*Twitter*-Revolution«, gar eine »*WikiLeaks*-Revolution«? Oder war es ein Aufstand, für den die Zeit ohnehin reif war, und der auch ohne Internet stattgefunden hätte?
Der Erfolg der tunesischen Revolution fällt in einen Moment, in dem die Euphorie über das revolutionäre Potenzial des Netzes abgeklungen ist. 2009 glaubte die Welt noch, eine »*Twitter*-Revolution« in Iran beobachtet zu haben. Seither sind die skeptischen Stimmen stärker geworden.
Kann das Internet den politischen Wandel fördern? Darüber debattieren Wissenschaftler und Blogger schon lange. Letztlich geht es um eine noch größere Frage: Ist das Internet gut oder schlecht für die Freiheit in der Welt?
Der Internet-Vordenker Evgeny Morozov erfand im April 2009 den Begriff »*Twitter*-Revolution«, als er über einen Volksaufstand in Moldau schrieb. Heute gehört er zu den größten Kritikern solcher Labels, die demokratischen Wandel als Siegeszug westlicher Technologie darstellen. Vor zwei Jahren schrieb er noch: »Werden wir uns der Ereignisse, die sich in Chisinau nun ereignen, nicht der Farben der Flaggen wegen erinnern, sondern wegen der Technologie, die benutzt wurde?«

»Die Revolution wird getwittert werden«

Heute sagt er: »Das ist kein Moment meiner Karriere, auf den ich besonders stolz bin.« Karriere. Das hört sich seltsam an aus dem Mund von jemandem, der erst 26 Jahre alt ist. Morozov stammt aus Weißrussland, ein Mann mit starkem Akzent und einer eckigen Brille. Er arbeitet an der US-Universität Stanford und ist einer der profiliertesten Theoretiker, wenn es um Internet und politischen Wandel geht. Er hat zu dem Thema gerade ein Buch veröffentlicht – es heißt *The Net Delusion*, der Netzwahn.[1]
Morozov ist ein Bekehrter, und es war vor allem die gescheiterte Revolution in Iran, die seine Sicht veränderte. Als die grüne Bewegung nach den gefälschten Wahlen im Juni 2009 auf die Straßen von Teheran zog, zeigten sich westliche Kommentatoren begeistert über die Rolle, die soziale Netzwerke dabei gespielt hätten. Erstmals waren Videos und Bilder direkt aus Iran in den Westen gelangt, etwa die Handy-Aufnahmen vom getöteten Mädchen Neda, das zu einem Symbol der Proteste werden sollte.

[1] Morozov, Evgeny: The Net Delusion. The Dark Side of Internet Freedom. New York 2011.

»Die Revolution wird getwittert werden«, jubelte der US-Blogger Andrew Sullivan vom Magazin *Atlantic* und gab damit die Tonlage vor. Während die eine Seite mit Kugeln feuere, feuere die andere *Tweets* ab, schrieb Nicholas D. Kristof in der *New York Times*. Die *Los Angeles Times* titelte: »Der neue Alptraum aller Tyrannen: *Twitter*.« Der frühere US-Sicherheitsberater Mark Pfeifle schlug *Twitter* sogar für den Friedensnobelpreis vor.

Dabei gab es in Iran nie eine *Twitter*-Revolution. Das legte die US-iranische Journalistin Golnaz Esfandiari ein Jahr später in *Foreign Policy* dar. Die meisten prominenten iranischen *Twitterer* hätten sich während der Proteste im Ausland befunden, schrieb sie. »Die gute, alte Mundpropaganda« sei bei weitem das einflussreichste Medium gewesen, um Demonstrationen zu organisieren, nicht *Twitter*. Sie fragte, warum sich von den westlichen Journalisten keiner gewundert habe, dass Menschen, die in Iran Proteste organisieren wollten, auf Englisch statt auf Farsi twitterten.

In seinem Buch zitiert Morozov eine Untersuchung von *Al-Dschasira*, nach der in der Zeit nach den Wahlen nur rund sechzig Leute tatsächlich aus Teheran *twitterten*. Waren die westlichen Medien auf ihre eigene Begeisterung hereingefallen? Und was bedeutet es für die Eignung sozialer Netzwerke, Menschen zur Teilnahme an Protesten zu motivieren?

Im vergangenen Herbst vertrat Malcolm Gladwell im *New Yorker* die These, sie taugten dazu nicht. Als Gegenbeispiel nannte er die Bürgerrechtsproteste der 1960er Jahre. Er zitierte Untersuchungen, wonach Aktivisten, die an Sit-ins teilnahmen, untereinander eine starke persönliche Bindung gehabt hätten. Je höher die Bindung, desto größer sei die Entschlossenheit gewesen, sich dem Risiko auszusetzen, an Protesten teilzunehmen.

Facebook dagegen zeichnet sich durch Unverbindlichkeit aus. Man ist befreundet mit Freunden, mit denen man vielleicht gar nicht befreundet ist. Deswegen ist eine Nachricht, die jüngst aus England kam, zwar tragisch, aber nicht erstaunlich: Eine Frau hatte trotz ihrer mehr als eintausend *Facebook*-Freunde keinerlei Hilfe erhalten, als sie ihren Selbstmord ankündigte.

Auf *Facebook* hätten »Freunde« eben nur schwache persönliche Bindungen, so Gladwell. Deswegen lasse sich nur virtuelle Partizipation erreichen. Soll heißen:

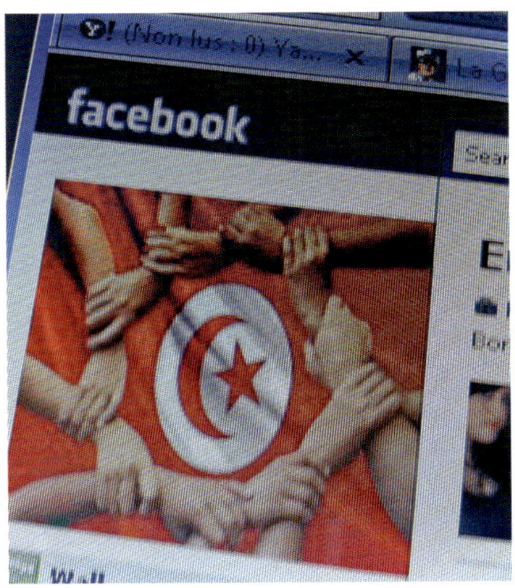

Kann das Internet den politischen Wandel fördern?

Die Suche nach einem Knochenmarkspender unterstützt man womöglich mit einem Klick, bekennt sich vielleicht mit einem weiteren Klick zu einer Haltung – es fällt leichter, eine Sache zu unterstützen, aber man muss ja auch kaum etwas dafür tun.

Das Netzwerk spielte eine wichtige Rolle für die Organisation der Proteste

Doch wie war es nun in Tunesien? Natürlich war der Auslöser der Proteste nicht das Internet. Es war Mohammed Bouazizi, ein arbeitsloser 26-jähriger Mann in Sidi Bouzid im Landesinneren, der sich als Straßenverkäufer durchschlug, bis die Behörden seinen Karren beschlagnahmten. Daraufhin beging er eine Verzweiflungstat. Er kippte sich Benzin über den Kopf, zündete sich an und setzte so das ganze Land in Flammen.

Mohammed Bouazizis Selbstmord trieb die Jugendlichen seiner Stadt auf die Straße. Die Proteste weiteten sich aus, Fotos und Videos wurden über *Facebook* verbreitet, aber auch über *Al-Dschasira*, und erreichten so die Mittelklasse-Jugend in den Städten. Auch für sie besaß die Geschichte von Mohammed Bouazizi eine hohe Symbolkraft, sie erkannten in seiner Tat ihre eigene Frustration. Und so folgten unzählige von ihnen den Aufrufen zu Demonstrationen, die über *Facebook* verbreitet wurden. Es gibt keinen Zweifel, dass das Netzwerk eine wichtige Rolle für die Organisation der Proteste spielte. Das Regime erkannte die Gefahr. Anfang Januar bemerkten laut *Atlantic* Mitarbeiter im *Facebook*-Hauptquartier in Kalifornien, dass die tunesischen Internetprovider die Passwörter ihrer Nutzer abfingen. *Facebook* richtete eine Reihe von Abwehrmaßnahmen ein, um seine tunesischen Kunden zu schützen – unter anderem verschlüsselte Verbindungen.

Ist Tunesien das Beispiel, das Malcolm Gladwell widerlegt? Oder Ägypten, wo eine arabische *Facebook*-Gruppe zu Ehren eines Polizeiopfers mit vierhunderttausend Mitgliedern eine der Keimzellen des aktuellen Widerstands war?

Es scheint, als könnten soziale Netzwerke durchaus eine Rolle spielen, wenn eine Bevölkerung zur Revolution bereit ist. Das bestreite er keineswegs, sagt Morozov: »Es ist simpel: Soziale Netzwerke machen es einfach, an Informationen zu kommen, und sie erleichtern kollektives Handeln.« Die entscheidende Frage allerdings sei: Wäre es auch ohne Internet zu den Aufständen gekommen? »Wenn die Antwort ›Ja‹ ist, dann war der Beitrag des Internets gering«, so Morozov.

Es sind die Bezeichnungen, die ihn stören. »*Facebook*-Revolution«. Er sagt, damit würden unterschiedliche politische und soziale Ausgangslagen in verschiedenen Ländern verwischt. Und es werde suggeriert, dieselbe Technologie könne dasselbe Resultat immer wieder erzielen.

Morozov wendet sich gegen eine Ideologie, die er selbst als »*Cyber*-Utopismus« bezeichnet. Er meint damit unter anderem seinen Antipoden Clay Shirky, Professor an der New York University. Shirky schrieb neulich in *Foreign Affairs*, wenn die USA weltweit den unzensierten Zugang zum Internet förderten, stärke dies die Zivilgesellschaft in autoritären Staaten. Das könne langfristig zu politischem Wandel führen. Sollte Shirkys These stimmen, würde das heißen, dass das Internet im Kern eine Kraft des Guten ist. Dass es für die Verbreitung von westlichen Werten sorgt, wo immer es nicht behindert wird.

US-Außenministerin Hillary Clinton sprach im Januar 2010 in einer Rede von einem ähnlichen Konzept: von der »Internetfreiheit«, seither eine Priorität der US-Außenpolitik. Clinton kritisierte Regimes wie in China, Vietnam oder Saudi-Arabien dafür, dass sie das Internet zensierten. Sie sprach von einem »Informationsvorhang«, den es niederzureißen gelte: »Die Freiheit, Zugang zu solchen Technologien zu bekommen, kann Gesellschaften transformieren«, so Clinton.

Diese Vorstellung ist es, die Morozov bekämpft. Zum einen, sagt er, sei es ein Fehler, das Internet, *Facebook* oder *Twitter* mit amerikanischen Werten gleichzusetzen. Das liefere autokratischen Regimen nur neue Vorwände zur Zensur.

Es sei eine unglückliche Fortsetzung der Rhetorik des Kalten Krieges, als man glaubte, *Radio Free Europe* und ins Land geschmuggelte Faxmaschinen könnten den Ostblock befreien. Morozov sieht im Internet kein reines Werkzeug des Guten. Er fürchtet es vielmehr als Gefahr für die Freiheit.

In Iran etwa habe das Regime nach der Niederschlagung der Proteste im Internet Jagd auf seine Gegner gemacht. Die Staatsorgane veröffentlichten im Internet *Twitter*-Bilder von Demonstranten – mit der Bitte um Identifizierung.

Die größte Gefahr, so Morozov, sei nicht allein die Internetzensur, wie China sie kennt. Autokratische Staaten hätten längst viel intelligentere Methoden entwickelt, um ihre Bürger zu kontrollieren.

Russland etwa kennt keine formale Internetzensur – dennoch hat die Regierung im Internet einen Überwachungsapparat geschaffen und steht hinter Hackerattacken auf unliebsame Webseiten. Trotz der fehlenden Internetzensur gibt es im russischen Netz keine lebendige Oppositionsbewegung. So gesehen könne sich »China Russland zum Vorbild nehmen«, sagt er. Das klingt nach einer düsteren Welt, nicht nach einer besseren Welt.

Und doch fanden in Tunesien und Ägypten gerade Volksaufstände statt, und in beiden Fällen hat das Internet sie befördert.

In beiden Ländern sind die Armut und der Frust der Jugend groß. Beide litten seit Jahrzehnten unter einer Diktatur. Nicht das Netz, nicht das Handy und nicht das Satellitenfernsehen heizten den Volkszorn an. Es waren die Verhältnisse, die die Menschen auf die Straße trieben.

Nicht alles, was im Internet stattfindet, hat auch mit dem Internet zu tun. Es gibt keine *Facebook*-Revolutionen, genauso wenig, wie es Handy-Revolutionen und Flugblatt-Revolutionen gibt.
Es gibt nur Revolutionen von Menschen, die sich befreien wollen.

Der Artikel erschien mit der Überschrift »Die Revolution, die keine war« im SPIEGEL 05/2011, S. 136 f. Wir danken dem SPIEGEL für die freundliche Genehmigung des Nachdrucks.

Revolutionäres Graffiti am Bürogebäude des Premierministers in Tunis

Das Bloggen und der Arabische Frühling

Eine politische und persönliche Reflexion

VON AHMAD BADAWY

1. Ein historischer Überblick

Im Jahr 1919 erlebte Ägypten eine Revolution gegen die britische Besatzung, die bereits 1881 mit dem ausgebliebenen Militärputsch gegen Khedive Tawfiq unter der Führung von Ahmed Orabi ihren Anfang nahm.[1] Die Revolution von 1919 war eine Volksrevolution mit einer Führungsfigur: Saad Zaghloul Pasha. Dreiundneunzig Jahre danach, im Jahr 2011, brach eine neue Revolution aus, diesmal aber ohne Führungsfigur. Die Revolution vom 25. Januar 2011 ist eine Jugendrevolution gegen ein Regime, das durch einen anderen, aber doch erfolgreichen Militärputsch entstanden war: den Sturz König Faruk I. von 1952 durch eine Gruppe hochrangiger Offiziere unter der Führung von Gamal Abdel Nasser.[2] Viele Beobachter waren der Überzeugung, dass die ägyptische Armee versuchen werde, das Szenario von 1952 zu wiederholen und das Militärregime beizubehalten. Es sind jedoch andere Zeiten, in denen wir leben, die Zeit der *New Media* mit ihrer politischen und sozialen Macht.

---

[1] Ahmed Orabi (1841-1911) war ein ägyptischer Offizier und Politiker, der seit 1882 die nach ihm benannte Orabi-Bewegung anführte. Im Herbst 1881 kam es zu Unruhen in Ägypten, als das Land nach dem finanziellen Ruin (als Folge des Baus des Suez-Kanals) unter internationale Finanzkontrolle geriet. Ahmed Orabi, der im Februar 1882 zum Kriegsminister ernannt wurde, aber de facto die starke Figur im Kabinett von Premierminister Riaz Pascha war, forderte unter dem Motto »Ägypten den Ägyptern« die Abschaffung der europäischen Finanzkontrolle. Daraufhin wurde er von seinem Amt entbunden. In einem Volksaufstand riss Orabi die politische Macht aber an sich. Von Juli bis September 1882 war Orabi Premierminister. Es folgten blutige Auseinandersetzungen, die sich gegen die europäischen Institutionen im Lande richteten. Großbritannien besetzte daraufhin Ägypten und fügte es in sein Empire ein. Orabi wurde gestürzt, von einem ägyptischen Gericht zum Tode verurteilt, aber auch Drängen der Briten ins Exil nach Ceylon verbannt. Er durfte erst 1902 nach fast zwanzigjähriger Verbannung zurückkehren und starb am 21.09.1911 in Kairo. Da Ägypten nach der Niederschlagung der Orabi-Bewegung in eine quasi koloniale Abhängigkeit kam, wurde Orabi später als Patriot verehrt.

[2] Gamal Abdel Nasser (1918-1970): ägyptischer Oberst, zwischen 1954 und 1970 Staatspräsident von Ägypten sowie während der Vereinigung mit Syrien Präsident der Vereinigten Arabischen Republik. Nasser gilt als einer der Vordenker des ägyptischen Nationalismus und vor allem des »Panarabismus«, des »Panafrikanismus« sowie der Bewegung der »blockfreien Staaten«, weshalb er gerade in Entwicklungsländern hohe Sympathiewerte erreichen konnte.

Ägypten wurde seit dem Militärputsch Anfang der 1950er Jahre durch ein totalitäres Regime regiert. Nach dem Sturz von König Farouq änderte Nasser das politische System in Ägypten, erklärte es zu einer Republik, schaffte alle Parteien ab und gründete ein Einparteiensystem, das sich zu Panarabismus und Sozialismus bekannte. Sechs Jahrzehnte lang konnte dieses Regime überleben. Nach Nassers totalitärem Sozialismus kam Anwar as-Sadats[3] sogenannte wirtschaftliche Öffnung, die *Infitah;* nach Sadats Ermordung übernahm Hosni Mubarak[4] die Führung und blieb dreißig Jahre lang an der Macht. All diese Jahre konnte die Militärdiktatur mit ihren verschiedenen Gesichtern den »Zorn der Armen« durch die Staatsmedien und vor allem durch den Sicherheitsapparat unterdrücken. Dennoch, im Jahr 2011 scheiterte dieses Regime massiv an der jungen Generation, die die *New Media* als wichtige Waffe in ihrem Ziel, dieses Regime zu stürzen, benutzte.

Wie das Ministerium für Staatssicherheit (»Stasi«) in der DDR kontrollierte die ägyptische Staatssicherheit bis auf das kleinste Detail das politische, wirtschaftliche, soziale und religiöse Leben der Bürger. Durch die Unterstützung, sogar das »Sponsern« der religiös-radikalen Strömungen, die Bespitzelung und die Schwächung der politischen Parteien, die Schmutzkampagnen gegen politische Oppositionelle und vor allem durch das Schüren der sektiererischen Gewalt zwischen Muslimen und Christen sollte die ägyptische »Stasi« als effiziente Waffe dazu dienen, die Existenz des Regimes zu garantieren und die Machtübergabe von einem Präsident zum anderen zu sichern und einen Zerfall zu verhindern. In den letzten acht Jahren wurde dieses Szenario intensiv als Vorbereitung für die Machtübergabe von Mubarak an seinen Sohn Gamal durchgespielt, was in Ägypten als *Al Tawreeth*, auf Deutsch: »das Vererbungsprojekt«, bekannt war.

Wie die Stasi in der DDR kontrollierte die ägyptische Staatssicherheit bis auf das kleinste Detail das politische, wirtschaftliche, soziale und religiöse Leben der Bürger.

2. Vor dem Bloggen

Anders als die meisten jungen Revolutionäre und Blogger meiner Generation war ich einer der wenigen politischen Aktivisten, die sich in der »realen« Welt engagiert hatten, bevor ich dazu überging, mich aufgrund der unvergleichlich gewalttätigen

[3] Anwar as-Sadat (1918-1981): ägyptischer Staatspräsident 1970-1981, Friedensnobelpreisträger 1978, schloss mit Israel den *Camp-David-Vertrag*, der zum Abzug der israelischen Truppen aus dem Sinai führte. Sadat erkannte als erster arabischer Staatspräsident den Staat Israel an. Er starb durch ein Attentat der islamistischen *Al-Dschihad*-Gruppe in Kairo.

[4] Hosni Mubarak (geboren 1928): ägyptischer General, Vizepräsident und schließlich Staatspräsident 1981-2011. Mubarak spielte eine wichtige internationale Rolle als Moderator und Stabilisator in der arabischen Welt. Innenpolitisch geriet er unter Druck und wurde 2011 gestürzt, nachdem die Bevölkerung die Korruption seiner Familie, die Veruntreuung von Staatsgeldern, seine Wahlmanipulationen, seinen Unwillen zur Modernisierung und Demokratisierung der Gesellschaft, zu mehr Transparenz und politischer Teilhabe nicht mehr duldete.

Auf der Suche nach einem passenden Ort für die Flagge

Unterdrückung durch Sicherheitskräfte, die jede politische Arbeit auf »normalen« Wegen unmöglich machte, in der virtuellen Welt des Internets zu bewegen. Mein politisches Engagement begann im Jahr 2004, als ich mich der liberalen Partei *Al Ghad* anschloss. Sowohl mein Wunsch nach politischen und wirtschaftlichen Reformen in Ägypten, als auch mein »Glaube« an Ayman Nour – den Parteivorsitzenden und langjährigen Parlamentsabgeordneten – und dessen Fähigkeit, Mubarak in den ersten Präsidentschaftswahlen Ägyptens (2005) herauszufordern, waren der Grund, weshalb ich mich für die Partei entschieden hatte. Ich engagierte mich in Nours Wahlkampagne, wir reisten durch Ägypten, verteilten Flyer, diskutierten mit den Menschen über unser Wahlprogramm und hielten Meinungsumfragen ab. Genau wie bei allen anderen Parlamentswahlen wurden jedoch auch diese gefälscht und Ayman Nour erhielt über sechs Prozent der Stimmen (nach Angaben der staatlichen Seite, rund 13 Prozent nach unabhängigen Beobachtern), als zweitstärkster Kandidat nach Mubarak und mit großem Abstand zu allen anderen Kandidaten.
Die anderen Kandidaten kündigten ihre Unterstützung für Mubarak an, während der Wahlen und natürlich nach Mubaraks »Sieg«.
Mubaraks Regime sah in Ayman Nour eine Bedrohung, denn er war der einzige Politiker, der sich ernsthaft getraut hatte, gegen Mubarak anzutreten und einen echten Wahlkampf zu führen. Er sprach offen gegen Mubarak und kritisierte seine

Politik scharf. Deshalb musste Nour nach Ansicht des Regimes bestraft werden und wurde aus der politischen Landschaft entfernt. Wegen Fälschung[5] wurde Nour zu fünf Jahren Haft verurteilt, danach wurde die Partei systematisch zerstört, die Parteizeitung und das Parteiradio geschlossen. Nour wies diese Vorwürfe stets von sich.

Es ist erwähnenswert, dass *Al Ghad Radio* das erste Radio in Ägypten war, das über das Internet gesendet wurde. In Ägypten kann keine Institution eine private Zeitung, einen Radio- oder Fernsehsender gründen, ohne von den staatlichen Behörden genehmigt und kontrolliert zu werden. In diesem Sinne konnte das Regime einen Radiosender, der ohne jegliche Kontrolle übers Internet sendete, einer oppositionellen Partei gehörte und für junge Menschen frei zugänglich war, auf keinen Fall tolerieren. Das war dann meine erste Berührung mit den *New Media*.

3. Der Anfang

2005 gab es nur eine kleine Anzahl von Blogs. Zu dieser Zeit hatte ich noch keinen eigenen, war jedoch eingetragen bei verschiedenen E-Mail-Verteilern, die sich als eine Art politisches und soziales Diskussionsforum verstanden. Das war meine erste Erfahrung mit politischem Journalismus. Ich war Mitglied im Verteiler der politischen Bewegung *Kefaya*[6], wo ich einen Text als Kommentar zu Nours Verhaftung schrieb und sendete. Die Reaktion auf meinen Text hat mich überrascht: Es kamen viele Rückmeldungen von verschiedenen Lesern und Aktivisten, unter anderem von einem guten Freund von mir, der mich motivierte, weiterzuschreiben. Nicht nur das: Er richtete für mich einen Blog unter meinem Namen ein. So bin ich zum ersten Mal in die Bloggerwelt eingetreten, dieses Mal als Blogger selbst.

4. Die Blogs

Seit 2003 bleibt die Rolle der Blogs als eine große Bereicherung unbestreitbar, sei es in der kulturellen, der journalistischen oder der politischen Szene. Auffällig waren die diversen Richtungen, in die sich die Blogs bewegten: politische, literarische, persönliche und satirische. In Bezug auf Journalismus leistete die erste Generation von Bloggern einen entscheidenden Beitrag im Kampf um die Meinungsfreiheit. Nie zuvor wurde die ägyptische Regierung und vor allem der Präsident so scharf kritisiert, sogar attackiert wie in den Blogs; darüber hinaus brachen die Blogger viele religiöse und sexuelle Tabus, was in der gedruckten Presse sowohl aufgrund der staatlichen Zensur als auch der »konservativen Leser« undenkbar war und ist.

---

[5] Nour soll Dokumente gefälscht haben, um seine Partei zu gründen.

[6] *Kefaya* (auf Deutsch: genug) ist eine Protestbewegung, die im Jahr 2004 gegründet wurde gegen Mubarak und gegen das »Vererbungsprojekt« an seinen Sohn Gamal, also die Nominierung des Sohnes durch den Vater für die Nachfolge im Präsidentenamt.

Die Blogs erlebten eine rapide Entwicklung, Sie beschränkten sich nicht mehr nur auf geschriebene Artikel, sondern lieferten Live-Berichterstattungen von verschiedenen Ereignissen, beispielsweise vom Arbeiteraufstand in Al Mahala 2008,[7] von diversen Fällen von Folterung durch die Polizei und über das erschreckende Phänomen der kollektiven sexuellen Belästigung in den Straßen Kairos. All dies wurde mit Videos und Bildern dokumentiert, wodurch sich die Blogs mit ihrer unabhängigen Arbeit als eine Konkurrenz gegenüber all jenen Fernsehsendern positionierten, die aufgrund der staatlichen Zensur über solche und andere Ereignisse nicht berichten konnten.

Darüber hinaus unterstützten die Blogs Fragen nach Bürgerrechten und Bürgerfreiheiten. Sie boten sich als eine politische, soziale und kulturelle Plattform für offene Diskussionen und Ideenaustausch an. Aber auch Fragen wie Arbeiterrechte sowie die Unabhängigkeit der Justiz und der Gewerkschaften wurden unterstützt, und zwar nicht nur medial: Vielmehr wandelten sich die Blogs zu einem Zentrum des Mobilisierens und Organisierens von Aktivitäten in der realen Welt.

5. Bloggen auf Facebook

Trotz ihrer wichtigen Rolle blieben die Blogs ein »Eliteforum«, denn man brauchte keinen eigenen Blog, wenn man nichts zu sagen hatte.
Dies war solange der Fall, bis die Ägypter *Facebook* kennenlernten. Um ein *Facebook*-Konto zu haben, muss man weder ein Aktivist noch ein Intellektueller zu sein, es ermöglicht einem jedoch, ohne großen Aufwand Videos, Bilder, Nachrichten und Artikel hochzuladen und zu posten.

Nach *Facebook* hat sich die Landschaft des politischen Aktivismus in Ägypten dramatisch verändert. Innerhalb kürzester Zeit hatten tausende junge Ägypter einen Account bei *Facebook*. Bald wurde dieses soziale Netzwerk zum größten politischen, sozialen und religiösen Forum im Netz. Es zeigte sich deutlich, wie durstig die jungen Ägypter nach Meinungsfreiheit und Debattenkultur waren. Ich nahm selbst teil an vielen brisanten Diskussionen und verfolgte zahlreiche Debatten zwischen Linken und Rechten, Atheisten und Religiösen, Konservativen und Liberalen. Dass sich etwas in unserer Gesellschaft bewegte, war nicht zu übersehen.

---

[7] Al Mahala ist eine Stadt im Nildelta, eine Hochburg der Textilindustrie in Ägypten. 2008 schlossen sich Arbeiter zu einem Großaufstand gegen die niedrigen Löhne und die Arbeitsverhältnisse in den Fabriken zusammen. Die Sicherheitskräfte gingen mit massiver Brutalität gegen die Arbeiter vor, dabei wurde mindestens eine Person getötet und mehr als einhundert verletzt.

Ich behaupte, dass *Facebook* ein entscheidender Faktor in der ägyptischen »Aufklärung« war, denn viele setzten sich mit Meinungen und Konzepten auseinander, die für lange Zeit in unserer Gesellschaft unterdrückt oder denen sie noch nie begegnet waren.
Die jungen Aktivisten sahen in *Facebook* eine goldene Chance, mehr Menschen zu erreichen, und sie im Kampf gegen das Mubarak-Regime zu gewinnen. Das bekannteste Beispiel dafür ist das Organisieren des größten Streiks in Ägypten vor der Revolution: der 6. April im Jahr 2008. Als Protest gegen die niedrigen Löhne und die erhöhten Preise riefen die Arbeiter von Al Mahala an diesem Tag zu einem Streik auf; eine Gruppe von Aktivisten, darunter ich, griff diese Idee auf, um einen Generalstreik in ganz Ägypten zu realisieren. Dafür gründeten wir eine *Facebook Group* mit dem Namen *6 April Strike*. Erstaunlicherweise schlossen sich mehr als siebzigtausend Menschen der Gruppe an, was die Geheimdienste erschütterte, denn sie befürchteten, dass diese Zahl von Menschen tatsächlich auf die Straße gehen würde. Wir benutzten alle Möglichkeiten *Facebooks*, um die Menschen für diesen Streik zu mobilisieren: Videos, Bilder und Artikel, sogar die Nachricht meiner Verhaftung postete ich auf mein Konto, während ich im Polizeiwagen saß. Ich war nicht der einzige, der aufgrund dieser Aktion ins Gefängnis kam.

Der Streik erzielte einen großen Erfolg, und so wurde der 6. April 2008 das tatsächliche Datum, von dem an *Facebook* als ein medial-politisches Instrument angesehen wurde. Später nannten wir unsere Gruppe »Die Jugendbewegung des 6. April«, die sich als Jugendbewegung ohne spezifische politische Ideologie verstand und deren Ziel es war, das Mubarak-Regime zu stürzen und dem Volk ein politisches und gesellschaftliches Bewusstsein zu ermöglichen.

»Die Jugendbewegung des 6. April« setzte ihre Aktivitäten über ihre *Facebookseite* hinaus fort und organisierte Kundgebungen, Demos und weitere Protestaktionen überall in Ägypten. Parallel dazu wurden weitere Gruppen und Bewegungen gegründet, die meisten von ihnen blieben jedoch in der virtuellen Welt verhaftet. Im Jahr 2009 waren die Begriffe *Virtual Activism* oder *Virtual Activist* geläufig. Sie bezeichnen diejenigen, die ihre politischen Aktivitäten nur im Netz und ohne jegliche Präsenz in der Realwelt ausüben.

6. *Facebook* und Al Baradei

Im Februar 2010 kehrte Friedensnobelpreisträger Mohammad Al Baradei nach langen Jahren der internationalen Diplomatie nach Ägypten zurück. Viele, vor allem die politische Elite, sahen Al Baradei als ein Nationalsymbol, einen Hoffnungsträger, der in der Lage sein würde, den politischen Kampf gegen Mubarak zu führen.

Al Baradei hatte keine leibhaftige Präsenz in den Straßen Ägyptens, aber hinter ihm stand die größte junge Wahlkampagne, die das Netz, insbesondere *Facebook*, als ihr Hauptinstrument benutzte. Gleichzeitig führte das Regime in der staatlichen Presse, im Fernsehen und im Radio, aber auch durch Straßenplakate eine unausgesprochene Schmutzkampagne gegen ihn. Als Antwort darauf startete Al Baradeis Kampagne mit der »Bewegung des 6. April« und anderen Gruppierungen eine Unterschriftenaktion für Al Baradeis »Änderungserklärung«. Auf diese Weise wurde eine Brücke zwischen der Welt der Aktivisten und der Gesellschaft geschlagen.

Mehr als zweihunderttausend Mitglieder schlossen sich Al Baradeis Seite auf *Facebook* an, was die größte politische Versammlung im Netz bis zur Ermordung Khaled Saids im Juni 2010 war.

7. Khaled Said – die Ikone der Revolution

Khaled Said war ein junger Mann aus der ägyptischen Mittelschicht, der auf offener Straße in Alexandria im Juni 2010 von zwei Polizisten zu Tode geprügelt wurde. Tage vor seiner Ermordung veröffentlichte Khaled Said ein Video auf *YouTube*, das die Verwicklung der örtlichen Polizei in den Drogenhandel zeigte. Dafür musste er sterben. Khaled wurde nur 28 Jahre alt.

Wenige Tage später veröffentlichte Ayman Nour Khaleds Foto, das heimlich im Leichenhaus aufgenommen worden war, auf seinem *Facebook-Konto*. Dieses Foto zeigte Khaleds zerschlagenes Gesicht und löste großes Entsetzen aus. Nur wenige Stunden nach der Veröffentlichung, wurde eine *Facebookseite* unter dem Namen »Wir sind alle Khaled Said« gegründet. Innerhalb weniger Wochen erreichte die Zahl der Mitglieder eine halbe Million, und so wurde die Ermordung Khaled Saids eine der wichtigsten Fragen der ägyptischen Öffentlichkeit.

Symbolisch gesehen war die Ermordung Khaled Saids ein Attentat auf die ägyptische Mittelschicht. Nach dem physischen Angriff folgte eine demoralisierende Kampagne gegen Khaled und zwar durch den polizeilichen und medialen Flügel des Regimes. Beide Ministerien, das Innen- wie das Informationsministerium, wiesen alle Anschuldigungen zurück und behaupteten, dass Khaled ein Schwerkrimineller und ein Drogendealer war.

Dies führte dazu, dass sich »Wir sind alle Khaled Said« zu einer großen Plattform wandelte, auf der sich die jungen Menschen versammelten und verschiedene Protestaktionen organisierten. Diese Aktionen richteten sich gegen den Polizeistaat, der die Würde der ägyptischen Bürgern systematisch verletzte. »Wir sind alle Khaled Said« organisierte zahlreiche Schweigemahnwachen gegen Folter sowohl in Ägypten als auch im Ausland.

Die jungen Menschen, die an solchen Aktionen teilnahmen, hatten keine politische oder ideologische Agenda im klassischen Sinne, sondern verteidigten ihren Traum für ein freies Leben. Diese Menschen waren der wahre Kern der ägyptischen Revolution, Hand in Hand mit den anderen Bewegungen und Gruppierungen, die ihre Arbeit schon früher begonnen hatten. Das Mubarak-Regime spürte die Gefahr und gründete deshalb die sogenannten »Onlinemilizen« als ein Konternetzwerk gegen jede Art von Opposition.

Die jungen Menschen verteidigten ihren Traum für ein freies Leben.

»Wir sind alle Khaled Said«, deren Administratoren bis Anfang Februar 2011 unbekannt waren,[8] war die erste Gruppe, die dazu aufrief, den 25. Januar[9] in den Tag umzuwandeln, der den Beginn der Revolution gegen die Ungerechtigkeit, die Gewalt und die Korruption der Polizei markieren sollte.

So viel ich weiß, war dies die erste Revolution in der Geschichte, bei der das Datum vorher feststand. Was diese Revolution neben ihrer friedlichen Natur auszeichnet, ist die starke Präsenz der *New Media* (*Facebook*, *Twitter*, *YouTube*), durch die die Aktivisten die Proteste vor und während der Revolution organisierten und mit deren Hilfe eine Gegendarstellung der Ereignisse möglich war, um am Ende den Kampf gegen die Propaganda und Lügen der Staatsmedien zu gewinnen. Am 28. Januar schaltete die ägyptische Regierung das Internet und die Mobilfunknetze im gesamten Land ab, was nach Ansicht des Regimes die für diesen Tag geplanten Massenproteste zum Scheitern bringen sollte; doch da war es bereits zu spät, den Zorn des Volkes zu unterdrücken. Manche Beobachter argumentierten, dass der Grund für die große Zahl an Protestierenden an diesem Tag die Abschaltung des Internets gewesen sei, was die sogenannten »Virtuellen Aktivisten« dazu gezwungen haben soll, ihre Bildschirme zu verlassen und auf die Straße zu gehen, doch diese Vermutung halte ich für sehr übertrieben, sogar für unrealistisch.

8. Nach der Revolution: *Twitter* und der revolutionäre Isolationismus

Im Jahr nach der Revolution verdreifachte sich die Zahl der *Facebook*-Beitritte unter den Ägyptern, sogar der höchste Militärrat *SCAF* und das Innenministerium richteten eigene Seiten auf *Facebook* ein, um mit den jungen Menschen zu kommunizieren. Die Revolutionäre entdeckten jedoch ein anderes soziales Netzwerk für

---

[8] Der Hauptadministrator ist Wael Ghounim, ein junger Ägypter, der als Marketingmanager von *Google Middle East and North Africa* tätig war und mit drei anderen jungen Männern die *Facebookseite* »Wir sind alle Khaled Said« gründete. Alle drei blieben anonym, da sie die Menschen so lange wie möglich mobilisieren und dabei vermeiden wollten, verhaftet zu werden. Zwei Tage nach Ausbruch der Revolution, am 27.01.2011, wurde Ghounim jedoch vom Geheimdienst entführt und bis zum 7. Februar festgehalten. Nach seiner Entlassung gab er bekannt, der Hauptadministrator der *Facebookseite* zu sein.

[9] Der 25.01.1952 war der »Tag der nationalen Polizei« und ein offizieller Feiertag.

sich: *Twitter*. *Twitter* wurde zum Hauptforum der »Virtuellen Aktivisten«. Anders als bei *Facebook* lassen sich Fragen, Meinungen und Kommentare laut und schnell vernehmen. Immer wieder und innerhalb weniger Stunden ergeben sich neue Themen. An einem Tag kann man vom Volksheld zum Konterrevolutionär werden. *Twitter* verkörpert die Krise, die wir nach der Revolution erlebt haben: Die Rolle der *New Media* wurde überhöht und sogar überschätzt. Dies hat dazu geführt, dass sich zwischen der Welt der jungen radikalen Revolutionäre und der Realität der konservativen ägyptischen Gesellschaft ein großer Spalt aufgetan hat.

Es ist nicht übertrieben zu sagen, dass eines der Hauptprobleme der ägyptischen Revolution die Distanzierung mancher Revolutionäre von den Ansichten und Meinungen der Laien ist. Das noch nicht gefallene Regime unter der Führung vom *SCAF* betreibt eine systematische Diffamierung der Revolution, um die Massen gegen die Aktivisten zu hetzen. Daraufhin zeigen viele Revolutionäre eine extreme Reaktion gegen jeden, der anderer Meinung ist als sie. Sie belächeln die Rufe vieler Ägypter nach Stabilität, wirtschaftlichen Reformen, sogar den Ruf nach einer konkreten Führung der Revolution, um eine klare Route für die politische Zukunft zu entwickeln.

Darüber hinaus sprechen viele Aktivisten den islamistischen Parteien die Fähigkeit ab, mit den Menschen zu kommunizieren. Auf *Twitter* argumentieren sie immer wieder, der Wahlsieg der Islamisten sei durch einen Geheimpakt mit dem *SCAF* zustande gekommen. Manche erklären, der Grund für diesen Sieg sei die Naivität und sogar die Ignoranz der Wähler. Dieser arrogante Isolationismus habe dazu geführt, dass die islamischen konservativen Kräfte eine große Mehrheit (siebzig Prozent der Parlamentssitze) bekamen, ohne jegliche seriöse Konkurrenz.

Im Frühjahr 2012 ist die Revolution noch nicht zu Ende, ein Präsident ist noch nicht gewählt, eine Verfassung noch nicht geschrieben und die Verantwortlichen für die Ermordung von 865 Ägyptern während der ersten Tage der Revolution sind noch nicht verurteilt.
Noch regiert das alte und veraltete Militärregime. Der Zukunft Ägyptens droht ein sektiererisches Regime, noch immer hat die Revolution keine Führung, noch immer besitzen die *New Media* große Macht in der politischen Szene, noch immer befindet sich das ägyptische Volk in einem revolutionären Aufklärungsprozess. Und noch immer geht die Revolution weiter.

Der Arabische Frühling und die Rolle der digitalen Medien

TEILNEHMER

Ahmad Badawy: *Blogger, Kairo*

Jo Groebel: *Direktor des International Digital Institute, Berlin*

Loay Mudhoon: *Redaktionsleiter des Online-Dialog-Portals quantara.de, Dozent am Orientalischen Seminar der Universität Köln*

Mathieu von Rohr: *Auslandskorrespondent, Der Spiegel, Paris*

Jörg Lau (Moderation): *Außenpolitischer Korrespondent, DIE ZEIT, Berlin*

JÖRG LAU: Immer wieder ist die Rede von der *Facebook*- oder *Twitter*-Revolution. Wir wollen uns mit der Frage beschäftigen, wie entscheidend *Facebook* für diese Revolution war. Hätte es – wie manche behaupten – auch ohne die sozialen Medien eine Revolution gegeben?

AHMAD BADAWY: Ja, das denke ich schon. Allerdings hätte es bei den gegebenen Machtverhältnissen vielleicht nochmals zehn Jahre gedauert. Soziale Medien wie *Facebook*, *Twitter*, *YouTube* und natürlich auch die *Blogs* ermöglichen es jungen Menschen, sich Gehör zu verschaffen. Als wir 2006 und 2007 begannen, *Facebook* als soziales Medium für politische Belange zu nutzen, wurde uns bewusst, dass wir damit mehr Menschen erreichen konnten als irgendeine Zeitung. Nehmen wir z. B. brisante Themen, wie Hosni Mubarak und dessen Sohn, das Regime, die Korruption – über all das kann auf *Facebook* geschrieben werden. Auch Themen wie Atheismus und Evolution sind nicht tabu.
Dagegen unterliegen selbst die unabhängigen Fernsehkanäle, Zeitungen oder Nachrichtensender in ihrer Berichterstattung Einschränkungen. Gewisse Grenzen, insbesondere beim Thema Religion, dürfen nicht überschritten werden. Aber auf *Facebook* oder *YouTube* können die Leute diskutieren, wie sie wollen.

Menschen aus verschiedenen Städten und Ländern kommunizieren miteinander. Sie nutzen *Facebook* als einen Ort, an dem sie sich versammeln, an dem sie ihren Unmut äußern und Ereignisse in Gang setzen können. Wie beim Streik am 6. April 2008 in der ägyptischen Stadt Mahalla. In dieser Stadt leben sehr viele Arbeiter, die zum Protest für die Anhebung von Löhnen und Gehältern aufriefen. Wir haben *Facebook* genutzt, um alle Ägypter zur Beteiligung aufzurufen. Mehr als siebzigtausend Leute schlossen sich auf *Facebook* unserem Streikaufruf an. Das überraschte nicht nur die Regierung, sondern auch uns selbst. Die Regierung war außer sich und drohte in den Zeitungen und im Fernsehen damit, dass jeder, der sich an diesem Streik beteiligt, festgenommen und bestraft werde. Diese Drohungen schüchterten die Menschen ein, sie hatten Angst. Gleichwohl erkannten Aktivisten und Bürger in diesem Moment, dass *Facebook* ein sehr probates und machtvolles Instrument ist, um Politik zu machen.

JÖRG LAU: Mathieu von Rohr, in Ihrem Spiegel-Essay schreiben Sie: »Nicht alles, was im Internet stattfindet, hat auch mit dem Internet zu tun. Es gibt keine *Facebook*-Revolution, genauso wenig wie es Handy-Revolutionen und Flugblatt-Revolutionen gibt. Es gibt nur Revolutionen von Menschen, die sich befreien wollen.«[1] Können Sie Ihren Standpunkt näher erläutern?

MATHIEU VON ROHR: Was mich am Begriff der *Facebook*-Revolution stört, ist die Unterstellung, dass *Facebook* oder das Internet letztlich der Grund für diese Revolution waren, also dass das Internet Demokratie automatisch befördert. Ich meine, dass wir uns auf ein Nebengleis begeben, wenn wir von der *Facebook*-Revolution reden. Ich würde niemals bestreiten, dass *Facebook* und *Twitter* eine unglaublich wichtige Rolle bei der Vorbereitung von Demonstrationen und bei der Verbreitung von Informationen gespielt haben. *Facebook* und *Twitter* haben überhaupt erst eine Art öffentliche Sphäre geschaffen, die die Medien in diesen Ländern nicht herstellen konnten. Aber es gibt einen Utopismus, der mit dem Wort *Facebook*-Revolution einhergeht. Es gab beispielsweise Leute die sagten: »Eigentlich müssten wir den *Facebook*-Gründer Mark Zuckerberg zum Vater der arabischen Revolution ausrufen.« Das ist absurd. Meiner Meinung nach fällt es den westlichen Medien schwer, nüchtern über die Rolle des Internets in der Gesellschaft zu berichten. Es gibt immer Extreme, da nehme ich unser eigenes Magazin nicht aus. Mal wird das Internet verteufelt als eine Kraft des Schlechten, dann – wie in diesem Fall – gilt es als eine Kraft, die automatisch Gutes schafft. Weder das eine noch das andere ist zutreffend. Bei der Frage, ob die Revolutionen auch ohne Internet stattgefunden hätten oder nicht, müssen wir daran denken, dass alles als sozialer Protest begann. Wenn wir dann zu dem Schluss kommen, dass es auch ohne Internet zu Revolutionen gekommen wäre, dürfen wir auch nicht von einer *Facebook*-Revolution sprechen.

[1] Nachdruck siehe S. 137 in diesem Band

JÖRG LAU: Wenn man aber berücksichtigt, dass das Internet eine öffentliche Plattform in diesem virtuellen Raum geschaffen hat, in dem man sich treffen und Informationen austauschen konnte und es damit Möglichkeiten bot, die die zensierten traditionellen Medien nicht eröffnen konnten, dann kann dieses Medium durchaus als demokratiestiftend bezeichnet werden.

MATHIEU VON ROHR: Das würde ich niemals bestreiten, aber ich möchte gleichzeitig daran erinnern, wie alles angefangen hat: Ein junger Mann nahm sich in Sidi Bouzid auf dem Platz vor dem Sitz des Gouverneurs das Leben. Diese Geschichte wurde zur Legende: Mohamed Bouazizi war ein Obst- und Gemüseverkäufer in Tunesien, dessen Obst von einem Polizisten beschlagnahmt wurde. Daraufhin verbrannte er sich auf dem Platz.[2] Es folgten Demonstrationen, eine soziale Explosion ereignete sich, die zunächst einmal nichts mit Internet und nichts mit *Facebook* zu tun hatte. Im zweiten Schritt brachte *Facebook* die Nachrichten aus dem abgeschnittenen Landesinnern in die Städte, in denen eine urbane Mittelschicht aktiviert werden konnte. Das ist die Rolle, die *Facebook* zukam.

JÖRG LAU: Herr Mudhoon, hat Sie die sogenannte *Facebook*-Revolution als einen Beobachter der Region, der täglich mit dem Internet arbeitet, überrascht? Konflikte, Brotunruhen und Demonstrationen. All das hat es in den Jahren zuvor bereits gegeben, aber offenbar war auf einmal eine kritische Masse erreicht.

LOAY MUDHOON: Ich war nicht wirklich überrascht. Denn die Ursachen der Proteste lagen auf der Hand: Jeder, der die Region kennt, wusste von der sozioökonomischen Krise, den Reformblockaden, den unfähigen und völlig korrupten, autoritären Eliten. Kurzum: Diese Akkumulation von Negativfaktoren musste zu dieser historischen Protestwelle führen. *Facebook* als Verursacher zu bezeichnen, wäre allerdings zu einfach. Die Räume, in denen der normale Bürger agieren konnte, waren sehr eng. Jenseits staatlicher Kontrolle gab es kaum Möglichkeiten der politischen Artikulation und Partizipation. Deshalb sprechen wir von einer neuen arabischen Welt, in der die Schranken der Angst gefallen sind. All das, was fast ein halbes Jahrhundert lang unterdrückt worden ist, dringt nun mit großer Wucht nach außen. Durch eine *Facebook*-, durch eine Medienrevolution wurde die arabische Welt quasi aus der Vormoderne in die Postmoderne hineinkatapultiert. Allerdings lösen Medienrevolutionen keine realen Revolutionen aus. Anfang bis Mitte der 1990er Jahre, als der Fernseh-

[2] Mohamed Bouazizi (geboren am 29.03.1984 in Sidi Bouzid; seinen Verletzungen erlegen am 04.01.2011 in Ben Arous) war ein tunesischer Gemüsehändler, dessen Selbstverbrennung am 17.12.2010 in Sidi Bouzid einer der Auslöser der Revolution in Tunesien 2010/2011 war, die zum Sturz von Zine el-Abidine Ben Ali nach 23 Jahren Herrschaft führte. Damit wurde Bouazizi zu einem der Wegbereiter des Arabischen Frühlings.

sender *Al-Dschasira* ein neuer medialer Standard in der Region wurde, sprach man von einer graduellen Demokratisierung. Aber: Medien, egal, ob klassisch oder neu, können nicht real existierende Strukturen ersetzen. Entscheidend bei *Facebook* und allen anderen Medien war der erste Schritt: die Überwindung der eigenen Angst und die Schaffung neuer Artikulationsräume – zunächst virtuell und dann real. Es geht hier nicht um Kommunikation auf banaler Ebene, sondern um Gruppenbildung und freie Meinungsäußerung. Eine junge Bloggerin aus Kairo sagte mir einmal: »Ich fühle mich zum ersten Mal als Mensch, weil ich meine Meinung äußern kann und andere Leute darauf reagieren.« Neue Medien als Mittel zur Bewusstseinsbildung für das, was real existiert, sind im arabischen Raum nicht mehr wegzudenken.

JÖRG LAU: Dann ist *Facebook* als Synonym für soziale Medien, die netzartig organisiert sind, doch nicht einfach irgendein neutrales Medium. Wenn dort jemand sagt »Zum ersten Mal zählt meine Stimme«, dann entfacht dieses Medium eine politische Dimension.

JO GROEBEL: *Facebook* wäre missverstanden, wenn man es vor allem als Plattform zum Austausch von Informationen sehen würde. Das ist es auch in der normalen Nutzung. Aber es ist vor allem ein Expressionsinstrument, in dem ein großer Teil Müll produziert wird. Bei informellen Gesprächen zwischen Intellektuellen winkt aber auch nicht jedes Mal der Nobelpreis. Dennoch: Mittels *Facebook* gibt es plötzlich Stimmen, die gehört werden. Insofern scheint das expressive Moment mindestens genauso wichtig zu sein wie der Informations- oder Handlungsaspekt. Ohne Zweifel ist *Facebook* ein Medium, dass politische Veränderungen schafft.

Neue Medien als Mittel zur Bewusstseinsbildung sind nicht mehr wegzudenken.

AHMAD BADAWY: *Facebook* ist meiner Meinung nach ein politisches Medium, weil wir es dazu machen. Es existiert weltweit. Die Menschen in Ägypten, Tunesien und Libyen nutzen es als politische Plattform, die es bisher nicht gab. Es gab keine Parteien, keine Pressefreiheit. Alles, bis hin zu den Universitäten, wurde überwacht und unterlag der staatlichen Kontrolle. Deshalb setzen wir *Facebook*, *Twitter* und *YouTube* als politische Plattformen ein, als Treffpunkte, um politisch zu agieren, um Menschen über Verbrechen und staatliche Willkür zu informieren. Bereits in den 1980er und 1990er Jahren gab es Gewaltübergriffe, Hausdurchsuchungen und Ähnliches, über das die Menschen aus Zeitungen erfuhren. Doch die Bilder auf *YouTube* machen solche Ereignisse viel greifbarer: Wenn die Leute sehen, wie Menschen misshandelt werden und Polizisten dabei lachen, dann macht das die Unmenschlichkeit nochmals realer für sie. Die Leute begreifen, was diese Form der Gewalt bedeutet, wie sie ausgeübt wird. Wie im Fall von Khaled

Said. So wie man in Tunesien Mohamed Bouazizi mit dem Arabischen Frühling verbindet, so ist es in Ägypten der Fall Khaled Saids: Ein junger Mann aus der Mittelschicht; kein Krimineller, kein politisch engagierter Mensch; ein ganz normaler, aufgebrachter junger Mann. Die Polizisten haben ihn zu Tode geprügelt, weil er ein Video besaß, auf dem zu sehen war, wie sie mit Drogen handelten. Vor der Revolution hätte niemand von einem solchen Fall Notiz genommen. Wir haben Bilder von Khaled Said – vor und nach seinem Tod – auf *Facebook* eingestellt. Und diese Bilder und Aufnahmen haben etwas bei den Leuten bewirkt. Dadurch erfuhren plötzlich alle von diesem Fall. Ab diesem Zeitpunkt erhielt der politische Konflikt eine neue Dimension. Die Menschen fingen an, über Politik zu sprechen.

MATHIEU VON ROHR: Mohamed Bouazizi und Khaled Said waren als Ikonen ungeheuer wichtig. Eine Mehrheit der jungen Leute konnte sich in ihnen wiedererkennen. Erwähnenswert ist auch, dass die Nachricht von der Selbstverbrennung Mohamed Bouazizis sich nicht als erstes über *Facebook* verbreitete, sondern über den arabischen Nachrichtensender *Al-Dschasira*, der für den Arabischen Frühling mindestens ebenso bedeutend war wie die sozialen Medien im Internet. Ein Vetter von Mohamed Bouazizi rief bei *Al-Dschasira* an und hat *on-air* die Geschichte von Mohamed Bouazizi erzählt. Er hat sie leicht verfälscht, indem er sagte, der junge Mann sei ein Uni-Abgänger gewesen, der keinen Job fand. In Wirklichkeit hatte er nicht einmal Abitur. Dadurch wurde seine Geschichte für eine Mehrheit der Leute in der ganzen arabischen Welt symbolisch.

LOAY MUDHOON: Die Geschichte von Mohamed Bouazizi verdeutlicht: Trotz der kosmetischen Veränderungen, die ihn zum Akademiker machten, der er nicht war, steht er stellvertretend für eine hoffnungslose Akademiker-Generation, besser ausgebildet als ihre Eltern, jedoch ohne Perspektive – eine demografische Zeitbombe.

JÖRG LAU: Im Gegensatz zu *Facebook*, *Twitter* und *You Tube* ist der Fernsehsender *Al-Dschasira*, der von der Herrscherfamilie in Katar betrieben wird und damit von der jeweiligen Regierung vor Ort unabhängig ist, fast schon ein altes Medium. Herr Mudhoon, wie urteilen Sie über die Rolle von *Al-Dschasira* im Zusammenhang mit der Revolution?

LOAY MUDHOON: Der Startschuss für diese historische Protestwelle und vor allem die Überwindung der Angst ist mit Sicherheit den neuen sozialen Medien zuzuschreiben, aber die Weiterentwicklung und die innerarabische Popularisierung kam erst durch den transnationalen Sender *Al-Dschasira*. Das gilt auch für die Bildung symbolischer Repräsentationen, wie sie durch die Schaffung von Ikonen entstanden sind. *Al-Dschasira* schuf quasi eine panarabische Identitätsgemeinschaft. Ohne

Al-Dschasira wäre die Revolution in Syrien wahrscheinlich schon längst vor einigen Monaten niedergeschlagen worden, so wie die iranische *Twitter*-Revolution 2009. *Al-Dschasira* spielte aber nicht immer und überall eine ruhmreiche Rolle, wie wir in Bahrain sehen: Dort tat *Al-Dschasira* den bürgerlichen Volksaufstand als Unruhe mit konfessionellen Hintergründen ab – ein durchaus problematischer Glaubwürdigkeitskonflikt. In der Regel spielt *Al-Dschasira* jedoch immer die Rolle eines Tabubrechers. Es ist eine Art Seismograph arabischer Empfindlichkeiten. Hinzu kommt, dass der Sender einen großen Anteil daran hat, dass wir heute auch den Staat Israel als eine Realität in der Region haben und nicht mehr von einem »zionistischen Gebilde« und ähnlichem Unsinn geredet wird. Denn *Al-Dschasira* war der erste arabische Sender, der israelischen Politikern die doppelte Sendezeit eingeräumt hat, um nicht in den Verdacht zu kommen, pro-palästinensisch oder pro-arabisch zu sein.

Al-Dschasira war und ist jedoch ein politisches Instrument der katarischen Außenpolitik – und gleichzeitig so etwas wie ein Nukleus eines arabischen Bewusstseins. Ein zentrales Erlebnis für mich in Deutschland war vor einigen Jahren eine Dokumentation auf dem Nachrichtensender *Phoenix* über den »Sechs-Tage-Krieg«, eines der wichtigsten Ereignisse, die den Nahen Osten bis heute strukturell prägen. Nachdem ich den Film gesehen habe, habe ich mich gefragt: »Wo ist eigentlich die arabische Perspektive?« Sie war nicht vorhanden. Heute wäre das dank *Al-Dschasira* undenkbar. Alleine deshalb ist *Al-Dschasira* wertvoll.

JÖRG LAU: Herr Badawy, reden wir über die Ambivalenz des Internets. Glauben Sie, dass diese neuen Medien von der Regierung gegen die Bevölkerung genutzt werden können? Können sie kontrolliert oder manipulativ genutzt werden? Oder liegt das Besondere gerade darin, dass sie nicht kontrollierbar sind?

***Al-Dschasira* war und ist ein politisches Instrument der katarischen Außenpolitik und gleichzeitig so etwas wie ein Nukleus eines arabischen Bewusstseins.**

AHMAD BADAWY: Ich glaube, dass die ägyptische Regierung eine solche Kontrolle nicht langfristig ausüben kann. Denn inzwischen gibt es zahlreiche Anhänger auf *YouTube*, *Twitter* und *Facebook*. Aber sie versuchen es natürlich. In Syrien ebenso wie in Ägypten hat man eigene Leute veranlasst, online zu gehen. Viele äußerten sich regimefreundlich und verteidigten Mubarak und dessen Sohn. Im Moment hat die Regierung keine Kontrolle über diese Medien. Vielleicht finden sie in der Zukunft einen Weg, Kontrolle auszuüben.

JO GROEBEL: Der Wahrheitsgehalt von Bildern im Netz ist noch immer deutlich fragwürdiger als bei den traditionellen Medien. Wenn man Propaganda machen möchte, schalte ich das Netz nicht technisch ab, sondern flute die sozialen

Medien und *Facebook* von Regierungsseite mit allen möglichen Bildern und setze auf die die gute alte Gegenpropaganda. Da gibt es eine Vielzahl von Manipulationsmöglichkeiten.

MATHIEU VON ROHR: Vor den Wahlen in Tunesien hatten alle Parteien ihre *social media-Teams*, die auf den Seiten der gegnerischen Parteien kommentiert haben und Propaganda verbreiteten. Dadurch entstanden viele Gerüchte und Fehlinformationen. Es gibt zur Politik noch immer kein Korrektiv durch eine freie Presse. Journalisten lernen gerade erst, was es heißt, frei zu sein. Viele wiederholen einfach nur die Gerüchte, die sie irgendwo aufgeschnappt haben. Am Ende wurden die Wahlen aber nicht von der Partei mit dem besten *social media-Team* gewonnen, sondern von der *An-Nahdha*-Partei, die als einzige über personelle und finanzielle Ressourcen verfügt, auch in den kleinen Dörfern an die Türen der Leute zu klopfen. Allgemein gilt: Soziale Netzwerke sind in urbanen Gegenden ungeheuer wichtig. *Al-Dschasira* ist wichtig, um die Menschen ohne Internetzugang zu erreichen. Ich will die Bedeutung von *Facebook* und *Twitter* nicht schmälern, aber ich glaube, dass wir dazu neigen, uns zu sehr auf die Ursprünge der Revolutionen zu konzentrieren, anstatt die Frage zu stellen, wie es jetzt weiter geht. Im Westen beschäftigen uns die Fragen des Aufbaus einer Zivilgesellschaft, der Bürgerrechte, der Demokratie. Aber für die Betroffenen geht es vorrangig um ihre wirtschaftliche Zukunft. Viele Menschen sind in Tunesien nicht wählen gegangen, sie sind frustriert und es geht ihnen schlechter als vor der Revolution. In den westlichen Medien konzentrieren wir uns zu sehr auf die Meinung von westlich geprägten Bloggern und dadurch erhalten wir eine einseitige Sicht auf die Lage in den Ländern des Arabischen Frühlings.

JÖRG LAU: Herr von Rohr, was macht die sozialen Medien in der Diskussion um den Arabischen Frühling für die westlichen Medien so spannend?

MATHIEU VON ROHR: Es gibt drei Gründe dafür, dass westliche Medien so verliebt auf das *Facebook*-Thema geschaut haben:

1. Wir sehen dort liberale, junge Menschen, die uns ähnlich sind, dabei hielten wir die Araber bis dahin für fremd.
2. Es schmeichelt uns, dass die jungen Menschen westliche Technologien, wie Internet und *Facebook* nutzen.
3. *Twitter* und *Facebook* erlauben uns, quasi in Echtzeit dabei zu sein.

Wir können uns einloggen und fünfhundert Ägypter abonnieren. Wir werden zu Zeugen, wie Tränengas geworfen wird und haben so einen Dabeiseins- bzw. Erlebniseffekt. Diese drei Punkte führen dazu, dass wir eine ganz komische, verzerrte Diskussion über diese arabischen Revolution führen.

JO GROEBEL: Im Grunde ist es müßig zu diskutieren, heißt es jetzt *Facebook*-Revolution oder nicht, denn die Dinge greifen ineinander. Ich gebe Ihnen völlig recht, *Facebook* war nicht Grund, spielte aber durchaus eine große Rolle bei der Revolution, und ohne *Facebook* wäre alles anders, wahrscheinlich später abgelaufen. *Facebook* und alle sozialen Medien können niemals ein Ersatz für traditionellen Journalismus sein. Freier Journalismus muss genau das erfüllen, was sich auf *Facebook* nicht zwingend ergibt: Verlässlichkeit, Professionalität und vor allem auch eine gewisse Filterfunktion.

v. l.: Jo Groebel, Ahmad Badawy, Jörg Lau, Mathieu von Rohr und Loay Mudhoon

مصر
٢٥
يناير

دكتور
محمد حافظ
استاذ دكتور
عطية عبد الله عطية
علاج الضعف الجنسي وسرعة القذف
٠١٠٤٥١٠٠٢٦ - ٢٢٩٣١٠١٩٠

IV. Die Festung Europa und die Flüchtlingsfrage

Europa und die nordafrikanische Flüchtlingsfrage

Überlegungen zu einem internationalen Strategieansatz

VON MICHAEL LINDENBAUER

1. Einleitung

Hauptaufgabe des *UN-Flüchtlingskommissariats* (*UNHCR*) ist der Internationale Flüchtlingsschutz. Dessen Kernstück ist bis heute die *Genfer Flüchtlingskonvention* (*GFK*) von 1951 und das Zusatzprotokoll von 1967. Die Arbeit des *UNHCR* bezieht sich in all ihren verschiedenen Facetten und Aspekten im Kern auf Menschen, die aus ihren Heimatländern oder ihren Heimatregionen fliehen, weil ihnen dort religiös, ethnisch oder politisch motivierte Verfolgung und schwere Menschenrechtsverletzungen drohen oder sie versuchen, der Gewalt gegen Zivilpersonen im Zusammenhang mit bewaffneten Konflikten zu entkommen.

Das Mandat reflektiert einen ganz bestimmten Hintergrund des internationalen Migrationsgeschehens, der sogenannten *forced migration*, also der erzwungenen Migration, auf die im Folgenden kurz eingegangen werden soll.

Dieser einleitende Hinweis ist deshalb wichtig, weil es nach Meinung des *UNHCR* ganz entscheidend darauf ankommt, Migranten nicht mit Flüchtlingen und Schutzsuchenden zu verwechseln. Es geht dabei aber nicht um Gut oder Böse, Schwarz oder Weiß, sondern um den unterschiedlichen Hintergrund, der Menschen dazu veranlasst, ihr Heimatland bzw. ihre Heimatregion zu verlassen.

2. Zahlen und Fakten zur nordafrikanischen Flüchtlingsfrage

Wie kann also Europa mit der nordafrikanischen Flüchtlingsfrage umgehen? Zunächst soll die Frage beantwortet werden, wie viele Menschen infolge der Umbrüche in der arabischen Welt geflohen sind. Dabei steht natürlich der Konflikt in Libyen im Vordergrund, in dessen Folge in der Tat Hunderttausende von Menschen das Land verlassen mussten.

Allerdings handelte es sich dabei in der überwältigenden Mehrheit nicht um Libyer, sondern um Migranten, die dort als »Gast- bzw. Wanderarbeiter« ihr Auskommen

gesucht haben. Über siebenhunderttausend Migranten sind mittlerweile aus Libyen in ihre Heimatländer zurückgekehrt, zum großen Teil auch mit Hilfe internationaler Organisationen wie *IOM (International Organization for Migration)* und *UNHCR*, das sich ebenfalls an der humanitären Evakuierung substantiell beteiligte.
Es war äußerst wichtig, diese Aktion möglichst rasch und erfolgreich durchzuführen, um den Nachbarstaaten, vor allem gilt dies für Tunesien, durch Taten zu demonstrieren, dass sie mit der zwischenzeitlichen Aufnahme dieser Menschen nicht allein gelassen werden.

Besonders hervorgehoben sei hier die vorbildliche Rolle der örtlichen tunesischen Bevölkerung, die trotz der eigenen, nicht geringen Probleme maßgeblich dafür gesorgt hat, dass der Frühling 2011 für Hunderttausende von gestrandeten Menschen nicht in einer humanitären Katastrophe endete. Zudem suchten in Tunesien schätzungsweise rund sechzigtausend Libyer Zuflucht. Die meisten von ihnen kamen privat unter; zwischenzeitlich errichtete Flüchtlingslager konnten mittlerweile geschlossen werden, weil diese Flüchtlinge wieder in ihr Herkunftsland zurückgekehrt sind.

Neben den Migranten und den libyschen Kriegsflüchtlingen gab und gibt es jedoch noch eine dritte Gruppe von Menschen, die das Land verlassen mussten. Dabei handelt es sich vor allem um Flüchtlinge aus Staaten wie Eritrea, Sudan, Somalia, Äthiopien, die zuvor in Libyen Zuflucht vor Krieg und Verfolgung in ihren eigenen Herkunftsländern gesucht hatten und durch den aufflammenden Konflikt in Libyen nunmehr zwischen die Fronten gerieten. 5.000 Menschen, davon allein 3.600 im Flüchtlingslager Shousha in Tunesien, warten darauf, dass für sie eine dauerhafte Perspektive gefunden wird. Sie können nicht dort bleiben, wo sie sind und sie können aus Schutzgründen weder zurück in ihr Heimatland noch nach Libyen. Es bleibt daher nur die Hoffnung auf dauerhafte Aufnahme in einem Drittland. Die USA haben sich inzwischen bereit erklärt, eine große Zahl der gestrandeten Flüchtlinge aufzunehmen. Besonders erfreulich ist auch die Tatsache, dass die deutsche Innenministerkonferenz im November 2011 die Bundesregierung gebeten hat, ein reguläres *Resettlement*-Programm in Zusammenarbeit mit *UNHCR* einzurichten und in den nächsten drei Jahren jeweils dreihundert Flüchtlinge pro Jahr aufzunehmen. Nach derzeitigem Planungsstand werden zweihundert der im Jahre 2012 zur Verfügung stehenden dreihundert Aufnahmeplätze in Deutschland Flüchtlingen aus Shousha zur Verfügung stehen.

Die aktuelle sogenannte »nordafrikanische Flüchtlingsfrage« muss sich zunächst auch mit dieser Gruppe von Menschen beschäftigen, deren Zahl mit rund fünftau-

Ankunft eines Flüchtlingsbootes im Hafen von Lampedusa

send weitaus geringer ist als die öffentliche Wahrnehmung in Westeuropa vermuten lässt. Letztere ist natürlich geprägt von der Ankunft jener Menschen, die von Nordafrika kommend, auf oftmals seeuntüchtigen, überfüllten Booten das Mittelmeer Richtung Europa überqueren. Die kleine italienische Insel Lampedusa mit ihren rund fünftausend Einwohnern und einer sehr exponierten topografischen Lage ist dabei zum Ziel- und Fluchtpunkt vieler, wohl der meisten Boote geworden.

Insgesamt wurden in Italien und Malta im Jahre 2011 rund 58.000 Menschen registriert, die dort mit Booten anlandeten. Fragt man, woher diese Menschen kommen, so ergibt sich ein differenziertes Bild: Bei der einen Hälfte handelt es sich um Tunesier, überwiegend junge Männer, die sich zumeist selbst gar nicht als Flüchtlinge oder Schutzsuchende begreifen, sondern als Arbeitssuchende, die überwiegend aufgrund der schlechten ökonomischen Situation ihr Heimatland verlassen haben.

Bei der anderen Hälfte, rund 28.000 Personen, handelt es sich um Menschen, die tatsächlich dem Konflikt in Libyen zu entkommen suchten. Wiederum sind es nur in geringer Zahl Libyer, die sich auf die Boote gewagt haben, zumeist handelt es sich um Staatsangehörige einer Vielzahl von Sub-Sahara-Staaten, darunter wiederum auch solche, aus denen eine hohe Zahl von Flüchtlingen und Schutzsuchenden stammen.

In Malta, dies sei der Vollständigkeit halber auch erwähnt, sind im Jahr 2011 rund 1.500 Menschen zumeist wiederum aus Sub-Sahara-Staaten registriert worden, die die lebensgefährliche Überfahrt über das Mittelmeer von Libyen aus unternommen haben.

Das ist – in nackten Zahlen ausgedrückt – im Wesentlichen die statistisch erfassbare »nordafrikanische Flüchtlingsfrage« in Europa. Für die gesamteuropäische Asylbewerberstatistik liegen erst Halbjahreszahlen vor. Hier bestätigt sich jedoch das Bild, dass der Arabische Frühling in Nordafrika bislang kaum Niederschlag in einer erhöhten Zahl von Schutzgesuchen in Europa von Staatsangehörigen der betroffenen Länder gefunden hat. Die Asylgesuche von 4.600 Tunesiern und 2.000 Libyern bleiben bei der für die erste Jahreshälfte 2011 registrierten Gesamtzahl von knapp 175.000 Asylanträgen in ganz Europa eine eher übersichtliche Größe. Ägypten spielt als Herkunftsland in der Asylbewerberstatistik eine noch weitaus geringere Rolle.

Die nordafrikanische Flüchtlingsfrage ist kleiner als ihre öffentliche Wahrnehmung.

Dieser statistische Befund soll jedoch nicht belegen, dass es nicht auch in Italien und Malta zahlreiche virulente Probleme bei der Aufnahme von diesen mehr als achtundfünfzigtausend Bootsflüchtlingen und -migranten gegeben hat.

Dieser Befund soll darüber hinaus auch nicht Anlass zur Verdrängung geben. Denn unleugbar ist, dass wohl mindestens 1.500 Menschen in einem der verkehrsreichsten Seegebiete der Welt ihr Leben bei der Überfahrt nach Europa verloren haben. Gleichzeitig mussten unzählige Menschen oft in letzter Minute von der italienischen Küstenwache gerettet werden.

3. Wege aus der Sprachlosigkeit

Dass auf hoher See so viele Menschen offensichtlich sterben mussten, ist eine der erschreckendsten Tatsachen und Erfahrungen für jene Menschen, die sich seit Jahrzehnten für Flüchtlinge und Schutzsuchende in Europa engagieren. Aber es ist wichtig, dass der vielfache Tod auf dem Mittelmeer und anderswo nicht zur Sprachlosigkeit führt, sondern vielmehr immer wieder thematisiert wird. Schon gar nicht sollen gewissenlose Schlepper und Schleuser aus ihrer Verantwortung genommen werden.

Überlegungen zu einem »vernetzten, internationalen Strategieansatz« müssen deshalb bei der Frage beginnen, wie eine Rettung auf hoher See, vor den Toren Europas, durch eine verbesserte internationale Zusammenarbeit und entsprechende Unterstützung für die helfenden Schiffskapitäne und Reedereien sichergestellt werden kann.

In diesem Zusammenhang ist es von höchster Wichtigkeit, dass ein unverrückbares Grundprinzip des internationalen Flüchtlingsschutzes auch auf Hoher See akzeptiert wird und gewährleistet ist: Es geht um das Prinzip der *Nichtzurückweisung*, einem Herzstück der *Genfer Flüchtlingskonvention*.
Dieses sogenannte *Non-Refoulement-Gebot* manifestiert den individuellen Schutzanspruch gegenüber dem Vertragsstaat vor Abschiebung oder Zurückweisung in eine Verfolgungsgefahr. [1]

Ein »vernetzter, internationaler Strategieansatz« beim »Umgang mit der nordafrikanischen Flüchtlingsfrage« bedarf vor allem einer angemessenen Einbettung in die Anstrengungen der Europäischen Union, ein gemeinsames europäisches Asylsystem aufzubauen – und zwar auf der Grundlage der »vollständigen und umfassenden Anwendung« der Genfer Flüchtlingskonvention, wie es in dem wegweisenden Beschluss der Staats- und Regierungschefs der Staaten der Europäischen Union heißt, der bei einem Gipfel im finnischen Tampere bereits im Oktober 1999 verabschiedet wurde.

4. EU-Asylharmonisierung

Europa hat in den letzten Jahrzehnten gerade in der Weiterentwicklung des Flüchtlingsschutzes – im Guten wie im weniger Guten – eine wichtige, oftmals ausschlaggebende Rolle für Grundlagen und Standards des internationalen Flüchtlingsschutzes gespielt.

Deshalb spielt auch das Thema EU-Asylharmonisierung eine so wichtige Rolle in der Arbeit von *UNHCR*. Nach dem sogenannten Stockholmer Programm soll bis Ende 2012 ein EU-weites Asylsystem stehen; so haben es jedenfalls die Mitgliedstaaten verabredet, zuletzt erneut die EU-Innen- und Justizminister bei ihrem Treffen in Kopenhagen Ende Januar 2012. In den letzten Jahren wurde ein Bündel von europarechtlichen Instrumenten im Bereich des Asyl- und Flüchtlingsschutzes auf den Weg gebracht. Viele Bestimmungen, das war von Anfang an klar, sind im Sinne des Flüchtlingsschutzes jedoch dringend verbesserungswürdig. Das Vorschlagsrecht im Rücken hat die EU-Kommission deshalb in den letzten drei Jahren ein Asylpaket geschnürt, dessen Inhalt dazu dienen soll, Missstände und Lücken sowohl bei den rechtlichen Vorgaben als auch bei deren Umsetzung in den Mitgliedstaaten zu beseitigen.

---

[1] Das *Non-Refoulement-Gebot* geht auf Art. 33 der *Genfer Flüchtlingskonvention* zurück und regelt, dass ein Flüchtling nicht in ein Land abgeschoben werden darf, »in dem sein Leben oder seine Freiheit wegen seiner Rasse, Religion, Staatsangehörigkeit, seiner Zugehörigkeit zu einer bestimmten sozialen Gruppe oder wegen seiner politischen Überzeugung bedroht sein würde«.

Der Flüchtlingsschutz in der EU ist oft mit einem Lotteriespiel verglichen worden, bei dem Schutzbedürftige von Land zu Land völlig unterschiedliche Erfolgschancen haben. Was Harmonisierung angeht, liegen Praxis und Theorie noch immer weit auseinander. So schwankte die Schutzquote für Somalier innerhalb der EU im letzten Jahr zwischen 33 und 93 Prozent. Frappante Unterschiede ergaben sich auch bei der Anerkennung der Schutzbedürftigkeit für irakische Asylsuchende – sie variierte innerhalb der EU von 14 bis 79 Prozent, bei Afghanen sogar von 0 bis über 90 Prozent.

Ebenso sind himmelweite Unterschiede bei der sozialen Behandlung von Asylsuchenden festzustellen. Geordnete Aufnahmesysteme hier, ein Leben auf der Straße dort – in der EU lassen sich hierzu viele Beispiele finden.

Dieser Zustand ist unhaltbar und hat folgerichtig in diesem Jahr zu einem höchstrichterlichen Paukenschlag geführt. Der *Europäische Gerichtshof* für Menschenrechte in Straßburg entschied am 21. Januar 2011, dass Belgien einen Asylbewerber aus Afghanistan nicht nach Griechenland zur Durchführung seines Asylverfahrens hätte rücküberstellen dürfen. Begründung: Aufgrund der dortigen Haft- und Lebensbedingungen für den Beschwerdeführer sei Artikel 3 der *Europäischen Menschenrechtskonvention* verletzt worden, also das Verbot unmenschlicher und erniedrigender Behandlung. Zudem sahen die Richter einen Verstoß gegen Artikel 13 der *Europäischen Menschenrechtskonvention*, da der Betroffene keinen wirksamen Rechtsschutz gegen seine Rücküberstellung habe geltend machen können und in Griechenland kein effektives Asylverfahren gewährleistet sei.

Am 19. Oktober 2011 stoppten die Straßburger Richter darüber hinaus die Überstellung eines syrischen Asylbewerbers von Deutschland nach Italien zur dortigen Durchführung des Asylverfahrens. Diese höchstrichterlichen Urteile zeigen aber auch, dass die Asylpolitik und -praxis in der Europäischen Union stets unter dem Primat der Einhaltung der Menschenrechte zu betrachten sind. Dies wiederum bedeutet für die Harmonisierungsbestrebungen der EU-Staaten auf dem Gebiet der Asyl- und Flüchtlingspolitik: Werden menschenrechtliche Mindeststandards unterschritten, kann man nicht länger ignorieren, wie der auf Papier erhobene Anspruch eines EU-weiten Asylsystems, das vorgeblich gleiche Chancen, Rechte und Pflichten für die betroffenen Schutzsuchenden bietet, durch die Realität konterkariert wird.

Mancherorts, auch hier in Deutschland, stoßen die Vorschläge der EU-Kommission, die sie jüngst noch einmal in modifizierter Form vorgelegt haben, auf verbreitete Skepsis. Zu viel auf einmal und vor allem zu kostenträchtig, so die gängigen Argumente. Doch gerade Länder wie Deutschland mit einem im EU-Vergleich soliden Asylsystem plus relativ hoher Schutzquote sollten ein Interesse daran haben, für eine europaweite Verbesserung des Flüchtlingsschutzes und damit Klarheit bei den Betroffenen zu sorgen. Dies zahlt sich letzten Endes für alle Seiten aus.

Im Jahr 2010 wurden in der EU insgesamt 236.000 Asylanträge gestellt, 11.000 weniger als im Jahr zuvor. In diesem Jahr werden die Zahlen voraussichtlich wieder etwas steigen. Aber: Sie sind seit Jahren auf einem unvergleichlich niedrigeren Niveau als noch zu Beginn der 1990er Jahre. Wie bereits erläutert, haben auch der Arabische Frühling und der Aufbruch in Nordafrika bisher nicht dazu geführt, dass die Asylbewerberzahlen in diesem Jahr dramatisch gestiegen sind. Die EU ist nicht überfordert, wenn sie ihren Anspruch endlich umsetzt, ein Asylkontinent zu sein, dessen Schutzsystem auf Qualität und Solidarität beruht.

In einigen zentralen Punkten sind deshalb möglichst rasch Veränderungen nötig, um für den Flüchtlingsschutz Fortschritte zu erzielen. Aus *UNHCR*-Sicht gibt es hier vor allem Reformbedarf bei dem sogenannten *Dublin-II*-Übereinkommen, das klärt, welches Land die Prüfung eines Asylantrages zu übernehmen hat.[2] Der Europäische Menschenrechtsgerichtshof hat am Fall Griechenlands klargestellt, dass die Grundprämisse des *Dublin*-Systems in Wirklichkeit eine Schimäre ist. Notwendig bleibt es deshalb, den Rechtsschutz gegen eine Rücküberstellung innerhalb des *Dublin*-Systems zu verstärken.

Dringend erforderlich ist es auch, verbindliche EU-weite Vorschriften zu erlassen, die eine willkürliche und unbegrenzte Inhaftierung von Asylsuchenden verhindern. Es braucht Standards für eine gerichtliche Überprüfung der Haft sowie zumutbare Bedingungen der Unterbringung; Kinder und andere besonders schutzbedürftige Menschen sollten grundsätzlich nicht der Inhaftierung ausgesetzt sein. Bei den Asylverfahren ist es EU-weit immer noch nicht gewährleistet, Schutzsuchenden die Möglichkeit zu geben, in einer persönlichen Anhörung Fluchtgründe vorzutragen. Zudem ist nicht sichergestellt, dass die Betroffenen im Falle einer Klage gegen eine ablehnende Asylentscheidung bis zum Abschluss des gerichtlichen Verfahrens im Land bleiben dürfen. Wie notwendig eine solch aufschiebende Wirkung im Sinne

Einer von fünf Flüchtlingen erhält seinen Schutzstatus in der EU erst im Gerichtsverfahren.

[2] Die *Dublin-II*-Verordnung regelt die Zuständigkeit des jeweiligen EU-Mitgliedstaates hinsichtlich von Asylverfahren. Ziel ist es, den für die Prüfung eines Asylantrags zuständigen Mitgliedstaat möglichst rasch zu bestimmen und angemessene Fristen für die einzelnen Verfahrensstadien festzulegen. Die Verordnung wurde am 18. Februar 2003 beschlossen und kommt seit dem 1. September 2003 in allen EU-Staaten und in den zwei Nicht-EU-Staaten Norwegen und Island sowie seit 2008 in der Schweiz zur praktischen Anwendung.

des Flüchtlingsschutzes ist, beweist die Statistik. Einer von fünf Flüchtlingen erhält seinen Schutzstatus in der EU erst im Gerichtsverfahren.
Schließlich ist für den *UNHCR* die rechtliche Gleichstellung sogenannter subsidiär Geschützter, also zum Beispiel Bürgerkriegsflüchtlinge mit Konventionsflüchtlingen, ein vorrangiges Anliegen, gerade auch hier für Deutschland. In ihrem Heimatland sind Angehörige beider Gruppen ähnlich schwerwiegenden Bedrohungen ausgesetzt.

Angesichts der vielen Baustellen erscheint das offiziell propagierte Ziel, im nächsten Jahr ein gemeinsames europäisches Asylsystem erreicht zu haben, kaum erreichbar zu sein, jedenfalls gemessen an den Realitäten vor Ort. Darüber hinaus läuft natürlich jedes noch so gute Asylsystem Gefahr, Makulatur zu werden, wenn der Zugang zu einem fairen Asylverfahren blockiert wird. Dies ist der Vorwurf, der mit dem Begriff »Festung Europa« impliziert wird.

Nun ist es eine Tatsache, dass sowohl Migranten als auch Menschen mit internationalem Schutzbedarf versuchen, nach Europa zu kommen. Augenscheinlich ist auch die Tatsache, dass Staaten wie Griechenland mit der Aufgabe überfordert sind, angesichts Tausender von potenziell Asylsuchenden ihre völkerrechtlichen und europarechtlichen Verpflichtungen ausreichend zu erfüllen.

Hier ist die Unterstützung der EU gefordert, so bei der Bereitstellung von finanziellen Mitteln zur Erweiterung der Aufnahme- und Asylkapazitäten, wobei natürlich auch die dann verfügbar gemachten Mittel abgerufen und entsprechend eingesetzt werden müssen. Die EU hilft bekanntlich bereits bei der Kontrolle der EU-Außengrenzen durch die EU-Grenzschutzagentur *Frontex*. *UNHCR* tritt für eine neu definierte, operative Rolle von *Frontex* ein. Die im Einsatz stehenden Kräfte müssen für die Erfordernisse des Flüchtlings- und Menschenrechtsschutzes unbedingt trainiert und sensibilisiert werden. Es bleibt aber von großer Bedeutung, dass interne Kontrollmechanismen ergänzt werden durch eine transparente und effektive Zusammenarbeit mit relevanten unabhängigen Organisationen und Institutionen auf dem Gebiet des Flüchtlingsschutzes und der Menschenrechte.

Wir hoffen, dass entsprechende Maßnahmen signifikant dazu beitragen können, sicherzustellen, dass Menschen, die internationalen Schutz benötigen – sei es, dass sie versuchen, über das Mittelmeer von Afrika nach Europa zu gelangen oder aber über die Türkei und Griechenland – an den Grenzen Europas mit ihrem Schutzgesuch nicht scheitern.

5. Instrumente der Flüchtlingspolitik

Darüber hinaus aber muss sich Europa, speziell die Europäische Union, aus Sicht des *UNHCR* in Zukunft in weitaus stärkerem Maße an einem bewährten internationalen Instrument der Flüchtlingspolitik beteiligen: Dem sogenannten *Resettlement*, also der dauerhaften Aufnahme von Flüchtlingen, die in ihren jeweiligen Erstzufluchtsländern aus Sicherheits- oder rechtlichen bzw. aus anderen besonderen humanitären Gründen nicht in ihrem Erstasylland bleiben können. Wenn für ein Erstzufluchtsland der Flüchtlingsstrom zu groß ist oder es die Sicherheit für eine dauerhafte Integration der Flüchtlinge nicht bieten kann, ist die Neuansiedlung in einem Drittland, das sogenannte *Resettlement*, oft die einzig mögliche Lösung für gewisse Flüchtlingssituationen. *Resettlement* ist neben freiwilliger Rückkehr, Asyl bzw. Integration eine von drei dauerhaften Lösungen, um Flüchtlinge zu unterstützen, sich ein neues Leben in Frieden und Würde aufzubauen.

Derzeit stehen *UNHCR* weltweit deutlich unter achtzigtausend Aufnahmeplätze zur Verfügung. Die Gesamtzahl jener Flüchtlinge, die in Erstzufluchtsländern auf einen Aufnahmeplatz in einem Drittland warten, ist jedoch fast zehnmal so hoch. Der Anteil europäischer Staaten am weltweiten *Resettlement* von Flüchtlingen in Zusammenarbeit mit *UNHCR* ist dabei gering. Lediglich 4.700 Flüchtlinge fanden auf diesem Wege im letzten Jahr dauerhafte Aufnahme in der EU – das ist einfach zu wenig für die Europäische Union. *UNHCR* ist der Auffassung, dass die 27 EU-Mitgliedstaaten durchaus in der Lage sein sollten, zusammen ein *Resettlement*-Programm in der Größenordnung der USA auf die Beine zu stellen. Im Jahr 2010 wurden dort über 50.000 Flüchtlinge aus einem Erstzufluchtsland aufgenommen.

Damit komme ich zurück zu jenen, anfangs erwähnten rund fünftausend Flüchtlingen, die in Tunesien und Ägypten unter sehr schwierigen Umständen ausharren, nicht vor und zurück können, und die derzeit einen wesentlichen Teil des Ausmaßes und der Dimension der »nordafrikanischen Flüchtlingsfrage« ausmachen.

Glücklicherweise ist mit der zwischenzeitlich erfolgten Zusage der USA, einen Großteil dieser Flüchtlinge aufzunehmen, eine Lösung für diese Menschen in Sicht. 200 von ihnen können auch hoffen, im Laufe des Jahres 2012 von Deutschland aufgenommen zu werden. Ich weiß, dass es hier in Deutschland viel Unterstützung hierfür gibt. Neben vielen Bürgern haben sich auch eine Reihe von Städten und Gemeinden in der sogenannten *Save-Me-Kampagne* zusammengeschlossen und unterstützen die Aufnahme gerade auch der so gebeutelten, besonders schutzbedürftigen Flüchtlinge in Nordafrika.

Der Appell an die politisch Verantwortlichen in Deutschland, sich an dem von *UNHCR* initiierten Aufnahmeprogramm zu beteiligen und ein humanitäres Aufnahmekontingent bereitzustellen, ist deshalb nicht gänzlich unerhört geblieben. Es bleibt die Hoffnung, dass Deutschland sich dauerhaft und signifikant an dem globalen *UNHCR-Resettlement*-Programm beteiligt. Der Beschluss der Innenministerkonferenz vom November 2011 hat hierfür ein – wie wir meinen – richtungsweisendes Signal gegeben.

In diesem Sinn abschließend ein Wort von UN-Flüchtlingskommissar António Guterres aus der *International Herald Tribune* vom 9.5.2011: »Europas Bekenntnis zum demokratischen Wandel in Nordafrika wird zunächst und vor allem gemessen an seiner Bereitschaft, wirkungsvoll und nachhaltig in die Volkswirtschaften und Institutionen der Staaten des Arabischen Frühlings zu investieren. Aber es zeigt sich auch durch die Humanität, die gegenüber jenen demonstriert wird, deren Kampf diesen Wandel herbeigeführt hat. Als Europäer bin ich der Überzeugung, dass der Schutz von Flüchtlingen ein Grundwert der Geschichte und Tradition dieses Kontinents bleiben wird.«

Lampedusa: Illegale Einwanderer zelten unter freiem Himmel

Italien und Nordafrika

Menschenrechtspolitische Erwartungen an Deutschland und Europa

VON CHRISTINE WEISE

1. Einleitung

Die Revolutionen in Nahost und Nordafrika haben zu Beginn 2011 auch in Europa viele positive Erwartungen geweckt. Jahrzehntelang gehörten Tunesien und Ägypten zu den Ländern, die alljährlich im Jahresbericht von *Amnesty International* wegen fehlender Meinungsfreiheit, der Verfolgung politisch Andersdenkender, Folter und anderen schweren Menschenrechtsverletzungen an den Pranger gestellt wurden. Ihre Diktatoren bewegten sich trotzdem frei auf dem internationalen Parkett der Diplomatie und pflegten politische und wirtschaftliche Kontakte mit demokratisch gewählten Politikern europäischer Staaten.

Plötzlich änderte sich die Situation: Junge Demonstranten füllten Plätze und Straßen in Tunis und Kairo, *Twitter*, *Facebook* und Blogs sorgten dafür, dass ihre Berichte und Videoaufnahmen im Rest der Welt in die Medien kamen, die Diktatoren wurden verjagt bzw. verhaftet. Die Demokratiebewegung wirkte ansteckend; Libyen, Syrien, der Jemen und Bahrein kamen in Bewegung; ihre Regierungen gerieten unter Druck, kündigten Reformen an, verfolgten aber auch gnadenlos ihre Gegner, wie der syrische Präsident Assad.

Ein Jahr später sind sowohl positive als auch negative Entwicklungen zu verzeichnen: In Tunesien wurde in freien Wahlen eine verfassungsgebende Versammlung gewählt; der ehemalige ägyptische Präsident Mubarak wurde vor Gericht gestellt. In Libyen kostete der Bürgerkrieg Zehntausende von Opfern; der ehemalige Machthaber Gaddafi wurde unter noch ungeklärten Umständen erschossen und danach dem Publikum zur Schau gestellt. Es gab Berichte über Erschießungen von Zivilisten und Gaddafi-Anhängern durch die siegreichen Rebellen in Libyen. Ob sich demokratische Strukturen entwickeln, wird sich in den nächsten Monaten zeigen.

Die menschenrechtspolitischen Aspekte des politischen Umbruchs in Nahost und Nordafrika sind sehr vielfältig. In der Region geht es um Bürger- und Freiheitsrechte wie Religionsfreiheit, freie Meinungsäußerung, freie und gleiche Wahlen. Es geht aber auch um wirtschaftliche, soziale und kulturelle Rechte: Auslöser der Revolution in Tunesien war der durch wirtschaftliche Not und Aussichtslosigkeit bedingte Selbstmord eines Straßenverkäufers.

Die Analyse der menschenrechtspolitischen Erwartungen an Europa ergibt ebenfalls vielfältige Ansätze. Die Bilder überladener Flüchtlingsboote, die auf der italienischen Insel Lampedusa landen und fast täglich eintreffende Nachrichten von ertrunkenen Schiffbrüchigen machen in den Medien auf einen der dringendsten Aspekte aufmerksam: Tausende von afrikanischen Flüchtlingen brauchen schnellstens Asyl.

Die Verantwortung europäischer Staaten sollte allerdings auch Maßnahmen betreffen, die langfristig wirken und weiter reichen als die unmittelbare Rettung vor dem Tod: sie sollte die Versorgung von Asylbewerbern und Flüchtlingen in Europa betreffen, die Integration und die Menschenrechte von in Europa lebenden Migranten, den konsequenten Verzicht auf die Belieferung von Unrechtsregimen mit Waffen und Folterinstrumenten, die Durchsetzung entsprechender Kontrollen sowie einen konsequenten Einsatz gegen die Straflosigkeit bei Menschenrechtsverbrechen auf nationaler und internationaler Ebene.

Den Ausgangspunkt dieser Analyse bildet die zentrale Mittelmeer-Route von Libyen nach Malta und Italien.

2. Der »Kanal von Sizilien«

Im sogenannten Kanal von Sizilien, dem Meeresteil, der Libyen, Ägypten, Tunesien, Malta und Italien voneinander trennt bzw. miteinander verbindet, kamen seit 1988 6.018 Menschen um. Das ist etwas mehr als ein Drittel der 17.856 Menschen, die auf der Flucht nach Europa seit 1988 zu Tode kamen. Die Zahlen beziehen sich auf den Stand vom 27. September 2011 und basieren auf Pressemeldungen der letzten 23 Jahre. Die Dunkelziffer könnte sehr viel höher sein. Niemand weiß, wie viele Schiffbrüche unentdeckt blieben. Dokumentiert wurden diese Angaben von Gabriele del Grande, der für seinen Internetblog *Fortress Europe* 2010 mit dem Menschenrechtspreis von *Pro Asyl* ausgezeichnet wurde.[1]

---

[1] Siehe Del Grande, Gabriele: Fortezza Europa. In: Fortress Europe. URL: http://fortresseurope.blogspot.com/p/fortezza-europa.html (25.10.2011).

Die Rettung Schiffbrüchiger ist ein Gebot des Völkerrechts und der Menschlichkeit. Seit dem Cap-Anamur-Prozess 2009 in Agrigent und der Verurteilung von zwei tunesischen Fischern wegen Widerstand gegen die Staatsgewalt müssen Fischer allerdings befürchten, gerichtlich belangt zu werden, wenn sie Menschenleben retten. Das Urteil gegen die tunesischen Fischer, die im August 2007 über 40 afrikanische Bootsflüchtlinge in Seenot gerettet und nach Italien gebracht hatten, wurde durch das Berufungsgericht Palermo im September 2011 aufgehoben. Der wirtschaftliche Schaden, den sie durch die Beschlagnahme ihres Schiffes erlitten, ist aber kaum wiedergutzumachen. Dass solche Präzedenzfälle einen gefährlichen Druck auf die Fischer bewirken, zeigt der Fall, den auch Gabriele del Grande in seinem Buch »Das Meer zwischen uns« beschreibt: der Kapitän des Fischkutters *Enza D* wurde wegen fahrlässiger Tötung und unterlassener Hilfeleistung vom Landgericht Agrigent zu zwölf Jahren Haft verurteilt, nachdem er aus Angst vor »Scherereien« einen zuvor von einem Mannschaftsmitglied geretteten Schiffbrüchigen wieder ins Meer stieß und ertrinken ließ.[2]

3. Lampedusa

Im Rahmen einer Anhörung im italienischen Abgeordnetenhaus am 28. September 2011 gab die Staatssekretärin im italienischen Innenministerium, Sonia Viale, folgende Zahlen bekannt: seit Anfang 2011 waren bis zu diesem Zeitpunkt an den italienischen Küsten 60.656 Migranten angekommen, davon 51.506 auf den Pelagischen Inseln (Lampedusa, Linosa, Lampione), die zusammen eine Gemeinde mit ca. 6000 Einwohnern bilden.[3]

Vom 29. März bis 2. April 2011 besuchte eine Delegation von *Amnesty International* die Insel Lampedusa. Obwohl seit Jahresbeginn bereits 27.000 Menschen über das Mittelmeer nach Italien gekommen waren und eine Zunahme des Flüchtlingsstroms angesichts der Ereignisse in Nordafrika vorhersehbar war, ließen es die italienischen Behörden zu, dass die kleine Insel durch die völlige Überfüllung in eine humanitäre Krise geriet.

Als die *Amnesty*-Delegation dort eintraf, hatte die Regierung zwar begonnen, Migranten in relativ großer Zahl auf das italienische Festland auszufliegen, die Lage der auf der Insel Verbliebenen war jedoch immer noch dramatisch: Die Transit- und Aufnahmezentren waren völlig überfüllt und so schmutzig, dass einige der Flücht-

---

[2] Del Grande, Gabriele: Das Meer zwischen uns. Flucht und Migration in Zeiten der Abschottung. Karlsruhe 2011. S. 132 ff.

[3] URL: http://www.interno.it/mininterno/export/sites/default/it/sezioni/sala_stampa/notizie/asilo/0000072_2011_09_28_informativa_Viale_su_Lampedusa.html_1907280869.html.

linge die Straße vorzogen. Tausende der durch die gefährliche Überfahrt bereits geschwächten Menschen mussten aus Platzmangel auf der Straße übernachten und hatten keinen Zugang zu sanitären Anlagen, geschweige denn zu Personal, das Informationen zum Asylrecht hätte erteilen können.

Die italienische Regierung klagte angesichts der dramatischen Lage, sie sei von Europa mit dem Flüchtlingsproblem allein gelassen worden. *Amnesty International* geht allerdings davon aus, dass die humanitäre Krise auf Lampedusa von Italien selbst verschuldet worden war. Eine schnellere und effizientere Versorgung der Flüchtlinge seitens der italienischen Behörden hätte die Krise verhindern können.[4] Bei der Überwachung der Flüchtlingsströme aus Tunesien erhielt Italien Unterstützung von der europäischen Grenzschutzagentur *Frontex*. Die italienische Regierung hatte Mitte Februar um Hilfe gebeten, die am 20. Februar gestartete EU-Patrouille-Aktion *Hermes* wurde im März auf weitere fünf Monate, bis August 2011 ausgeweitet. Aus einer *Frontex*-Pressemitteilung vom 23. März geht hervor, dass die ersten vierzig Tage der *Hermes*-Aktion 2,6 Millionen Euro gekostet hatten. Drei Flugzeuge und zwei Schiffe sowie zwanzig Experten in den Aufnahmezentren Bari, Caltanisetta und Crotone wurden in dem Kommuniqué erwähnt.[5]

Am 7. April verkündete die Regierung, ein Rückführungsabkommen mit Tunesien geschlossen zu haben und begann am 11. April mit Zwangsrückführungen nach Tunesien, ohne ihnen die Möglichkeit zu einem Asylverfahren zu gewähren, bei dem geklärt werden könnte, ob sie in ihrem Heimatland verfolgt wurden oder Gefahr liefen, dort Menschenrechtsverletzungen zu erleiden. Solche Sammelrückführungen sind als Verstoß gegen das *Non-Refoulement-Gebot*[6] völkerrechtlich unzulässig.

Laut der jüngsten Statistik des *UNHCR* (*United Nations High Commissioner for Refugees*) wurden in Italien im ersten Halbjahr 2011 10.860 Asylanträge gestellt, mehr als im ganzen Jahr 2010. Zum Vergleich: In Deutschland lag die Anzahl der Asylanträge bei 20.119, in Frankreich bei 26.120.[7] Klagen der italienischen Behörden

---

[4] Siehe: Amnesty International. In: Italy: Amnesty International findings and recommendations to the Italian authorities following the research visit to Lampedusa and Mineo. URL: http://www.amnesty.org/en/library/info/EUR30/007/2011/en (25.10.2011).

[5] URL: http://www.frontex.europa.eu/newsroom/news_releases/art103.html (28.10.2011).

[6] Das *Non-Refoulement-Gebot* geht auf Art. 33 der Genfer Flüchtlingskonvention zurück und regelt, dass ein Flüchtling nicht in ein Land abgeschoben werden darf, »in dem sein Leben oder seine Freiheit wegen seiner Rasse, Religion, Staatsangehörigkeit, seiner Zugehörigkeit zu einer bestimmten sozialen Gruppe oder wegen seiner politischen Überzeugung bedroht sein würde«.

[7] UNHCR. Asylum levels and trends in industrialized countries. First half of 2011. URL: http://www.unhcr.it/news/dir/91/view/1081/domande-di-asilo-nei-paesi-industrializzati-primo-semestre-2011-108100.html (26.10.2011).

bezüglich einer unverhältnismäßig hohen Belastung durch Flüchtlingsströme sind in diesen Zusammenhang zu stellen. Obwohl der Ruf nach europäischer Solidarität bezüglich nordafrikanischer Flüchtlingsströme durchaus gerechtfertigt ist, sollte es einem großen Industrieland wie Italien nicht allzu schwer fallen, die Flüchtlinge angemessen zu versorgen und ihnen ihre Rechte zu gewähren.

Der Zustrom aus Tunesien hat seitdem stark abgenommen, während die Flüchtlingsströme aus Libyen während des Bürgerkriegs zunahmen. Die Ankunft von mehreren Tausend Bootsflüchtlingen sollte ein G8-Mitgliedsland wie Italien jedoch bewältigen können; zumal insbesondere während der Libyen-Krise Hunderttausende von Flüchtlingen in Tunesien und Ägypten Zuflucht suchten und nur eine Minderheit die Flucht über das Mittelmeer wagte und schaffte. Das heißt allerdings nicht, dass die restlichen Staaten Europas die Last allein den südlichen Mittelmeerländern überlassen sollte. Es ist eine europäische Flüchtlingspolitik erforderlich, die nicht auf Abschiebung, sondern auf Unterstützung und Integration ausgerichtet ist.

Die Situation in Lampedusa bleibt weiterhin angespannt, es kam auch im Herbst 2011 vermehrt zu Protesten der Flüchtlinge in Aufnahmezentren, sowohl auf Lampedusa als auch in anderen Zentren Süditaliens.

Warten auf ein besseres Leben – Überfülltes Flüchtlingsboot vor der Küste Lampedusas

4. Italien und Libyen

4.1. Flüchtlinge aus Libyen

In den Jahren 2009 und 2010 hatte der Flüchtlingsstrom von Libyen nach Italien im Vergleich zu den Vorjahren stark abgenommen. Der Grund dafür war der Mitte 2008 unterzeichnete Freundschaftsvertrag zwischen Italien und dem Gaddafi-Regime sowie die gemeinsame Überwachung der Flüchtlingsroute mit italienischen Patrouillebooten, die Flüchtlingsboote systematisch nach Libyen zurückdrängten, ohne den Flüchtlingen die Möglichkeit zur Stellung eines Asylantrages zu gewähren.

»Italienische Patrouillenboote schleppen Flüchtlingsboote aus internationalen Gewässern fort ohne festzustellen, ob unter den Insassen legitime Flüchtlinge, Kranke, Verletzte, Schwangere, unbegleitete Kinder oder Opfer von Menschenhandel und anderen Formen von Gewalt gegen Frauen sind. Die italienischen Beamten zwingen die Migranten, an Bord libyscher Schiffe zu gehen, oder bringen sie direkt nach Libyen zurück, wo die Rückkehrer sofort inhaftiert werden. Die Operationen werden teilweise auch von der EU-Grenzschutzagentur *Frontex* koordiniert.«[8]

Es war das erste Mal seit dem Zweiten Weltkrieg, dass ein europäischer Staat seine Küstenwache zu solchen Aktionen veranlasste. Die Gesamtzahl der in Italien gestellten Asylanträge ging laut *UNHCR* daraufhin von 31.000 (2008) auf 17.000 (2009) zurück. Das Europäische Komitee zur Verhütung von Folter und unmenschlicher oder erniedrigender Behandlung oder Strafe forderte Italien in seinem Bericht vom April 2010 dringend auf, die Praxis der Zwangsrückführungen nach Libyen zu ändern und sicherzustellen, dass den auf hoher See aufgegriffenen Personen die notwendige humanitäre und ärztliche Hilfe zuteil wird, dass sie Zugang zu Asylverfahren erhalten und dass das Gebot des *Non-refoulement* beachtet wird.

Opfer dieser sogenannten *Pushbacks* auf hoher See waren auch Flüchtlinge aus Somalia, Eritrea, Äthiopien, Sudan, Tschad und anderen afrikanischen Ländern, die unter lebensbedrohlichen Bedingungen bereits die Sahara nach Libyen durchquert hatten und nun dort, zum Teil in Haft, festsaßen. Wie zahlreiche Berichte von *Amnesty International* und anderen Menschenrechtsorganisationen belegen, waren die Haftbedingungen im von Gaddafi regierten Libyen unmenschlich, und Ausländer waren besonderer Schikane ausgesetzt, auch außerhalb der Haftanstalten. Libyen ist nie der *Genfer Flüchtlingskonvention* beigetreten und leugnete offiziell die Präsenz von Flüchtlingen im Land, auch wenn *UNHCR* gewisse Handlungsmög-

[8] Human Rights Watch. Italien/Libyen: Migranten beschreiben Zwangsrückführungen und Misshandlungen. URL: http://www.hrw.org/de/news/2009/09/21/italienlibyen-migranten-beschreiben-zwangsr-ckf-hrungen-und-misshandlungen-0 (28.10.2011).

lichkeiten eingeräumt wurden. Die Flucht über das Meer nach Italien war für viele somit der einzige Ausweg.

Mit dem Beginn der Proteste in Libyen Anfang 2011 wurde die Situation der Flüchtlinge dort immer gefährlicher. Während die zahlreichen Wirtschaftsmigranten in Libyen größtenteils von ihren Heimatländern in Sicherheit gebracht wurden, sahen sich die vor den Unrechtsregimes ihrer Heimat geflohenen Menschen zwischen den Bürgerkriegsfronten eingekesselt. Als Schwarzafrikaner wurden viele zudem von den Rebellen als Söldner Gaddafis tituliert und verfolgt. Laut *UNHCR* lebten zu Beginn des Konflikts in Libyen rund achttausend als Flüchtlinge registrierte Menschen und dreitausend Asylsuchende aus Ländern wie Elfenbeinküste, Eritrea, Äthiopien, Irak, Somalia, Sudan. Viele dieser Menschen flohen an die Ost- und Westgrenzen Libyens und befinden sich nun in Flüchtlingslagern an der tunesischen und der ägyptischen Grenze zu Libyen. Im Sommer 2011 konnte eine *Amnesty*-Delegation in den Flüchtlingslagern Choucha (Tunesien) und Saloum (Ägyptische Grenzstation) Gespräche führen. In ihrer aussichtslosen Lage versuchten viele, aus den Flüchtlingslagern nach Libyen zurückzukehren, um von dort aus das Mittelmeer zu überqueren.

Die einzige Hoffnung für diese Menschen war und bleibt wohl auch in näherer Zukunft eine *Resettlement*-Lösung in europäischen Staaten oder in anderen Teilen der Welt. Bisher haben nur wenige Staaten, darunter vor allem Australien, Kanada und USA *Resettlement*-Plätze für die Flüchtlinge aus Libyen bereitgestellt. Bis September 2011 hatten nur acht europäische Staaten insgesamt achthundert *Resettlement*-Plätze angeboten. Abwesend sind dabei pikanterweise auch diejenigen Staaten, die sich während des Bürgerkriegs, der einer der Hauptgründe für die Massenflucht aus Libyen war, an der NATO-Aktion in Libyen beteiligt haben.[9]

4.2 Waffenlieferungen nach Libyen

Waffenlieferungen in Länder, in denen die Regierung die Menschenrechte ihrer eigenen Bevölkerung missachtet, sind leider immer noch an der Tagesordnung. Das libysche Regime hatte sich in den letzten Jahren aus seiner internationalen Isolation lösen können, obwohl sich die Menschenrechtssituation intern nicht verbessert hatte. Die menschenverachtende Haltung des libyschen Machthabers Gaddafi trat dann auch mit Ausbruch der Unruhen im Frühjahr 2011 offen zutage, was die internationale Gemeinschaft schließlich zu einem militärischen Eingriff veranlasste,

[9] Siehe: *Amnesty International*: Europe, Now it is Your Turn to Act. September 2011. URL: http://www.amnesty.org/en/library/info/MDE03/002/2011/en (25.10.2011).

um die Zivilbevölkerung vor den Angriffen von Gaddafis Anhängern zu schützen. In den Jahren zuvor hatten allerdings europäische Staaten die libysche Regierung mit genau den Waffen beliefert, die Gaddafi dann gegen die eigene Bevölkerung einsetzte. In einem neuen Bericht von *Amnesty International* über Waffenlieferungen in den Nahen Osten und Nordafrika finden sich unter anderem zu Italien und Deutschland folgende Angaben bezüglich Waffenlieferungen nach Libyen.[10]

Italien:
Munition (2009): Exportgenehmigungen für einen Exportwert in Höhe von 111.796.654 Euro, Exporte in Höhe von 44.752.593 Euro.
Panzerfahrzeuge (2010): 100.659.681 Euro (Exporte), 37.991.050 Euro (Exportgenehmigungen)

Deutschland:
Bomben, Raketen, Lenkflugkörper (2009): 242.426 Euro (Exportgenehmigungen)
Panzerfahrzeuge (2009): 9.010.248 Euro (Exportgenehmigungen)

5. Zur Situation von Migranten und Asylbewerbern in Italien

Omar Ali Abderazak, ein somalischer Flüchtling, erzählt seine Flucht in einer Videodokumentation. Viele Flüchtlinge aus Somalia, Äthiopien und Eritrea haben ähnliche Erfahrungen gemacht: »Ich habe Somalia im Jahr 2007 verlassen und bin 2008 in Italien angekommen. Ich war auf meiner Flucht in Äthiopien, in der Sahara, im Sudan und in Libyen. Italien habe ich dann mit dem Boot erreicht. Es war eine schreckliche Flucht, im Sudan war ich sogar im Gefängnis. Aber es gelang mir, zu fliehen. Auch in Libyen war ich dann noch einmal in Haft. Aber am Ende habe ich es auch da raus geschafft.«[11]

Asylsuchenden aus Somalia, Eritrea, Äthiopien wird in Italien zumeist ein Schutzstatus und damit ein Aufenthaltsrecht zugesprochen, wenn sie es geschafft haben, einen Asylantrag zu stellen. Allerdings ist die Versorgung dieser Menschen in Italien völlig unzureichend. Laut einem Bericht von *Pro Asyl* vom März 2011 leben allein im Großraum Rom mehrere Tausend Schutzberechtigte oder abgelehnte Asylsuchende unter menschenunwürdigen Bedingungen in besetzten Häusern und auf Brachflächen. Ihre Lebensbedingungen entsprechen nicht einmal den Mindeststandards von internationalen Flüchtlingslagern.

[10] *Amnesty International*. Arms Transfers to the Middle East and North Africa. Lessons for an Effective Arms Trade Treaty. 2011. URL: http://www.amnesty.org/en/library/info/ACT30/117/2011/en (26.10.2011).

[11] Aus: Ruggiero, Carlo/Ricci, Fabrizio: »Roma, i fantasmi dell'ambasciata somala.« Video mit Interviews mit Flüchtlingen. URL: http://www.youtube.com/watch?v=btOtRT4Cei8 (28.10.2011).

Für Menschen ohne festen Wohnsitz bestehen viele bürokratische Hindernisse bezüglich des Zugangs zu lebensnotwendigen Leistungen, wie beispielsweise der ärztlichen Versorgung. Hinzu kommt die Schwierigkeit, eine legale Arbeit zu finden. Da für die Kommunen keine Pflicht zur Unterbringung von Asylbewerbern besteht, ist eine Besserung der Lage zurzeit nicht absehbar. Es kommt vor, dass Flüchtlinge abgeschoben werden, ohne dass sie einen Asylantrag stellen konnten. Manche Menschen verlassen trotz des ihnen gewährten Schutzstatus das Land, da sie in Italien keine Existenzmöglichkeit sehen. Es halten sich Tausende von Menschen in anderen EU-Ländern auf, die gemäß der *Dublin-II*-Verordnung eigentlich nach Italien überstellt werden müssten.[12] Werden sie überstellt, müssen sie zum Erhalt einer Aufenthaltsberechtigung an den Ort der Einreise zurückkehren, oft erfordert dies eine teure Reise nach Süditalien, was dazu führt, dass besonders schutzbedürftige Personen wie Frauen mit Kleinkindern oder Kranke ohne Papiere bleiben. Dadurch rutschen sie automatisch in den Status von »Illegalen« ab und können strafrechtlich verfolgt werden. Erschwerend kommt hinzu, dass populistische Politiker sich in der Öffentlichkeit ausländerfeindlich äußern und Medienberichte, die alle Ausländer gleichermaßen als »Illegale« bezeichnen, den Rassismus in der Bevölkerung schüren.

Im Laufe des Jahres 2008 passte Italien seine Gesetze den europäischen Richtlinien bezüglich Asylverfahren und Flüchtlingsstatus an, was einige Verbesserungen brachte. Derzeit fehlt allerdings immer noch ein Gesetzestext, der alle Aspekte des Asylrechts umfassend regelt. *Amnesty International* hat in den vergangenen Jahren immer wieder ein umfassendes Asylgesetz gefordert.

Ein von der *Schweizerischen Flüchtlingshilfe SFH* und der norwegischen *NGO Jussbuss* veröffentlichter Bericht vom Mai 2011 kommt nach eingehender Analyse des italienischen Asylsystems zu dem Schluss, die Schweiz und Norwegen sollten auf eine Rückführung von Flüchtlingen, die an sich im Rahmen der *Dublin-II*-Verordnung nach Italien zurückgeführt werden müssten, verzichten. Diesen Appell begründen sie damit, dass der in Italien gewährte Schutzstatus für ein Leben in Würde nicht ausreicht. Die Menschen seien dort in Gefahr, in Not und Elend zu geraten. Insbesondere von der Rückführung verletzlicher Personen wird in dem Bericht dringend

---

[12] Die *Dublin-II*-Verordnung regelt die Zuständigkeit des jeweiligen EU-Mitgliedstaates hinsichtlich von Asylverfahren. Ziel ist es, den für die Prüfung eines Asylantrags zuständigen Mitgliedstaat möglichst rasch zu bestimmen und angemessene Fristen für die einzelnen Verfahrensstadien festzulegen. Die Verordnung wurde am 18. Februar 2003 beschlossen und kommt seit dem 1. September 2003 in allen EU-Staaten und in den zwei Nicht-EU-Staaten Norwegen und Island sowie seit 2008 in der Schweiz zur praktischen Anwendung.

abgeraten, um Menschenrechtsverletzungen nach Artikel 3 der *Europäischen Menschenrechtskonvention* vorzubeugen.[13]

Amnesty International hat häufig seine Besorgnis über die Ausländerpolitik Italiens geäußert:

- Die Behörden bieten ausländischen Staatsangehörigen auf ihrem Territorium, darunter auch Flüchtlingen, Asylsuchenden und Migranten, keinen hinreichenden Schutz vor zunehmender Feindseligkeit und rassistisch motivierter Gewalt.
- Einige Politiker tragen dazu bei, ein Klima der Intoleranz und Fremdenfeindlichkeit zu fördern, indem sie unbegründete Verbindungen zwischen Migrantenstatus und Kriminalität herstellen.
- In den Medien werden Ausländer häufig als Sicherheitsrisiko dargestellt, während über die Verletzungen der Menschenwürde, denen Migranten in Italien ausgesetzt sind, nur selten berichtet wird.

Das sogenannte »Sicherheitspaket«, das in Italien 2008 und 2009 verabschiedet wurde, enthält ausländerrechtliche Bestimmungen, die mehrfach von *Amnesty International* kritisiert wurden. Die Einreise nach Italien ohne gültige Papiere, wie das bei Asylsuchenden häufig der Fall ist, gilt seit 2009 als Straftatbestand. Das Verfassungsgericht hat es zwar für verfassungswidrig erklärt, den Tatbestand der illegalen Einreise bei Straftaten als erschwerenden Umstand anzusehen, aber die Straftatbestände der illegalen Einreise und des illegalen Aufenthalts können weiterhin mit Strafen zwischen fünf- bis zehntausend Euro belegt werden. Dies kann Menschen ohne Aufenthaltsschein davon abhalten, ihre Kinder zur Schule zu schicken, zum Arzt zu gehen oder Anzeige zu erstatten, wenn sie Opfer fremdenfeindlicher Angriffe oder anderer Straftaten werden. Ärzten ist es zwar verboten, Hilfesuchende wegen fehlender Papiere anzuzeigen. Ohne festen Wohnsitz und Krankenversicherungskarte ist es allerdings nicht möglich, längerfristig ärztlich versorgt zu werden. Insbesondere für verletzliche Menschen, wie traumatisierten Folteropfern oder Familien mit kleinen Kindern ist es sehr schwierig, sich in dieser Situation zurechtzufinden und ihren Lebensunterhalt zu bestreiten.

Einige Politiker tragen dazu bei, ein Klima der Intoleranz und Fremdenfeindlichkeit zu fördern.

Häufig werden Migranten in Italien in den informellen Sektor abgedrängt. Die Proteste der Erntearbeiter in Rosarno (Kalabrien) im Januar 2010, als Reaktion

[13] Siehe URL: http://www.fluechtlingshilfe.ch/asylrecht/eu-international/schengen-dublin-und-die-schweiz/asylverfahren-und-aufnahmebedingungen-in-italien/?searchterm=italien.

auf Schüsse, die aus einem fahrenden Auto auf einige von ihnen abgefeuert worden waren, zeigen, wie explosiv die Lage werden kann. Nach zwei Tagen schwerer Zusammenstöße zwischen ausländischen Landarbeitern, Anwohnern und Polizeikräften verließen über eintausend Migranten den Ort, zum Teil wurden sie von der Polizei weggebracht. Im April 2011 führten die Ermittlungen über die Ursachen der Unruhen zur Verhaftung von über dreißig Italienern und Ausländern wegen Ausbeutung und Versklavung der ausländischen Arbeiter.

6. Erwartungen an Deutschland und Europa

Der dringendste Appell, den *Amnesty International* derzeit an die Staaten Europas und die Europäische Union richtet, bezieht sich auf *Resettlement*-Lösungen für die aus Libyen an die tunesische und ägyptische Grenze geflohenen Menschen. Insbesondere verletzliche Personen wie Kranke, Frauen mit Kindern, durch Folter und Misshandlungen traumatisierte und ältere Menschen brauchen dringend Hilfe und Asyl. Diesbezüglich hat die deutsche Sektion von *Amnesty International* einen Appell an die Bundesregierung gerichtet, die italienische Sektion richtet ihren Appell an die italienische Regierung.

Europa sollte seine Unterstützung für Flüchtlinge aus Nordafrika verstärken. Insbesondere sollten die Bemühungen zur Rettung von Bootsflüchtlingen im Mittelmeer intensiviert werden. Anstatt die Kontrolle der eigenen Grenzen an nordafrikanische Staaten zu delegieren, sollten Bootsflüchtlinge in erster Linie als verletzliche Menschen behandelt werden, die ein Anrecht darauf haben, dass ihr Einzelfall auf einen Asylanspruch hin untersucht wird.

Europäische Staaten sollten keine Kooperationsabkommen mit nordafrikanischen Staaten zur Begrenzung der illegalen Einwanderung abschließen, da diese generell für Flüchtlinge die Möglichkeit einschränken, von Europa Schutz zu erhalten.

Migranten sollten im Migrationsland vor rassistischen Übergriffen und Diskriminierung geschützt werden. Diskriminierende Bekleidungsverbote für islamische Frauen, wie sie in einigen EU-Staaten erlassen wurden, sind ein Schritt in die entgegengesetzte Richtung.

Flüchtlinge kommen nicht aus dem Nichts. Im Zuge des sogenannten Arabischen Frühlings wurde besonders deutlich, wie brutal die Regimes in Nahost und Nordafrika gegen ihre eigene Bevölkerung vorgingen und immer noch vorgehen. *Amnesty International* berichtete über Menschenrechtsverletzungen sowohl während der Revolutionen als auch nach dem Regimewechsel, beispielsweise in Ägypten. Dort wurden Demonstrantinnen nach ihrer Verhaftung während der Frühjahrsdemonstrationen zu Jungfernschaftstests gezwungen und noch im September 2011 wurden Folterungen von Häftlingen gemeldet. In Staaten wie Bahrein, Jemen und Syrien sind weiterhin Verhaftungen und Misshandlungen von Oppositionsmitgliedern und Demonstranten an der Tagesordnung.

Westliche Industrieländer gehören zu den wichtigsten Lieferanten von Waffen und Sicherheitsausrüstung. Europa und alle Mitgliedsstaaten sollten strenger darüber wachen, dass europäische Unternehmen den Unrechtsregimen nicht durch weitere Lieferungen die Verletzung von Menschenrechten erleichtern. 2010 veröffentlichte *Amnesty International* gemeinsam mit der *Omega Foundation* einen Bericht, aus dem hervorging, dass viele Staaten die EU-Verordnung 1236/2005, die den Export von Folter- und Hinrichtungswerkzeugen verbietet, unzureichend umsetzen.

Wichtig ist auch, dass die Straflosigkeit für die Schuldigen an Menschenrechtsverletzungen und Verbrechen gegen die Menschlichkeit endet. Die Zusammenarbeit mit dem *Internationalen Strafgerichtshof* ist dazu unabdingbar. Europäische Staaten dürfen sich nicht mehr zu Komplizen von Unrechtsregimen machen. Vielmehr müssen die aus den Revolutionen hervorgehenden Regierungen bzw. vorübergehenden Machthaber wie der libysche Übergangsrat dazu bewegt werden, die Menschenrechte aller im Land lebenden Personen zu wahren und rechtsstaatliche Demokratien in ihren Ländern aufzubauen.

Nur wenn alle Akteure die Wahrung der Menschenrechte ernst nehmen, können humanitäre Krisen, die zu Flüchtlingswellen führen, verhindert werden. Die Verantwortlichen müssen zur Rechenschaft gezogen und vor Gericht gestellt werden. *Amnesty International* hatte gefordert, dass Gaddafi dem *Internationalen Strafgerichtshof* überstellt werde. Dies ist nun nicht mehr möglich. Es sollte jedoch in Zukunft möglich sein, durch die Verurteilung derjenigen, die die Schuld an Verbrechen gegen die Menschlichkeit tragen, starke Zeichen zu setzen. Dies bedarf der Unterstützung aller Staaten der internationalen Gemeinschaft, insbesondere auch der europäischen, wenn diese ihre in der Menschenrechtskonvention und der Grundrechtecharta festgelegten Verpflichtungen ernst nehmen.

Die Revolutionen in Nahost und Nordafrika werden erst dann die gewünschte positive Änderung herbeiführen, wenn die Rechtsstaatlichkeit und die Wahrung der Menschenrechte überall die Priorität erhalten, die ihnen gebührt.

Italiens Flüchtlingspolitik im Kontext der Europäischen Union

Ein Kommentar

VON MICHELE VALENSISE

Der Arabische Frühling hat die gesamte internationale Gemeinschaft überrascht: Er brachte eine Art Destabilisierung von unten, die von einer dank der neuen Kommunikationsmittel selbstbewussteren und besser vernetzten Zivilgesellschaft ausging; eine Destabilisierung, deren Ausmaß alle Erwartungen übertraf. Sie setzte die institutionellen Mechanismen außer Kraft und verändert nach wie vor radikal den geopolitischen Rahmen in der Mittelmeerregion, im Nahen Osten und am Golf.

Die Aufstände der arabischen Völker wirken verworren, unsicher und in mancher Hinsicht besorgniserregend – man denke beispielsweise an das verstärkte Erscheinen islamistischer Kräfte auf der politischen Bühne. Sie haben Regimes hinweggefegt, die zwar Stabilität, aber eine künstliche, nicht nachhaltige Ordnung garantierten. Der Arabische Frühling hat schon jetzt eine ganze Reihe wichtiger Folgen.

Die erste betrifft neue Erwartungen der Zivilgesellschaften in den südlichen Mittelmeeranrainerstaaten an den Westen. Von den internationalen Partnern erwarten sie vor allem Unterstützung, allerdings unter Wahrung des Grundsatzes der *Local Ownership*, also: lokale Eigenverantwortung und Mitbestimmung in politischen Fragen.
Die Revolutionen im arabischen Raum haben nämlich gezeigt, dass Demokratie kein mit Gewalt exportierbares Gut ist, sondern ein Bestreben, das sich in Völkern Bahn bricht, die ihre Würde zurückerobern wollen.

Was können wir Europäer denen anbieten, die in diesen Ländern in der ersten Reihe stehen? Einfache Absprachen nur in besonderen Bereichen wie Handelserleichterungen und Einwanderungskontrolle wären keine ausreichende Antwort auf die außergewöhnliche Mobilisierung der arabischen Völker. Notwendig ist vielmehr die

Förderung breit angelegter Partnerschaften, die auf politischer, wirtschaftlicher und zivilgesellschaftlicher Ebene alle möglichen Aspekte der Beziehungen zu den Mittelmeerländern umfassen.
Da Italien in der Mittelmeerregion großen Respekt und hohes Ansehen genießt, hat es eine vorteilhafte Ausgangslage, um die demokratischen Partnerschaften mit den Ländern dieses Raumes zu festigen, die Übergangsprozesse und die wirtschaftliche Entwicklung der Mittelmeerpartner zu unterstützen und eine größere kulturelle Integration zu fördern.

Der Arabische Frühling hat die strategische Bedeutung dieses Gebietes nicht nur für Italien, sondern für die gesamte Europäische Union deutlich gezeigt. Diese Bedeutung hängt nicht mit geografischen Gegebenheiten zusammen, denn geografische Nähe ist nicht mit einer Exklusivität der Interessen zu verwechseln. Ein stabiler und demokratischer Mittelmeerraum bildet vielmehr die unverzichtbare Voraussetzung für Sicherheit und Stabilität im Nahen Osten und Europa.

Nachdem sich Italien im Laufe weniger Jahrzehnte von einem Auswanderungs- zu einem Einwanderungsland entwickelt hat, erlebte es nach dem Arabischen Frühling Massenanlandungen junger nordafrikanischer Migranten an seinen Küsten. Die Bewältigung der Einwanderungsströme wurde somit zu einem zentralen Thema der italienischen Politik. Das Problem der Einwanderung in den Griff zu bekommen, heißt, Aufnahmemöglichkeiten zu prüfen, integrationspolitische Maßnahmen zu organisieren und gleichzeitig illegale Einwanderung und Schlepperorganisationen entschlossen zu bekämpfen.

Um die Situation in unserem Land zu verstehen, muss man sich den italienischen Kontext zur Zeit des Ausbruchs der Revolutionen im arabischen Raum vor Augen führen. In Italien ist die Zahl der Bürger aus Drittstaaten in den letzten zwanzig Jahren systematisch gestiegen. 2010 verzeichnete man rund zwei Millionen legale ausländische Beschäftigte – doppelt so viele wie zehn Jahre zuvor. Die in Italien lebende ausländische Bevölkerung belief sich auf über vier Millionen, 7 Prozent der Einwohner Italiens, mit einem durchschnittlichen jährlichen Anstieg von 13 Prozent seit dem Jahr 2000.

Nach den Aufständen in Nordafrika fanden die Bilder der in Italien und besonders auf der Insel Lampedusa als erster Anlaufstelle ankommenden illegalen Einwanderer ein starkes Medienecho. Seit Jahresbeginn strömten ca. sechzigtausend Menschen nach Italien, von denen neunzig Prozent von den Küsten Libyens und Tunesiens kamen.

Massenanlandungen nordafrikanischer Flüchtlinge auf Lampedusa

Die italienische Besorgnis und der an die EU-Partner gerichtete Ruf nach Solidarität war nicht so sehr mit der Notsituation durch den Ansturm Zehntausender Menschen verbunden, die wir auf jeden Fall bewältigt haben. Er bezog sich vielmehr auf die Bedrohung durch einen langfristig noch stärkeren Exodus. Wie sollen wir mit der Möglichkeit umgehen, dass eventuell Millionen von Menschen aus dem ganzen afrikanischen Kontinent an unseren Küsten landen?

Das Migrationsproblem und besonders die illegale Einwanderung geht nicht allein Italien an, sondern ist vielmehr eine Realität, die eindringlich die Notwendigkeit einer europäischen Einwanderungspolitik aufwirft. Die in Italien ankommenden Migranten haben als Destination oft andere EU-Länder, darunter auch Deutschland.

Notwendig ist die Umsetzung konkreter europäischer Pläne zur Unterstützung der Mitgliedstaaten, die so wie Italien den Einwanderungswellen am stärksten ausgesetzt sind. Angesichts außergewöhnlicher Umstände sollten die zu verabschiedenden Maßnahmen den Stabilitätsschutz des Schengen-Raums durch ein koordiniertes gemeinschaftliches Vorgehen an den äußeren und inneren EU-Grenzen sicherstellen. Italien befürwortet in dieser Hinsicht und mit dem Ziel einer Verbesserung der

»gemeinschaftlichen« Verwaltung der EU-Außengrenzen und zur besseren Kohärenz in der Migrationsfrage eine weitere operative Verstärkung der europäischen Grenzagentur *Frontex* und die Schaffung eines gemeinsamen Europäischen Asylsystems bis 2012, das ein hohes Schutzniveau garantiert und möglichen Missbrauch verhindert. Parallel dazu muss die legale Einwanderung gefördert werden. Sie ist nicht nur ein wichtiger wirtschaftlicher Entwicklungsfaktor, sondern auch ein Beitrag zur Verhinderung des abscheulichen Menschenhandels. Erreichbar ist dies, wie vom Europäischen Rat bereits am 23.–24. Juni 2011 gefordert, im Rahmen von »Mobilitäts- und Sicherheitspartnerschaften« mit den südlichen Nachbarländern der EU, allen voran Ägypten, Tunesien, Marokko und Libyen.

Italien strebt ein besseres gemeinsames Vorgehen an den EU-Außengrenzen und eingemeinsames europäisches Asylsystem an.

Abschließend halte ich es für wesentlich, eine Strategie für Hilfsmaßnahmen, Investitionen, *Capacity-building* und Unterstützungsleistungen für das Wachstumspotenzial vor Ort zu entwickeln, um in den Ursprungsländern der Migrationsströme Perspektiven anzubieten. Das ist jedoch eine Verpflichtung, die über den nationalen Rahmen hinausgeht und das Verantwortungsgefühl wie auch die Beteiligung der gesamten Europäischen Union erfordert.

Neue Autoritäten in der arabischen Welt

Ein Ausblick mit vielen Fragen

VON JÖRG LAU

Die Arabische Revolution ist auch im zweiten Jahr nach Beginn der Aufstände nicht abgeschlossen. Was in Tunesien mit der Selbstverbrennung eines Obsthändlers begann, hat unterdessen weite Teile der arabischen Welt erfasst: der Aufstand gegen die alten Autoritäten und der Versuch, neue – repräsentativere und volksnähere – an ihre Stelle zu setzen. In Tunesien scheint der Übergang am besten gelungen, obwohl auch hier radikale Islamisten den Freiheitsgewinn bedrohen, der durch die Überwindung der Militärherrschaft möglich wurde. In Bahrain wurde der Aufstand brutal niedergeschlagen, im Jemen musste der langjährige Herrscher Salih immerhin weichen und ein Nachfolger wurde gewählt. Eine Verfassungsreform steht noch aus.

Für den westlichen Beobachter stellen sich drängende Fragen vor allem mit Blick auf die beiden wichtigsten Länder: Syrien und Ägypten. Beide Länder haben auch die größten nichtmuslimischen und innermuslimischen Minderheitengruppen – damit stellt sich in ihnen die Frage nach der Möglichkeit von Dialog und Pluralismus am drängendsten. Ob der Wandel in den arabischen Ländern gelingt, wird sich nicht zuletzt am Schicksal der Minderheiten in Syrien und Ägypten erweisen.

Kann die Weltgemeinschaft helfen, die verfeindeten Gruppen nach einem Ende der Diktatur in einen Friedensprozess zu bringen?

Es scheint unerlässlich, dass auch in Syrien ein Machtwechsel stattfindet. Das Assad-Regime ist diskreditiert, weil es von Beginn an auf brutale Gewalt setzte, um die legitimen Forderungen der Opposition zu unterdrücken. Trotzdem bleibt es dank des Militärs vorerst weiter an der Macht – oder wird nur unter hohem Blutzoll von dort zu vertreiben sein. Wie kann in dem konfessionell gespaltenen Land, das von einer Minderheit, den Alawiten, beherrscht wird, eine neue Ordnung gelingen, die dem religiösen Pluralismus der syrischen Gesellschaft Rechnung trägt? Bei der christlichen Minderheit herrscht Furcht vor einem sunnitisch-theokratischen Regime als Folge eines absehbaren Zusammenbruchs der

Assad-Diktatur. Was kann der Westen in dieser Lage beitragen zu einem Übergang ohne Bürgerkrieg und ohne abermalige Intervention in einem weiteren muslimischen Land? Kann die Weltgemeinschaft helfen, die verfeindeten Gruppen nach einem Ende der Diktatur in einen Friedensprozess zu bringen – ähnlich wie auf dem Balkan?

In Ägypten scheint offener als zuvor, was die neue Ordnung für die Renaissance des politischen Islams nach der Rebellion bedeuten wird. Unbestritten ist, dass das Ende des Mubarak-Regimes die Religion als öffentliche Macht, und die religiösen Parteien als ihre Verkörperung, wieder ins Recht gesetzt hat. Die zuvor unterdrückten Bewegungen des politischen Islams genießen verständlicherweise die höchsten Glaubwürdigkeitswerte, schon weil sie nicht Teil des korrupten Systems waren. Außerdem sind sie sehr viel besser organisiert als die sakulär-liberalen Kräfte, und verfügen über ein Netzwerk von Moscheen. Muslimbrüder und – überraschender noch: Salafisten – teilen sich den Erfolg an der Wahlurne. Sie konkurrieren auch miteinander, und so darf man im islamistischen Lager in Zukunft weitere Debatten, Abspaltungen und Differenzierungen erwarten.

Ägypten: Fotos erinnern an getötete Demonstranten

Der Arabische Frühling, der mit dem Protest der Jugend begann, hat tatsächlich die Farbe Grün angenommen, aber es ist das Grün des Propheten. Die spannende Zukunftsfrage ist, wie ein politischer Islam die wichtigste arabische Gesellschaft prägen wird, der nicht auf Sponsoring durch Öl-Geld beruht (also anders als im Iran oder auf der arabischen Halbinsel). Und vor allem: Wie viel Freiraum wird das Militär dieser Entwicklung gewähren? Wird sich Ägypten mehr in Richtung der Türkei oder mehr in Richtung Pakistan entwickeln?

Wird die absehbare weitere Islamisierung der Gesellschaft religiöse Minderheiten und Säkulare an den Rand drängen? Und in Reaktion darauf: Ist religionsübergreifende Zusammenarbeit die Antwort auf die Herausforderung? Oder steht nun eine Phase der Konfessionalisierung und Zersplitterung der arabischen Gesellschaften an, in der Christen (und auch Schiiten und Bahai) nur auf Minderheitenrechte als Bürger zweiter Klasse hoffen können? Für christliche Minderheiten und ihre Paten im Westen besteht die Gefahr, in die Falle des Konfessionalismus zu tappen. Soll man sich für Minderheitenrechte einsetzen – oder für gleiche Rechte für alle ägyptischen Bürger im Namen des Universalismus?

Was wird aus dem Christentum Nordafrikas? Kann sich Ägypten (mit seiner tourismuslastigen Wirtschaft) stabilisieren, wenn politische Zerreißproben zwischen Militär und Muslimbrüdern, Muslimbrüdern und Salafisten, Säkularisten und Islamisten, Christen und Muslimen drohen? Und wenn in Syrien ein offener Bürgerkrieg ausbrechen sollte, droht dann die Libanonisierung der gesamten Region, der Zerfall in ethnisch-religiös dominierte Instabilität?

Welchen Kompromiss es in Ägypten zwischen den demokratischen Kräften und den Beharrungskräften im alten Regime geben könne, ist weiter offen. Das Militär ist vor allem an der Stabilität des Landes und der Sicherung der eigenen (auch wirtschaftlichen) Ressourcen interessiert. Wie weit darum die Zugeständnisse an die demokratischen Forderungen gehen könnten, wird auch daran hängen, ob das Militär Macht und Einfluss in den neuen Verhältnissen wahren kann.
Aber: Der demokratische Geist ist aus der Flasche, und niemand wird ihn wieder hinein stopfen können. Ob und in welchen Formen er institutionalisiert werden kann, wird wohl erst in einem langen Prozess deutlich werden.

Anhang

Die Autoren

AHMAD BADAWY: Geboren 1984 in Kairo. 2004 Eintritt in die *El Ghad*-Partei. Er nahm an zahlreichen politischen Kampagnen einschließlich der *Ayman Nour Presidential Campaign* gegen Mubarak im Jahr 2005 teil. 2006 begann er zu bloggen und wurde im Rahmen des Generalstreiks am 06.04.2008 inhaftiert. Er arbeitete 2009 im Bereich *Social Media* für das Ayman Nour-Büro, wurde 2010 als Mitglied des höchsten Komitees der *El Ghad*-Partei gewählt, inhaftiert in Nagaa Hammadi in Oberägypten mit einer Gruppe von Aktivisten. Politischer und *Social Media*-Aktivist, Autor, Übersetzer und Programmdirektor der *Egyptian Democratic Academy* in Kairo. Koordinator des Kairo-Bezirks im *U-shahidi*-Projekt zum Monitoring der Wahlen. Letzte Veröffentlichung: »Thoughts of a Modern Egyptian Prophet.« (2010). Auszeichnung mit dem Preis für den besten Artikel auf der *Middle East Youth website*. Übersetzungen vom Englischen ins Arabische einschließlich eines politischen Handbuchs mit dem Titel »How To Be a Better Politician.«

ATEF BOTROS: Geboren 1965 in Kairo. Im Jahr 2000 Abschluss des Germanistik-Studiums an der Heinrich-Heine-Universität Düsseldorf. Magisterarbeit zum Thema »Jüdisches« in Kafkas Werk. Anschließend Promotion an der Universität Leipzig in den Fächern Vergleichende Literaturwissenschaft, Arabistik und Kulturwissenschaft zur arabischen Kafka-Rezeption. 2001-2004 Stipendiat der Heinrich-Böll-Stiftung. Nach Abschluss der Promotion 2006 Wissenschaftlicher Mitarbeiter am Georg-Eckert-Institut für internationale Schulbuchforschung in Braunschweig. Seit November 2007 Wissenschaftlicher Mitarbeiter am Zentrum für Nah- und Mittelost-Studien der Philipps-Universität Marburg. Aktuelle Forschungsschwerpunkte: »Umbruch, Revolution und Wandel in der arabischen Welt« sowie »Sakralität, Säkularität und Gewalt im arabischen Roman«. Er ist Vertrauensdozent der Heinrich-Böll-Stiftung. Seit Januar 2011 engagiert er sich für den Aufbau einer Zivilgesellschaft in Ägypten. Von ihm erschien unter anderem »Der Nahe Osten – Ein Teil Europas?« (2006) und »Kafka, Ein jüdischer Schriftsteller aus arabischer Sicht« (2009).

KARIMA EL OUAZGHARI: Geboren 1983 in Mainz. 2002-2007 Studium der Germanistik und Politikwissenschaft an der Johann Wolfgang von Goethe Universität in Frankfurt am Main. 2008-2009 Mitarbeit an einem Forschungsprojekt der Hessischen Stiftung Friedens- und Konfliktforschung (HSFK) zu regionalen Sicherheitsorganisationen über die Afrikanische Union im Darfur-Konflikt. Seit 2009 ist sie wissenschaftliche Mitarbeiterin und Stipendiatin an der HSFK im Programmbereich Herrschaft und gesellschaftlicher Frieden. Sie promoviert an der Goethe Universität zu »Staatlichen Strategien im Umgang mit islamistischen Oppositionsbewegungen am Beispiel der jordanischen *IAF* und der tunesischen *An-Nahdha*«.

HENNER FÜRTIG: Geboren 1953 in Greifswald. 1971-1976 Studium der Arabistik und Geschichte in Leipzig. Promotion 1983 zur iranischen Revolution, Habilitation 1988 zum irakisch-iranischen Krieg als Fallstudie über militärische Konflikte zwischen Entwicklungsländern. Forschungsreisen in nahezu alle arabischen Länder, mehrjährige Aufenthalte in Iran und Ägypten. Danach Leiter eines Forschungsteams am Zentrum Moderner Orient in Berlin. Seit 2002 am Deutschen Orient-Institut, ab 2007 Direktor des GIGA Instituts für Nahost-Studien (IMES), Professur für Nahost-Studien am Historischen Seminar der Universität Hamburg. Schwerpunkte in Forschung und Lehre: Neueste Geschichte und Politik des Vorderen Orients. Dazu zahlreiche Veröffentlichungen im In- und Ausland.

JO GROEBEL: Geboren 1950 in Jülich. Studium der Psychologie (Diplom) an der RWTH Aachen. 1991-1999 Lehrstuhl für Medienpsychologie an der Universität Utrecht. 1999-2006 Generaldirektor des deutschen Medieninstituts Düsseldorf/Paris. Seit 2006 Direktor des *International Digital Institute* Berlin; Gastprofessor an der Universität Amsterdam. Zu seiner Forschungs- und Lehrtätigkeit zählen zahlreiche Gastprofessuren und Forschungsprojekte in Europa und den Vereinigten Staaten. Schwerpunkte seiner Forschung: Fernsehen, Internet, Aggression, Krieg und Terrorismus, Privatheit und Öffentlichkeit in den Medien. Über die wissenschaftliche Arbeit hinaus berät er Regierungen (Niederlande, BRD), den Europarat, die Vereinten Nationen sowie Unternehmen. Media Monitoring für die europäische Kommission bei den russischen DUMA- und Präsidentschaftswahlen. Gründer und Kuratoriumsvorsitzender der *Medaille Charlemagne pour les Médias Européens* im Rahmen des internationalen Karls-Preises.

ERIC GUJER: Geboren 1962 in Zürich. Zweijähriges Volontariat beim *Mannheimer Morgen*. Danach Studium der Geschichte, Politikwissenschaft und Slawistik in Freiburg i. Br. und Köln sowie freie Mitarbeit für den *Mannheimer Morgen*. 1986 Praktikum im Auslandressort der *NZZ* und bis zum Studienende freie Mitarbeit für die *NZZ* aus Deutschland. Anschließend *NZZ*-Korrespondent für die DDR und die neuen Länder mit Sitz in Berlin, danach Redakteur im Auslandressort in Zürich und längere Aufenthalte in Jerusalem. 1995 Korrespondent für Russland und die GUS in Moskau. 1998-2008 Deutschland-Korrespondent in Berlin. Seither Mitglied der Auslandredaktion mit den Schwerpunkten Russland, Indien, Pakistan, Afghanistan, Terrorismus, Nachrichtendienste und *Homeland Security*. Buchpublikationen über Nachrichtendienste (2006) und die deutsche Außenpolitik (2007).

LEONIE KIRCHER: Geboren 1983 in Bonn/Bad-Godesberg. 2001 Abitur an der Deutschen Schule in Bab el-Louq, Kairo. 2001-2008 Studium der Geschichts- und Kommunikationswissenschaft an der Universität Erfurt. Auslandstudium und Sprachkurs-Aufenthalte in Jerusalem, Aleppo und Damaskus. Schwerpunkt West-Asiatische Geschichte. B.A. zum Thema »Spielarten des politischen Islams«, M.A. zum Thema »Politische Internetblogs in Ägypten«. Praktika unter anderem bei Deutsche Welle Radio Arabisch und *www.qantara.de* sowie dem Bundesministerium für Wirtschaftliche Zusammenarbeit und Entwicklung Referat Nahost (damals 325) in Bonn. 2010-2011 Wissenschaftliche Mitarbeiterin im Bundestag, Büro Gerda Hasselfeldt, MdB. Seit 2012 Assistentin des Botschafters der Arabischen Republik Ägypten in Berlin.

SUSANNE KLATTEN: Geboren 1962 in Bad Homburg. 1984-1985 Studium der Betriebswirtschaft an der *University of Buckingham* (UoB), BSc. 1988 Studium am *International Institute for Management Development* (IMD), Lausanne, MBA. Seit 1991 selbstständige Unternehmerin. Aufsichtsratsmandate in familiennahen Unternehmen: Stellvertretende Aufsichtsratsvorsitzende der ALTANA AG, Aufsichtsratsmitglied der BMW AG. Aufsichtsratsmitglied der SGL Carbon AG, Aufsichtsratsvorsitzende der UnternehmerTUM GmbH, Garching. Vorsitzende des Stiftungsrates der Herbert Quandt-Stiftung. Mitglied des Hochschulrates der Technischen Universität München.

MICHAEL A. LANGE: Geboren 1953 in Oberhausen. 1971-1976 Studium der Wirtschaftswissenschaften und Soziologie (Nebenfach) an der Ruhr Universität Bochum. Anschließend Zivildienst im Bochumer Institut für Entwicklungsforschung und -politik (IEEP) ab. 1978-1981 setzte er seine Arbeit dort als wissenschaftlicher Mitarbeiter/Assistent im Rahmen eines von der VW-Stiftung unterstützten Drittmittel-Forschungsvorhabens fort. 1982 Promotion über »Formen industrieller Zusammenarbeit mit den Mashrek-Ländern«. Seit Juli 1981 bei der Konrad-Adenauer-Stiftung tätig. Er leitete verschiedene Büros der Stiftung im Nahen Osten, darunter das in Amman (1981-85), in Tunis (1985-88), in Jerusalem (1989-94) und zuletzt das Büro in Kairo (2001-2007). Momentan Teamleiter Politikdialog und Analyse der Hauptabteilung Europäische und Internationale Zusammenarbeit der Konrad-Adenauer-Stiftung.

JÖRG LAU: Geboren 1964 in Aachen. 1983-1992 Magisterstudium der Philosophie, Literatur und Geschichte an der Ruhr-Universität Bochum. Während des Studiums freiberuflicher Journalist für *taz*, *Frankfurter Allgemeine Zeitung*, *Merkur*. 1993-1997 Literaturredakteur für *tageszeitung*, Berlin. 1997 Redakteur im Berliner Büro der *ZEIT* für die Bereiche Immigration, Integration, Religion sowie allgemeine Debatten. 2000 *MMF fellow* in Washington, New York, Seattle, Savannah, Milwaukee, San Francisco. Seit 2007 Korrespondent

für außenpolitische Themen im Büro Berlin der Wochenzeitung *DIE ZEIT*. Seit 2006 »Jörg Lau Blog« (zeit.de/blogs/joerglau) zu Immigration, Integration, Islam in Europa etc. Auszeichnungen und Veröffentlichungen: »Bekenntnisse eines schwer erziehbaren Vaters« (2009); »Hans Magnus Enzensberger« (Biografie) (1999); 1997 MMF; 1992 Ernst-Robert-Curtius Förderpreis für Essayistik.

MICHAEL LINDENBAUER: Geboren 1958 in Salzburg. 1978-1982 Studium der Rechtswissenschaften an der Universität Salzburg. Nach der Promotion begann er im Jahre 1984 seine Tätigkeit für die UN-Organisation in Wien, danach folgten in den 1990er Jahren Stationen in Bonn, Hongkong, Rangoon (Myanmar) und Dublin (Irland). Im Jahr 2000 Übernahme der UNHCR-Vertretung in Colombo (Sri Lanka), die Abteilung für Flüchtlingsschutz. 2003 Ernennung zum stellvertretenden Leiter der UNHCR-Vertretung im Sudan mit Sitz in der Hauptstadt Khartum. 2005 Wechsel in gleicher Funktion nach Budapest in das UNHCR-Büro für Zentraleuropa, zuständig für Ungarn, Polen, Bulgarien, Rumänien, die Slowakei und Slowenien. Seit 2009 UNHCR-Vertreter für Deutschland und Österreich mit Sitz in Berlin.

ROLAND LÖFFLER: Geboren 1970 in Homberg/Efze. 1991-1998 Studium der Ev. Theologie und Philosophie in Tübingen, Berlin, Cambridge und Marburg. Seit 1997 freiberufliche journalistische Tätigkeit unter anderem für *Neue Zürcher Zeitung, Süddeutsche Zeitung, Furche* (Wien), *Rheinischer Merkur*, *Das Parlament*. 2002-2004 Vikar der Ev. Kirche von Kurhessen-Waldeck. 2005 Promotion in Marburg zum Dr. theol. mit einer Arbeit zu den Kirchen und der Palästinafrage 1918-39. 2005-2006 Wissenschaftlicher Mitarbeiter an der Universität Marburg. 2006 Gastprofessor an der *Université de Montreal*. 2007-2011 Leiter des Themenfeldes »Trialog der Kulturen« der Herbert Quandt-Stiftung. Seit April 2011 Leiter der Berliner Repräsentanz der Herbert Quandt-Stiftung und des Themenfeldes »Bürger und Gesellschaft«.

LOAY MUDHOON: Geboren 1972. Deutsch-palästinensischer Politik- und Islamwissenschaftler, Nahostexperte der Deutschen Welle und Redaktionsleiter des Internetportals »Qantara.de – Dialog mit der islamischen Welt«. Er ist seit 2005 Lehrbeauftragter am Institut für Internationale Politik und Außenpolitik und am Orientalischen Seminar der Universität zu Köln. Seine Forschungsschwerpunkte sind: Innerarabische Politikprozesse, Geopolitik im Nahen und Mittleren Osten, Grundlagen des Islamismus und Reformstrebungen im zeitgenössischen Islam.

AHMED NAGY: Geboren 1985 in Mansoura, Ägypten. 2006 Abschluss des Journalismus-Studiums in der *Akhbar El-youm Academy*. Anschließend Redakteur bei *Akhbar ElAdab literary weekly*. Erstes literarisches Werk »Rogers« (2007). Er begann 2005 zu bloggen, sein blog (*wasa khaialak/ widen your imagination*) beinhaltet Soziologie, pop art, kulturelle und menschenrechtliche Themen. 2007 nahm er beim *Arabic Network for Human Rights Information* an einem Training für arabische Menschenrechtsaktivisten teil bezüglich der Nutzung des Internets für die Vertretung menschenrechtlicher Themen. Er war als Dozent für neue Medien in Nahost an der *School of Journalism*, University of Texas of Austin tätig. Von Juli bis Dezember 2011 Stipendiat der Herbert Quandt-Stiftung im Austauschprogramm für Nachwuchsjournalisten aus Deutschland, Israel, Palästina und Ägypten.

MATHIEU VON ROHR: Geboren 1978 in Lausanne, studierte in Basel Germanistik und Geschichte und arbeitete vier Jahre in der Redaktion der *Basler Zeitung*. Anschließend besuchte er die Henri-Nannen-Journalistenschule in Hamburg und schrieb unter anderem für die *DIE ZEIT* und *Das Magazin* des *Tages-Anzeigers*. Seit 2006 arbeitet er im Auslandsressort des *Spiegel*, wo er als Redakteur und später als Reporter tätig war. Er berichtete unter anderem über gesellschaftliche Veränderungen in Indien, den Drogenkrieg in Mexiko, den Nahostkonflikt und beschäftigte sich mit Internetthemen. Seit Beginn der arabischen Revolution schrieb er aus Tunesien, Ägypten und Libyen. Seit Oktober 2011 Korrespondent des *Spiegel* mit Sitz in Paris.

STEFAN SCHREINER: Studium der evangelischen Theologie, Arabistik und Islamkunde und Judaistik (Habilitation 1987). Seit 1992/93 Professor für Religionswissenschaft und Judaistik und Direktor des Institutum Judaicum an der Eberhard-Karls-Universität Tübingen; Mitglied der Jury des »Trialog der Kulturen«-Schulenwettbewerbs; Mitglied des Abrahamischen Forums in Deutschland; Koordinator des *European Abrahamic Forum* (*EAF*) mit Sitz in Zürich; Stiftungsrat der Stiftung Zürcher Lehrhaus: Judentum Christentum Islam; Chefredakteur der Quartalsschrift *JUDAICA* – Beiträge zum Verstehen des Judentums (Zürich).

RAINER SOLLICH: Geboren 1967 in Köln. Studium der Politischen Wissenschaft mit den Schwerpunkten Nahost und Türkei in Köln und Bonn. Wichtigste journalistische Stationen: Redakteur beim *Kölner-Stadt-Anzeiger* sowie Gastredakteur bei *Radio China International*, Peking. Stellvertretender Leiter Zentralredaktion *Deutsche Welle*; hat als Journalist unter anderem Syrien, Jemen, Libanon, Ägypten, Israel und die Palästinensischen Autonomiegebiete sowie Marokko, Tunesien und Algerien bereist. Seit 2007 Leiter der Arabischen Redaktion der *Deutschen Welle*, Bonn. Mitglied im Redaktionsbeirat des Dialogportals *qantara.de*.

BERNADETTE SCHWARZ-BOENNEKE: Geboren 1974 in München. 1994-2001 Studium der Philosophie und der katholischen Theologie in München und Paris. Während des Studiums freie Mitarbeiterin des Heinrich-Pesch-Hauses, Ludwigshafen, als Jugendbildungsreferentin für europapolitische Fragen und interkulturelles Lernen. Nach der Promotion in katholischer Theologie 2006 Studienleiterin an der Katholischen Akademie des Bistums Mainz, Erbacher Hof. Der Schwerpunkt der dortigen Arbeit lag auf Grundfragen des Glaubens sowie ethischen Fragestellungen im interdisziplinären und gesellschaftlichen Bereich vernetzenden Gespräch. Seit August 2011 Leiterin des Themenfeldes »Trialog der Kulturen« der Herbert Quandt-Stiftung.

MICHELE VALENSISE: Geboren 1952 in Polistena (Reggio Calabria). 1974 Universitätsabschluss an der Universität *La Sapienza* in Rom. 1975 Eintritt in den diplomatischen Dienst. Seine diplomatischen Ämter führten ihn unter anderem nach Brasilien, Deutschland, in den Libanon, 1997 nach Bosnien Herzegowina und Brüssel. Schwerpunkte seiner Arbeit: Presse und Wirtschaft, Fragen der europäischen Zusammenarbeit und der Beziehungen der Europäischen Union mit den Ländern des Mittelmeerraums und des Balkans. 1999 im Ministerbüro in Rom verantwortlich für die Beziehungen zum Parlament und anschließend Büroleiter des Außenministers. 2001-2004 Leiter der Presse- und Informationsabteilung im Ministerium und Sprecher des Außenministers. Ab 2004 Italienischer Botschafter in Brasilien. Seit 2009 Botschafter Italiens in Deutschland.

CHRISTINE WEISE: Geboren 1963 in Hadamar. Nach dem Dolmetscherstudium 1987 Umzug nach Italien. 2008 Abschluss des Bachelor-Studium in Politikwissenschaften mit dem Spezialthema Kulturen und Menschenrechte. Seit 2009 ehrenamtliche Präsidentin der italienischen Sektion von *Amnesty International*. Seit ihrer Studienzeit Mitte der Achtziger Jahre war sie in *Amnesty*-Gruppen als Mitglied aktiv. Im Mai 2009 Wahl zur Sektionspräsidentin. 2005 und 2007 Mitglied, 2009 und 2011 Delegationsleiterin der Italien-Delegation bei der alle zwei Jahre stattfindenden internationalen Ratsversammlung von *Amnesty International*. Im Hauptberuf als freiberufliche Konferenzdolmetscherin für Deutsch, Englisch, Italienisch und Französisch tätig.

Die Herbert Quandt-Stiftung und der Trialog der Kulturen

Herbert Quandt-Stiftung

Den Bürger stärken – die Gesellschaft fördern

Gestiftet als Dank für die Lebensleistung des Unternehmers Dr. Herbert Quandt setzt sich die Herbert Quandt-Stiftung für die Stärkung und Fortentwicklung unseres freiheitlichen Gemeinwesens ein. Ausgangspunkt ihres Handelns in den Satzungsbereichen Wissenschaft, Bildung und Kultur ist entsprechend diesem Vorbild die Initiativkraft des Einzelnen und die Einsatzbereitschaft für andere. Die Stiftung will mit ihrem Wirken dazu beitragen, das Ideal des eigenständigen Bürgers zu fördern: Sie möchte Menschen anregen, ihre individuellen Begabungen zu entfalten und Verantwortung für sich sowie für das Gemeinwesen zu übernehmen.

Die Stiftung ist grundsätzlich operativ tätig in Form von längerfristigen Programmen. Sie greift gesellschaftspolitische Themen auf, erschließt sie in Kooperation mit der Wissenschaft, entwickelt praktikable Lösungsansätze und bringt sie in das Bewusstsein der Öffentlichkeit und der Politik. Sie möchte damit auch die politische Kultur unseres Landes fördern. Je nach Erfordernis setzt die Herbert Quandt-Stiftung auf Bündnisse mit anderen Institutionen und Organisationen, um den gesamtgesellschaftlichen Dialog zu fördern sowie andere zu ermutigen, die Anliegen der Stiftung aufzunehmen und weiterzutragen.

Trialog der Kulturen

Durch den Globalisierungsprozess auf der einen und die weltweite Migration auf der anderen Seite wird die räumliche Trennung zwischen unterschiedlichen Kulturen in einem bisher nicht gekannten Maße überwunden. Im Kontext dieses nach dem Ende des Ost-West-Antagonismus gestiegenen kulturellen Austauschs, sehen sich die unterschiedlichen Kulturen stärker auf sich selbst und die Notwendigkeit eigener Identitätsbegründung zurückgeworfen.
Die scharfe Scheidung des Eigenen vom Fremden scheint für viele Menschen einen Ausweg aus der kulturellen Verunsicherung zu bieten. Oft genug werden aus Unterschieden dann Gegensätze.

Die Herbert Quandt-Stiftung rief den »Trialog der Kulturen« im Jahre 1996 ins Leben. Sie wollte dem damals erschienenen Buch *Clash of Civilizations* und der darin von Samuel Huntington beschriebenen Konfliktgefahr das Verständigungspoten-

zial der drei abrahamischen Weltreligionen und Kulturen – Judentum, Christentum und Islam – entgegensetzen. Ganz bewusst wird der Trialog der Kulturen daher als interkulturelles und nicht primär als interreligiöses Anliegen aufgefasst.
Der Begriff des »Trialogs« macht deutlich, dass sich der von der Stiftung unterstützte interkulturelle Austausch auf das Judentum, das Christentum und den Islam und nicht auf beliebig viele Teilnehmer bezieht. Neben der jährlich stattfindenden Trialog-Konferenz initiiert und begleitet die Stiftung Projekte in den Bereichen Bildung und Medien.

Pausengespräche im Haus der Stiftungen in Bad Homburg

Bildnachweis

Titel: AFP / Getty Images
S. 51: Atef Botros
S. 15, 20, 41, 42, 43, 45, 58, 86, 90, 98, 99, 102 (2), 103 (2), 108, 128, 145, 160, 161, 191: Adel Wassily
S. 5, 9, 102 (1), 103 (1): Ahmed Hayman
S. 198: Michael A. Lange
S. 96, 159, 193, 194-202, 204, 205, 206: Jens Meisert
S. 39: Hossam Mohamed
S. 24, 142: picture alliance / landov
S. 29, 67, 105,139, 163, 166, 178, 188: picture alliance / dpa
S. 37: picture alliance / ZB
S. 77: picture alliance / abaca
S. 173: picture alliance / Photoshot

v. l.: Generalkonsul Edward Alford, Botschafter Michele Valensise

Impressum

HERAUSGEBER
Herbert Quandt-Stiftung
Am Pilgerrain 15
61352 Bad Homburg v. d. Höhe
www.herbert-quandt-stiftung.de

VERLAG
Verlag Herder GmbH
Hermann-Herder-Str. 4
79104 Freiburg

TEXTREDAKTION
Dr. Roland Löffler
Dr. Bernadette Schwarz-Boenneke
Stephanie Hohn

LEKTORAT
Stephanie Hohn
Eva Lang

ÜBERSETZUNG AUS DEM ARABISCHEN (BEITRAG BADAWY)
Amir Allam

GESTALTUNGSKONZEPT
Stählingdesign, Darmstadt

SATZ UND BILDBEARBEITUNG
Arnold & Domnick, Leipzig

HERSTELLUNG
freiburger graphische Betriebe · fgb

© Herbert Quandt-Stiftung
Alle Rechte vorbehalten.
September 2012

FSC www.fsc.org
MIX
Papier aus verantwortungsvollen Quellen
FSC® C106847

ISBN 978-3-451-30661-7